Edition KWV

Die „Edition KWV" beinhaltet hochwertige Werke aus dem Bereich der Wirtschaftswissenschaften. Alle Werke in der Reihe erschienen ursprünglich im Kölner Wissenschaftsverlag, dessen Programm Springer Gabler 2018 übernommen hat.

Weitere Bände in der Reihe http://www.springer.com/series/16033

Robert Wagner

Kooperative Technologieentwicklung

Eine Mehrebenenanalyse von Absorptive Capacity Praktiken

Robert Wagner
Wiesbaden, Deutschland

Bis 2018 erschien der Titel im Kölner Wissenschaftsverlag, Köln
Dissertation Freie Universität Berlin, 2012

Edition KWV
ISBN 978-3-658-24652-5   ISBN 978-3-658-24653-2   (eBook)
https://doi.org/10.1007/978-3-658-24653-2

Die Deutsche Nationalbibliothek verzeichnet diese Publikation in der Deutschen Nationalbibliografie; detaillierte bibliografische Daten sind im Internet über http://dnb.d-nb.de abrufbar.

Springer Gabler
© Springer Fachmedien Wiesbaden GmbH, ein Teil von Springer Nature 2013, Nachdruck 2019
Ursprünglich erschienen bei Kölner Wissenschaftsverlag, Köln, 2013
Das Werk einschließlich aller seiner Teile ist urheberrechtlich geschützt. Jede Verwertung, die nicht ausdrücklich vom Urheberrechtsgesetz zugelassen ist, bedarf der vorherigen Zustimmung des Verlags. Das gilt insbesondere für Vervielfältigungen, Bearbeitungen, Übersetzungen, Mikroverfilmungen und die Einspeicherung und Verarbeitung in elektronischen Systemen.
Die Wiedergabe von allgemein beschreibenden Bezeichnungen, Marken, Unternehmensnamen etc. in diesem Werk bedeutet nicht, dass diese frei durch jedermann benutzt werden dürfen. Die Berechtigung zur Benutzung unterliegt, auch ohne gesonderten Hinweis hierzu, den Regeln des Markenrechts. Die Rechte des jeweiligen Zeicheninhabers sind zu beachten.
Der Verlag, die Autoren und die Herausgeber gehen davon aus, dass die Angaben und Informationen in diesem Werk zum Zeitpunkt der Veröffentlichung vollständig und korrekt sind. Weder der Verlag, noch die Autoren oder die Herausgeber übernehmen, ausdrücklich oder implizit, Gewähr für den Inhalt des Werkes, etwaige Fehler oder Äußerungen. Der Verlag bleibt im Hinblick auf geografische Zuordnungen und Gebietsbezeichnungen in veröffentlichten Karten und Institutionsadressen neutral.

Springer Gabler ist ein Imprint der eingetragenen Gesellschaft Springer Fachmedien Wiesbaden GmbH und ist ein Teil von Springer Nature
Die Anschrift der Gesellschaft ist: Abraham-Lincoln-Str. 46, 65189 Wiesbaden, Germany

Geleitwort

Die Entwicklung neuer Technologien erfolgt heute in der Regel in organisationsübergreifenden, kooperativen Zusammenhängen, an denen neben privatwirtschaftlichen Unternehmen auch öffentliche Forschungseinrichtungen teilhaben. Solch kooperative Formen der Technologieentwicklung von oft mehr als zwei Organisationen, wie sie insbesondere für wissenschaftsbasierte Branchen kennzeichnend sind, gilt es von eher marktlichen Formen des Transfers kodifizierten Wissens (z.B. Patente) ebenso abzugrenzen wie von der Technologieentwicklung in der hierarchischen Organisation (z.B. im Konzern). Von letzterer unterscheidet sich die kooperative Technologieentwicklung vor allem dadurch, dass sie auf die grundsätzliche Bereitschaft und Fähigkeit des Unternehmens setzt, externes Wissen aufzunehmen und mit vorhandenem Wissen zu integrieren.

Für die Erfassung genau dieser Bereitschaft bzw. Fähigkeit zur Aufnahme und Integration externen Wissens wurde vor mehr als zwanzig Jahren das Konzept der „absorptive capacity" (Cohen/Levinthal 1990) entwickelt. Seitdem ist es in zahlreichen empirischen Untersuchungen verwendet und durch einige – überraschend wenige – Studien auch theoretisch weiterentwickelt worden. Dieses Konzept liegt auch der vorliegenden Schrift von Robert Wagner zugrunde, der mit seiner – im Unterschied zur weitaus überwiegenden Zahl empirischer Untersuchungen – mit Hilfe eines qualitativen Fallstudiendesigns die Black Box der „absorptive capacity" (AC) aufhellen möchte. Zu diesem Zweck arbeitet er im Rahmen einer Intensivfallstudie aus drei „embedded cases" so genannte Absorptionspraktiken heraus. Die methodische Herangehensweise ist für die AC-Forschung originell und vor dem Hintergrund der stagnierenden Entwicklung des Konzepts angemessen, zumal der Verfasser damit im Trend jüngerer empirischer Studien zur AC liegt, die in der qualitativen Methodik ein noch ungenutztes Potenzial sehen.

Auf der Grundlage sowohl einer gründlichen Auseinandersetzung gerade auch mit den klassischen Beiträgen zur AC-Forschung als auch seiner eigenen, im Feld optischer Technologien angesiedelten Untersuchung leistet die vorliegende Schrift einen bedeutsamen Beitrag zur Forschung; dies nicht nur durch die Entfaltung einer

Praktikenperspektive auf AC, sondern auch durch die Differenzierung verschiedener Ebenen in den an der kooperativen Technologieentwicklung beteiligten Organisationen und der Herausarbeitung ihrer jeweils eigenen Bedeutung für die Entwicklung und Aufrechterhaltung von AC. Auch wenn die Unterscheidung von strategischer und operativer Ebene sicherlich nur als ein erster Schritt auf dem Weg zu einer Mehrebenenanalyse angesehen werden kann, bahnt damit der Autor den Weg für die zukünftige AC-Forschung. Einen wichtigen Forschungsbeitrag leistet die vorgelegte Untersuchung schließlich auch mit Blick auf die Bedeutung von (kooperativen) Interorganisationsbeziehungen, die in der Falluntersuchung mehr als deutlich werden. Externes Wissen wird hier nicht nur – wie von der AC-Forschung bislang unterstellt – am Beginn des Absorptionsprozesses von einer fokalen Organisation aufgenommen. Vielmehr reicht die Bedeutung der Beziehungen, zumindest im Fall kooperativer Technologieentwicklung, deutlich darüber hinaus weit in die Integrations- sowie Exploitationsphase hinein.

Ich wünsche der Schrift eine breite Rezeption in der Forschung und – ob der praktischen Implikationen der präsentierten Erkenntnisse – auch in der Management- und Beratungspraxis.

Berlin-Dahlem, im Februar 2013   Jörg Sydow

Danksagung

Die Fertigstellung dieser Dissertation markiert für mich sogleich das Ende eines Lebensabschnittes, an den ich mich mit Sicherheit in den kommenden Jahren noch gerne zurückerinnern werde. Dieser Umstand ist insbesondere den Menschen und Freunden zu verdanken, die mich in dieser Zeit begleitet haben.

Als Erstes möchte ich mich bei meinem Dokotorvater Prof. Dr. Jörg Sydow bedanken, der mir neben dem notwendigen Freiraum zur Erstellung dieser Arbeit auch stets mit konstruktivem Feedback zur Seite stand. Bedanken möchte ich mich auch bei Prof. Dr. Martin Gersch, für die Übernahme des Zweitgutachtens.

Besonders danken möchte ich zudem meinen Kolleginnen und Kollegen, allen voran Timo Braun, Dr. Olivier Berthod, Dr. Frank Lerch und Dr. Gordon Müller-Seitz, die im Laufe der Promotion für mich zu guten Freuden geworden sind. Ihre Unterstützung und ihr Feedback haben maßgeblich zum Gelingen der Arbeit beigetragen und ohne ihre stets willkommene Ablenkung hätte ich in den vergangenen drei Jahren wohl deutlich weniger Spaß gehabt.

Danken möchte ich auch meiner Verlobten Angelique Wagenführ für ihren Zuspruch sowie das entgegengebrachte Verständnis in allen Hochs und Tiefs der Promotion, die sich sicherlich nie ganz vermeiden, aber dank ihr besser durchstehen ließen. Sie war in dieser Zeit stets für mich da und verstand es mich in den richtigen Momenten zu motivieren.

Schlussendlich möchte ich meinen Schwestern Nora Duboc und Verena Wagner für die Unterstützung beim Lektorat und ihren stetigen Zuspruch während der Promotion sowie vor allem meinen Eltern Doris und Dieter Wagner für ihre persönliche sowie finanzielle Unterstützung und ihr Vertrauen in mich danken – ohne sie hätte ich das Projekt Promotion wohl nie angegangen geschweige denn erfolgreich abgeschlossen. Ihnen ist diese Arbeit gewidmet.

Berlin, im Februar 2013   Robert Wagner

Inhaltsverzeichnis

Geleitwort v

Danksagung vii

Abbildungsverzeichnis xii

Tabellenverzeichnis xiii

Abkürzungsverzeichnis xiv

1 Einleitung 1
   1.1 Ausgangssituation, Relevanz und Zielsetzung der Arbeit 1
   1.2 Gang der Untersuchung 5

2 Theoretisch-konzeptioneller Hintergrund 7
   2.1 Das Ursprungskonzept der Absorptive Capacity 9
      2.1.1 Von der individuellen zur organisationalen Absorptive Capacity 11
      2.1.2 Pfadabhängigkeit und Kumulativität der Absorptive Capacity 15
      2.1.3 Der Einfluss von F&E Aktivitäten auf die Absorptive Capacity 18
      2.1.4 Implikationen des Konzepts für die Innovationsaktivitäten einer Organisation 21
   2.2 Erweiterungen und Modifikationen des Konzepts 23
      2.2.1 Relative Absorptive Capacity und interorganisationales Lernen 25
      2.2.2 Absorptive Capacity und Relational View 27
      2.2.3 Koevolution der Absorptive Capacity und der Unternehmensumwelt 27
      2.2.4 Potenzielle und Realisierte Absorptive Capacity 29
      2.2.5 Eine Rückbesinnung auf das Ursprungskonzept der Absorptive Capacity 31
   2.3 Eine Praktikenperspektive auf die Absorptive Capacity 34
      2.3.1 Kritische Würdigung des Entwicklungsstands sowie Weiterentwicklung des Absorptive Capacity Konzepts . 41
      2.3.2 Interne und externe Absorptionspraktiken 43

    2.3.3   Absorptionspraktiken auf strategischer und operativer Ebene 48

3 Empirische Untersuchung 53

   3.1 Untersuchungskontext 53

      3.1.1   Optische Technologien und Röntgentechnologien 53

      3.1.2   Das „Berlin Laboratory for innovative X-Ray Technologies" 57

   3.2 Untersuchungsdesign und Methodik 63

      3.2.1   Intensivfallstudie 63

      3.2.2   Datenquellen 69

      3.2.3   Datenanalyse 78

   3.3 Untersuchungsergebnisse 82

      3.3.1   Kooperation BLiX – Organisation A 85

          3.3.1.1   Akquisitionspraktiken 85

          3.3.1.2   Integrationspraktiken 90

          3.3.1.3   Exploitationspraktiken 95

      3.3.2   Kooperation BLiX – Organisation B 99

          3.3.2.1   Akquisitionspraktiken 99

          3.3.2.2   Integrationspraktiken 107

          3.3.2.3   Exploitationspraktiken 111

      3.3.3   Kooperation BLiX – Organisation C 114

          3.3.3.1   Akquisitionspraktiken 115

          3.3.3.2   Integrationspraktiken 121

          3.3.3.3   Exploitationspraktiken 124

4 Diskussion der Ergebnisse 129

   4.1 Interpretation und Verortung identifizierter Praktiken 130

      4.1.1   Akquisitionspraktiken 131

          4.1.1.1   Scouting 131

          4.1.1.2   Boundary Spanning 132

          4.1.1.3   Operative Linking 135

	4.1.2	Integrationspraktiken 138
	4.1.2.1	Specific Sharing and Selecting 138
	4.1.2.2	Channeling 140
	4.1.2.3	Knowledge Embedding 143
	4.1.3	Exploitationspraktiken 144
	4.1.3.1	Modularising 144
	4.1.3.2	External Consultating 146
	4.1.3.3	Joint Reflecting 148

4.2 Theoretisch-konzeptionelle Ergebnisse – Implikationen für das Konzept der Absorptive Capacity 150

    4.2.1 Interne und externe Absorptionspraktiken 151

    4.2.2 Absorptionspraktiken auf strategischer und operativer Ebene 156

    4.2.3 Intraorganisationale Ebene 159

    4.2.4 Interorganisationale Ebene (Dyade) 162

4.3 Praktische Implikationen für das Management kooperativer Technologieentwicklung 165

5 Abschließende Überlegungen und Forschungsausblick .. 171

5.1 Zentrale Ergebnisse der Arbeit 171

5.2 Kritische Reflexion und Limitation 174

5.3 Anregungen für weitere Forschung 178

Literaturverzeichnis 181

Abbildungsverzeichnis

Abbildung 1: Absorptive Capacity Modell von Cohen/Levinthal (in Anlehnung an Todorova/Durisin 2007, S. 775) 10

Abbildung 2: Wachsende Anzahl der Publikationen zum Thema Absorptive Capacity 23

Abbildung 3: Absorptive Capacity Modell von Zahra und George (in Anlehnung an Todorova/ Durisin 2007, S. 775) 30

Abbildung 4: Absorptive Capacity Modell von Todorova/ Durisin (2007, S. 776) 32

Abbildung 5: Praktiken-basiertes Model der Absorptive Capacity nach Schreyögg/Schmidt (2010, S. 478; Duchek 2012, S. 75) 38

Abbildung 6: Absorptive Capacity und Innovation Performance Modell nach Lewin et al. (2011, S. 92) 46

Abbildung 7: Theoretisch-konzeptionelle Verortung der Forschungsfrage 51

Abbildung 8: Organigramm des BLiX (vgl. Stiel et al. 2011, S. 24) 60

Abbildung 9: Embedded case study design in Anlehnung an Yin (2009, S. 46) 66

Abbildung 10: Verortung der Interviewphasen eins und zwei 70

Abbildung 11: Ausarbeitung der Praktiken im Rahmen der Datenanalyse 81

Abbildung 12: Gliederung der Diskussion 129

Abbildung 13: Aus der Forschungsfrage abgeleitetes, modifiziertes Modell der Absorptive Capacity 130

Abbildung 14: Verortung identifizierter Akquisitionspraktiken.. 137

Abbildung 15: Verortung identifizierter Integrationspraktiken .. 144

Abbildung 16: Verortung identifizierter Exploitationspraktiken. 150

Tabellenverzeichnis

Tabelle 1:	Auf Praktiken fokussierte Beiträge (in Anlehnung an Lerch et al. 2013, S. 8)	35
Tabelle 2:	Akquisition als Komponente der Absorptive Capacity (Schmidt 2009, S. 9)	39
Tabelle 3:	Integration als Komponente der Absorptive Capacity (Schmidt 2009, S. 10)	40
Tabelle 4:	Exploitation als Komponente der Absorptive Capacity (Schmidt 2009, S. 11)	40
Tabelle 5:	Externe und Interne Meta Absorptive Capacity Routinen in Anlehnung an Lewin et al. (2011, S. 87; S. 90)	45
Tabelle 6:	Laufende Projekte kooperativer Technologieentwicklung am BLiX (Stiel et al. 2011, S. 18)	62
Tabelle 7:	Kategorisierung nach Intensität der kooperativen Technologieentwicklung und Selektion der Kooperationspartner	68
Tabelle 8:	Liste der geführten Interviews und Ad-hoc Interviews in Phase eins	72
Tabelle 9:	Auflistung der in Phase zwei geführten Interviews	75
Tabelle 10:	Liste analysierter Präsentationen und Dokumente	76
Tabelle 11:	Liste besuchter Meetings und teilnehmende Beobachtungen	78
Tabelle 12:	Übersicht der innerhalb der Fallstudie identifizierten Praktiken	84

Abkürzungsverzeichnis

3D	drei dimensional
3M	Minnesota Mining and Manufacturing
AC	Absorptive Capacity
BAM	Bundesanstalt für Materialforschung und -prüfung
BLiX	Berlin Laboratory for innovative X-ray Technologies
BMBF	Bundesministerium für Bildung und Forschung
ca.	circa
CCD	Charge-coupled Device (ladungsgekoppeltes Bauelement)
e.V.	eingetragener Verein
et al.	et alia (und andere)
EUV	extreme ultra violet (Extrem ultraviolette Strahlung)
EXRS	European Conference on X-Ray Spectrometry
f.	folgend
ff.	fortfolgend
F&E	Forschung & Entwicklung
FhG	Fraunhofer-Gesellschaft
HAPG	(Hoch angeordnete Pyrolytic Graphite)
HZB-BESSY	Helmholtz Zentrum Berlin – Berliner Elektronenspeicherring und Synchrotronstrahlungsquelle
IT	Informationstechnik
M&A	Mergers & Acquisitions (Fusionen und Übernahmen)
MBI	Max-Born-Institut
MIT	Massachusetts Institute of Technology
NCSU	North Carolina State University

NIH	not-invented-here (nicht hier erfunden)
OpTecBB	Optec-Berlin-Brandenburg e.V.
PACAP	Potential Absorptive Capacity
PRORA	Prozessnahe Röntgenanalytik
PTB	Physikalisch-Technische Bundesanstalt
R&D	Research & Development (Forschung & Entwicklung)
RACAP	Realized Absorptive Capacity
TU Berlin	Technische Universität Berlin
u.a.	unter anderem
UN	Unternehmen
USD	US-Dollar
VDMA	Verband Deutscher Maschinen- und Anlagenbau e.V.
vgl.	vergleiche
WGL	Wissenschaftsgemeinschaft Gottfried Wilhelm Leibniz e.V.
x-ray	(Röntgenstrahlung)
XRD	Röntgendiffraktometrie
XRF	Röntgenfluoreszenzanalyse
XRS	X-Ray Spectrometry (Röntgenspektrometrie)
z.B.	zum Beispiel

1 Einleitung

1.1 Ausgangssituation, Relevanz und Zielsetzung der Arbeit

In Zeiten schnellen technologischen Wandels und in einem stets dynamischen Wettbewerbsumfeld versuchen Unternehmen durch Innovationen einen komparativen Vorteil zu erlangen, um somit wettbewerbsfähig zu bleiben (vgl. Yoeh 2009 S. 30; Lane et al. 2001; Ilinitch et al. 1996). Damit Unternehmen diesen Wettbewerbsvorteil gezielt nutzen können, benötigen sie ein Verständnis über die potenziellen Innovationsquellen. So können diese Quellen nicht nur im eigenen Unternehmen zu finden sein, sondern auch außerhalb dessen liegen. Es stellt sich somit die Frage, wie Unternehmen Zugang zu dem für die Innovationen benötigten Wissen und den entsprechenden Technologien erhalten.

In den letzten Jahren hat insbesondere der Begriff „Open Innovation" (Chesbrough 2003) in der Managementpraxis Anklang gefunden (Lichtenthaler 2011; Gassmann 2006). Im Zentrum dieser steht vor allem eine neue Betrachtung des Innovationsprozesses von Unternehmen. Während bis in die späten 80er Jahre die eigene Forschung und Entwicklung (F&E) als wichtigste Quelle für Innovationen angesehen und die Regeln des Wettbewerbs plakativ als „der Große frisst den Kleinen" subsumiert wurden, setzte gegen Ende der 80er eine neue Entwicklung ein. Begünstigt durch den schnellen technologischen Fortschritt und dem erleichterten Zugang zur Computertechnik, änderten sich insbesondere die Möglichkeiten für junge Unternehmen bzw. Start-Ups und damit auch die Regeln des Wettbewerbs. Entscheidender als die Größe eines Unternehmens war nunmehr die Geschwindigkeit – „der Schnelle überholt den Langsamen" (von Kuenheim, ehemaliger Vorstandsvorsitzender der BMW AG). Während große Unternehmen bisher bestrebt waren, die innovativsten Köpfe für ihr eigenes Unternehmen anzuwerben, mussten sie mit der Zeit doch einsehen, dass sie kaum alle potenziell innovativen Mitarbeiter beschäftigen und vielversprechende Unternehmen aufkaufen konnten. Vor dem Hintergrund dieser Entwicklungen hilft das Konzept der Open Innovation Unternehmen dabei, auch diesen Zustand als Chance zu begreifen und den auf die eigene F&E fokussierten Innovationsprozess zu entwickeln und systematisch für externe Impulse zu öffnen (dazu auch Huston/Sakkab 2006 am Beispiel von Procter & Gamble). Darüber hinaus bietet das Konzept auch Entwicklungsmöglichkeiten für eigene stagnierende F&E Projekte und eine mögliche Zweitnutzung eigener Innovationen in Form von Lizensierungen und Spin-Offs (dazu auch Sieger 2003 am Beispiel von Idektron).

Der Zugang zu dem für die Innovationen benötigten Wissen kann unter anderem durch Fusionen, Übernahmen, Lizensierungen oder kooperative Zusammenarbeit geschaffen werden. Neben den Kooperationen zwischen profitorientierten Unternehmen lassen sich in der Praxis auch Kooperationen zwischen Unternehmen und Forschungseinrichtungen oder Universitäten beobachten. Für profitorientierte Unternehmen stellt die Zusammenarbeit zwischen der Wissenschaft und Unternehmen zum Zweck der kooperativen Technologieentwicklung einen vielversprechenden Ansatz dar, da in diesen Kooperationen sowohl ein Zugang zu potenziell relevantem Wissen als auch zu potenziellem Nachwuchs geschaffen wird. Gleichzeitig versuchen die Akteure der Forschungseinrichtungen, durch kooperative Technologieentwicklung ihre Reputation zu erhöhen oder an Drittmittel zu gelangen. Darüber hinaus wirkt sich auch der enorme Finanzmittelbedarf moderner Forschung begünstigend auf diese Zusammenarbeit aus, da er teilweise zu einer ökonomischen Orientierung der Forschungseinrichtungen auf potenzielle Applikationen und somit Abnehmer führt. Dabei stellen sich den betroffenen Organisationen noch heute zum Teil 30 Jahre alte Fragen (dazu auch Sydow et al. 2011 am Beispiel der Telekom Innovation Laboratories): Wie identifizieren Unternehmen potenzielle Wissensquellen? Wie kann ein Transfer des benötigten Wissens möglichst effektiv sowie effizient gestaltet werden? Muss dieser Transfer aktiv gestaltet werden oder entsteht dieser emergent?

Ein nicht nur in diesem Kontext relevantes Konzept ist das der Absorptive Capacity (Cohen/Levinthal 1990; Lane/Lubatkin 1998; Dyer/Singh 1998; Van den Bosch et al. 1999; Zahra/George 2002; Lane et al. 2006; Jones 2006; Todorova/Durisin 2007; Easterby-Smith et al. 2008; Vega-Jurado et al. 2008; Lichtenthaler 2009; Schreyögg/Schmidt 2010; Volberda et al. 2010; Lewin et al. 2011;

Dröge 2011; Müller-Seitz 2012; Duchek 2012; Lerch et al. 2013). Es versucht zu erklären, warum Unternehmen unterschiedlich leicht Zugang zu potenziell für Innovationen relevantem Wissen finden und warum einige Unternehmen dieses teilweise scheinbar effizienter umsetzten können. Um dies zu erreichen, nimmt das Konzept dabei das im Mittelpunkt des Transfers stehende Know-how, also das Wissen „Wie" etwas gemacht wird, in den Fokus, welches im Gegensatz zu leicht zu transferierenden kodifizierbaren Wissen eben nur äußerst schwer zu fassen ist (vgl. Polanyi/Sen 2009; Nonaka 1994; von Krogh et al. 2000). Dabei ist es dem spezifischen Charakter des Know-hows geschuldet, welches den Transfers sowohl anspruchsvoll als auch bei jedem Transferpartner divers gestaltet (vgl. Simonin 1999, S. 598; Allen 1977; Suzlanski 1996). Das Konzept der Absorptive Capacity bildet damit einen theoretischen Rahmen für die Betrachtung des Transfers von Know-how. Das 1990 von Cohen und Levinthal als neue Perspektive auf Lern- und Innovationsprozesse entwickelte Konzept erklärt das Aufnahmevermögen eines Unternehmens für neues externes Wissen, die sogenannte Absorptive Capacity, zum Schlüsselfaktor dessen Innovationsfähigkeit (vgl. Cohen/Levinthal 1990, S. 128). Das Konzept ist somit in der Lage sowohl theoretisch-konzeptionelle als auch in der Praxis relevante Fragestellungen abzubilden und umfasst daher die relevanten Bereiche zur Klärung dieser Fragen. Die Rolle der Absorptive Capacity für die empfangende Organisation im Zuge des Technologietransfers, welcher hier eher im Sinne einer kooperativen Technologieentwicklung verstanden wird, wurde bereits in verschiedenen Studien diskutiert (vgl. u.a. García-Morales et al. 2007, S. 546; Gupta/Govindarajan 2000; Lane/Lubatkin 1998; Szulanski 1996) und als maßgebliche Bedingung für einen erfolgreichen Wissenstransfers identifiziert (vgl. Yoeh 2009, S. 23; Reinhard et al. 1996, S. 59 f.). Abweichend vom Begriff des Technologietransfers, welcher für gewöhnlich ein Sender-Empänger-Modell vermuten lässt, wird hier der Begriff der kooperativen Technologieentwicklung verwand, welcher den in der Praxis häufig zu beobachtenden bidirektionalen Transfer bzw. die intensive Interaktion im Zuge der Technologieentwicklung bereits begrifflich besser abbilden kann.

Obwohl bereits zahlreiche Forschungsbeiträge theoretische Zusammenhänge der Absorptive Capacity genauer beleuchten konnten, wurde den tatsächlich zur Anwendung kommenden Praktiken bisher wenig Beachtung geschenkt. Vielmehr beschränken sich bisherige Forschungsbeiträge zum Konzept häufig auf rein quantitative Methoden mithilfe derer versucht wird, die Absorptive Capacity anhand von Input oder Output orientierten Indikatoren zu messen (vgl. Schreyögg/Schmidt 2010, S. 476; Earsterby-Smith et al. 2008, S. 485; Lerch et al. 2013, S. 2; Duchek 2012). Eine Möglichkeit um die Zusammenhänge der Absorptive Capacity genauer verstehen zu können und Einblicke in die sogenannte „black box" dieser zu erhalten, bietet die Einnahme einer praktiken-orientierten Perspektive auf die Absorptive Capacity (vgl. Lerch et al. 2013, S. 2; Lewin et al. 2011, S. 82; Müller-Seitz 2012, S. 92; Schreyögg/Schmidt 2010, S. 477; Duchek 2012). Darüber hinaus wurde die von Cohen und Levinthal ursprünglich als Mehrebenenkonstrukt konzipierte Absorptive Capacity im Zuge der Vereinfachung häufig auf nur eine Ebene reduziert. Dadurch werden die zum Teil komplexen intraorganisationalen Zusammenhänge nur sehr eindimensional betrachtet (Gupta/Govindarajan 2000) und so der multidimensionale Charakter das Absorptive Capacity nicht umfassend erfasst (vgl. Volberda et al. 2010, S. 937; Van den Bosch et al. 1999). Dieses Defizit soll durch die Unterscheidung in die strategische Ebene und die operative Ebene einer Organisation behoben werden (Janowicz-Panjaitan/Noorderhaven 2009). Zudem ist das Konzept der Absorptive Capacity und insbesondere die dazugehörigen Absorptionspraktiken bisher kaum interorganisational erforscht worden (vgl. Volberda et al. 2010, S. 946 f.). So stellt sich z.B. die Frage, in wie weit eine partnerspezifische Absorptive Capacity in der kooperativen Technologieentwicklung von Bedeutung ist (Lane/Lubatkin 1998) bzw. in wie weit aufeinander abgestimmte Praktiken einen Transfer ermöglichen (Lyles/Salk 1996). Diese aufgezeigten Forschungslücken sollen daher in dieser Arbeit adressiert werden, um tiefere Einblicke in die Absorptive Capacity erhalten zu können und ein besseres Verständnis über die zum Einsatz kommenden Praktiken zu erlangen. Die Forschungsleitfrage lautet daher:

Welche internen sowie externen Absorptionspraktiken lassen sich im Zuge der kooperativen Technologieentwicklung auf strategischer sowie operativer Ebene einer Organisation identifizieren?

Um diese Frage beantworten zu können, sollen die Absorptive Capacity Praktiken in einer qualitativen, empirischen Studie systematisch untersucht und analysiert werden. Die Relevanz der Fragestellung leitet sich dabei insbesondere aus der im Zuge dieser Arbeit erfolgten Vorstudie ab, bei der sowohl Akteure aus der Wissenschaft als auch der Wirtschaft zum Thema kooperative Technologieentwicklung als auch konkret zum Konzept der Absorptive Capacity interviewt wurden. Darauf aufbauend wurde die hier im Zentrum stehende empirische Studie entwickelt. Den Rahmen dieser Intensivfallstudie bildet dabei das „Berlin Laboratory for Innovative X-ray Technologies" (BLiX), ein sogenanntes Applikationslabor für Röntgentechnologien. Im Zuge eines Drittmittelprojekts bestand insbesondere die Aufgabe, ein Transferkonzept für das Applikationslabor zu entwickeln bzw. weiterzuentwickeln und dieses begleitend zu analysieren. Der Projektzeitraum von über zwei Jahren konnte so für eine explorative Langzeitfallstudie genutzt werden. Um alle Aspekte der Forschungsfrage adäquat abdecken zu können, wurde eine Fallstudie durchgeführt, in der drei Kooperationen des BLiX (als embedded cases) untersucht werden konnten (Yin 2009, S. 46). Der qualitative Forschungsansatz dieser Arbeit ermöglicht eine differenzierte Betrachtung der Absorptive Capacity, da eine starke Fokussierung auf die in Organisationen sowie zwischen den Dyaden eingebetteten Absorptive Capacity Praktiken vorgenommen wird.

1.2 Gang der Untersuchung

Nachfolgend wird in Kapitel 2 der theoretisch-konzeptionelle Hintergrund der Arbeit aufgearbeitet. Nach einer kurzen Verortung des 1990 von Cohen und Levinthal vorgestellten Konzepts der Absorptive Capacity folgt eine detaillierte Darstellung dessen Grundlagen. Aufbauend darauf wird kurz der Stand der Forschung resümiert und Modifikationen des Konzepts vorgestellt. Insbesondere wird dabei auf die für diese Arbeit wichtigen Entwicklungen einer Praktikenperspektive auf das Konzept der Absorptive Capacity eingegangen (Schreyögg/Schmidt 2010; Duchek 2012; Lerch et al. 2013; Lewin et al. 2011; Jarzabkowski 2008; Jarzabkowski/Seidl 2008). Es folgt eine kritische Würdigung und die genaue Vorstellung der daraus abgeleiteten Forschungsfrage dieser Arbeit. Zudem werden die für die Beantwortung der Forschungsfrage notwendigen Teilaspekte des Konzepts vertieft und der Entwicklungsstand in diesen Teilaspekten aufbereitet.

Kapitel 3 umfasst die im Zuge dieser Arbeit erfolgte empirische Untersuchung. So wird zunächst in den Untersuchungskontext eingeführt. Neben der Vorstellung der optischen Technologien und der Röntgentechnologien folgt hier auch die Vorstellung des Applikationslabors BLiX. Anschließend wird die methodische Vorgehensweise dargestellt. So wird die Intensivfallstudie als Forschungsdesign eingeführt und die verwendeten Datenquellen genauer beschrieben. Es folgt ein kurzer Einblick in die Vorgehensweise bei der Datenanalyse. Daran anschließend werden die Ergebnisse der Intensivfallstudie präsentiert, welche anhand der Untersuchungsobjekte aufgegliedert sind.

In Kapitel 4 erfolgt die Diskussion der präsentierten Ergebnisse. Dabei wird die Fallstudie kritisch vor dem Hintergrund der in Kapitel 2 vorgestellten theoretisch-konzeptionellen Überlegungen reflektiert und eine detaillierte Verortung der identifizierten Praktiken vorgenommen. Auf dieser Verortung aufbauend werden sowohl Implikationen für das Konzept der Absorptive Capacity als auch für das Management kooperativer Technologieentwicklung abgeleitet.

In Kapitel 5 folgen abschließende Überlegungen. Dafür werden kurz die zentralen Ergebnisse der Arbeit dargestellt und sowohl mögliche methodische als auch inhaltliche Limitationen der Arbeit diskutiert. Die Arbeit schließt mit Anregungen für mögliche anschließende Forschungsarbeiten.

2 Theoretisch-konzeptioneller Hintergrund

Dem Begriff der Open Innovation wurde in den letzten Jahren sowohl in der Wissenschaft als auch in der Praxis viel Beachtung geschenkt. Er wurde 2003 von Chesbrough geprägt und baut dabei unter anderem auf Arbeiten von Schumpeter auf, welcher bereits 1934 Innovationen als Hauptfaktor ökonomischen Erfolgs von Entrepreneuren bezeichnete (Schumpeter 1934). Eine wichtige Quelle des für Innovationen wichtigen technischen Know-hows stellte für Unternehmen traditionell die eigene F&E dar (Mowery 1983). Die Unternehmen entwickelten ihre Produkte daher vornehmlich intern (Ahlstrom 2010; March 1991; Wyld 2010; Wyld/Marin 2009) und interagierten nahezu kaum mit der Unternehmensumwelt; sie verfolgten eine sogenannte „Closed" Innovation Strategie (vgl. Lichtenthaler 2011, S.75; Ili et al. 2010, S. 247).

Mit der Verschärfung des Wettbewerbs, steigendem Innovationsdruck und der Verkürzung von Produktlebenszyklen in den letzten Jahren, insbesondere auch im Zuge der Globalisierung der Wirtschaft, begann sich jedoch diese Strategie branchenübergreifend zu ändern. Unternehmen griffen verstärkt auch auf extern verfügbares Wissen und Technologien zurück, um ihre eigene Wissensbasis zu erweitern, da externes Wissen als eine mögliche Quelle von Innovationen angesehen wurde (Chesbrough 2003; Gassman 2006; Laursen/Salter 2006; Lettl et al. 2006; Piller/Walcher 2006; Nelson/Winter 1982; Rigby/Zook 2002; Christensen et al. 2005). So wurden Kooperationen zur kooperativen Technologieentwicklung eingegangen, strategische Allianzen gebildet oder entsprechende Technologien lizensiert (Powell 1990; Beamish/Lupton 2009; Cassiman/Veugelers 2006; Teece 1986; von Hippel 1994). Zusätzlich zur Verwendung von externem Wissen konnten zudem Bestrebungen von Unternehmen beobachtet werden, ihr eigenes Wissen extern zu verwerten und neben der Nutzung in eigenen Produkten, dieses zu lizensieren, in strategische Allianzen einzubringen oder aber gar in Form von Spin-Offs aus dem eigenen Innovationsprozess in andere Nutzung zu überführen (Gassmann 2006; Grindley/Teece 1997).

Das von Cohen und Levinthal (1990) eingeführte Konzept der Absorptive Capacity lässt sich in diesem Kontext insbesondere im Zuge der Öffnung der internen F&E für externes Wissen verorten. So spielt diese für die erfolgreiche Nutzung externen Wissens eine entscheidende Rolle (Lichtenthaler 2011).

Dabei behandelt das Konzept der Absorptive Capacity neben Grundzügen des organisationalen Lernens auch die Eigenarten des Wissens selbst (March 1991). So wird vor allem die Unterscheidung von explizitem und implizitem Wissen vorgenommen und das sogenannte implizite Wissen als das für den erfolgreichen Transfer kritische identifiziert (Polanyi/Sen 2009; Bierly et al. 2009; Nonaka/von Krogh 2009; Insch et al. 2008).

Ähnlich dem Konzept der Open Innovation, welches in den vergangenen Jahren immer weiter in die Richtung interorganisationaler Innovationsprozesse entwickelt wurde (Vanhaverbeke et al. 2008), wird in der vorliegenden Arbeit der Versuch unternommen, das Konzept der Absorptive Capacity in eine solche Richtung zu entwickeln.

Zunächst allerdings gilt es die Grundlagen des Konzepts der Absorptive Capacity nach Cohen und Levinthal (1990) vorzustellen. So werden sowohl Begrifflichkeiten als auch die wichtigsten Gedanken zu diesem Konzept dargestellt. Es folgt eine Vorstellung von Erweiterungen und Modifikationen des Konzepts, welche die Weiterentwicklung des Konzepts innerhalb der mehr als 20 vergangenen Jahre zusammenfassen soll. Im Anschluss daran wird auf die für diese Arbeit notwendige Entwicklung einer Praktikenperspektive auf die Absorptive Capacity eingegangen und relevante Beiträge in diesem Kontext vorgestellt. Ausgehend von den angeführten Weiterentwicklungen des Konzepts, wird hier die Forschungsleitfrage dieser Arbeit entwickelt. Diese Forschungsleitfrage wird schließlich in deren Komponenten zerlegt und so der theoretisch-konzeptionelle Hintergrund dieser Komponenten dargelegt und erläutert. Das Ziel dieses Kapitels ist es, den theoretisch-konzeptionellen Hintergrund für die in Kapitel 4 angestrebte Diskussion der Ergebnisse der empirischen Untersuchung herzustellen.

2.1 Das Ursprungskonzept der Absorptive Capacity

Das Konzept der Absorptive Capacity wurde 1990 von Wesley M. Cohen und Daniel A. Levinthal entwickelt, nachdem sie die Begrifflichkeit bereits 1989 in ihrem Artikel „Innovation and Learning – The Two Faces of R&D" eingeführt hatten (vgl. Cohen/Levinthal 1989, S. 569). In ihrem Artikel „Absorptive Capacity: A New Perspective on Learning and Innovation" aus dem Jahr 1990 definieren Cohen und Levinthal Absorptive Capacity als „the ability of a firm to recognize the value of new, external information, assimilate it, and apply it to commercial ends" (Cohen/Levinthal 1990, S. 128). Das Konzept wurde ursprünglich entwickelt, um in einer Zeit in der sich Geschäftsmodelle sowie zuvor strikt intern verortete F&E-Prozesse allmählich öffneten, einen Erklärungsansatz für eben diese Bestrebungen als auch die hohe Innovationsfähigkeit einiger Unternehmen zu liefern. Im Zuge der Betrachtung extern vorhandenen Wissens wurde den F&E-Investitionen demnach eine weitere Funktion angedacht. Die Absorptive Capacity stellt damit eine kritische Komponente der Innovationsfähigkeit eines Unternehmens dar, welche zweifellos eine wesentliche Eigenschaft zukunftsfähiger Organisationen ist (vgl. Cohen/Levinthal 1990, S. 128; Schreyögg/Schmidt 2010, S. 474; Duchek 2012).

Cohen und Levinthal führen zudem an, dass die Fähigkeit, externes Wissen zu bewerten, dieses aufzunehmen und zu benutzen, im Wesentlichen von dem bereits intern vorhandenen Wissen abhängt und folglich auch als die Fähigkeit begriffen wird, das neue, externe Wissen mit dem internen zu kombinieren (Cohen/Levinthal 1990, S. 128). Dies verdeutlicht, dass Cohen und Levinthal mit der von ihnen konzeptualisierten Absorptive Capacity die fundamentalen Lernprozesse eines Unternehmens betrachten (vgl. Lane et al. 2006, S. 833). Theoretisch ist das Konzept somit zwischen den Feldern der dynamischen Fähigkeiten (Teece et al. 1997; Zollo/Winter 2002), des organisationalen Lernens (Akgün et al. 2003; Easterby-Smith 1997) und des Wissensmanagements (Chiva/Alegre 2005; Oshri et al. 2006) angesiedelt (vgl. Easterby-Smith et al. 2008, S. 483).

Das von Cohen und Levinthal entwickelte Modell beruht auf den drei genannten Dimensionen „recognize the value", „assimilate" und

„apply", welche als Absorptive Capacity operationalisiert werden. Abbildung 1 stellt das von Cohen und Levinthal entwickelte Modell dar.

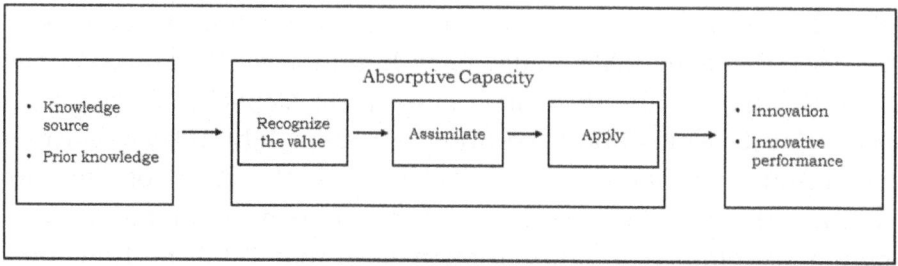

Abbildung 1: Absorptive Capacity Modell von Cohen/Levinthal (in Anlehnung an Todorova/Durisin 2007, S. 775)

Die Absorptive Capacity einer Organisation ist, folgt man dieser Abbildung, zwischen dem externen Wissen der organisationalen Umwelt sowie dem organisationalen Vorwissen und dem organisationalen Output in Form einer Innovation aufgehängt. Die drei Dimensionen der Absorptive Capacity „recognize the value", „assimilate" und „apply" sind demnach in der sogenannten „black box" der Absorptive Capacity verortet und kanalisieren somit das externe Wissen. Die Dimension „recognize the value" beschreibt dabei die Fähigkeit, externes Wissen als relevant zu identifizieren. Die Dimension „assimilate" umfasst die Fähigkeiten, dieses Wissen aufzunehmen und die Dimension „apply" schließlich dessen Anwendung bzw. Verwertung.

Cohen und Levinthal führen an, dass die Fähigkeit von Unternehmen mit einer eigenen F&E, extern verfügbare Informationen besser zu erkennen, aufzunehmen und zu verwenden, daher rührt, dass als Nebenprodukt der F&E die Absorptive Capacity generiert wird (vgl. Cohen/Levinthal 1990, S. 129). Folglich operationalisieren sie diese auch als F&E-Intensität. Die Gründe dafür sehen sie vor allem in den kognitiven Strukturen, die den Lernprozessen zugrunde liegen.

2.1.1 Von der individuellen zur organisationalen Absorptive Capacity

Um extern verfügbares Wissen in ein Unternehmen zu integrieren, muss ein bestimmter Umfang an Vorwissen vorhanden sein, welches es ermöglicht, das extern verfügbare Wissen effektiv zu absorbieren. Die Erforschung kognitiver Strukturen und Organisation zur Problemlösung zeigt, dass das Lernpotential eines Individuums am größten ist, wenn das zu assimilierende neue Wissen eng mit den existierenden Wissensstrukturen des Individuums verwandt ist (vgl. Lane/Lubatkin 1998, S. 463). In einem Umfeld, in dem Unsicherheit über die potenziell hilfreichen Informationen herrscht, erweist es sich somit als günstig, ein möglichst diverses Vorwissen anzusammeln, um neue Assoziationen oder Verbindungen herstellen zu können (vgl. Cohen/Levinthal 1990, S. 131). Dabei unterscheiden Cohen und Levinthal jedoch die individuelle von der organisationalen Absorptive Capacity, welche nicht lediglich die aufsummierte Absorptive Capacity der Mitarbeiter ist. Während die individuelle Absorptive Capacity in den individuellen kognitiven Strukturen bzw. individuellen Wissensbeständen der Mitarbeiter begründet ist, stellt die organisationale Absorptive Capacity bzw. der Wissensbestand der Organisation eine andere Ebene dar. Da die Absorptive Capacity neben den Teilfähigkeiten neues externes Wissen zu identifizieren und eben dieses zu assimilieren ebenso von der Fähigkeit abhängt, das assimilierte Wissen wertschaffend einzusetzen, wird die Absorptive Capacity eines Unternehmens nicht nur an dessen direkter Schnittstelle zur externen Umwelt gemessen, sondern auch an den internen Schnittstellen im Unternehmen, z.B. zwischen Abteilungen, an denen Wissen übertragen werden soll oder anhand der Organisationsstrukturen, die der Wissensverteilung dienen (vgl. Cohen/Levinthal 1990, S. 131; Schreyögg/Schmidt 2010, S. 474 f.; Duchek 2012). Diese Schnittstellen können dabei von einer Gruppe von Personen, aber auch von einzelnen Personen besetzt sein. Personen von zentraler Bedeutung können z.B. sogenannte „gatekeeper" sein, deren Aufgabe es ist, die Umwelt zu beobachten, relevante externe Informationen zu filtern bzw. zu identifizieren und diese an die Wissensbasis des Unternehmens anzupassen, damit diese Informationen verarbeitet werden können. Doch auch wenn die Wissensbasis des Unternehmens dem verfügbaren externen Wissen sehr ähnlich ist und die Anpassungsprozesse durch „gatekeeper" entfallen, lässt sich das Auftreten von „gatekeepern" selbst rein für den „monitoring" Prozess oder die interne Verteilung des Wissens beobachten. „Gatekeeper" oder auch „informational boundary spanner" stellen damit eine Spezialform der „boundary spanner" dar, welche neben guten unternehmensinternen Kontakten auch Kontakte zu anderen Unternehmen besitzen und damit die Schnittstellen dieser Beziehung darstellen (vgl. Tushman/Scanlan 1981, S. 300). Gerade jedoch in einem Umfeld, in dem schneller technologischer Wandel und Unsicherheit bezüglich der zukünftigen Entwicklung herrschen, bürgen diese zentralen Rollen ein großes Risiko, da die Bandbreite des assimilierbaren externen Wissens lediglich von einer Person definiert wird. In einer solchen Umgebung stellen mehrere dieser sogenannten Rezeptoren eine weitaus bessere Lösung dar (vgl. Cohen/Levinthal 1990, S. 132). Dabei spielt jedoch nicht nur die Absorptive Capacity der Mitarbeiter an externen Schnittstellen eine Rolle, sondern auch die interne Absorptive Capacity. Im optimalen Fall bildet ein gemeinsames Hintergrundwissen der Mitarbeiter eines Unternehmens die Basis einer effizienten Kommunikation. Ist dieses gemeinsame Hintergrundwissen nicht vorhanden, so benötigt der interne Austausch auf einfachster Stufe zumindest die Verwendung einer gemeinsamen „Sprache" oder „Symbolik" (vgl. Lichtenstein/Plowman 2009, S. 624; Katz/Kahn 1978, S. 758).

Betrachtet man die Absorptive Capacity einer Organisation als Ganzes, so stellt sich diese als Trade-Off zwischen den sogenannten „inward-looking" und „outward-looking" Komponenten dieser dar. Die Absorptive Capacity setzt sich folglich aus einer internen sowie einer externen Komponente zusammen. Zwar sind beide dieser Komponenten für eine hohe Absorptive Capacity notwendig, jedoch kann die Dominanz einer dieser beiden die Absorptive Capacity auch beeinträchtigen. Erst durch ein ausgewogenes Verhältnis, lässt sich sowohl eine effiziente Kommunikation innerhalb einer Organisation als auch eine Sensibilität für externe, verschiedenartige Wissensquellen gewährleisten. Dieses ausgewogene Verhältnis aus Wissensschnittmengen und Wissensdiversität ermöglicht somit eine für Innovationen optimale Wissensstruktur (vgl. Cohen/Levinthal 1990, S. 133).

Über diese strukturellen Anforderungen hinaus, spielt auch die Art des vorhandenen Wissens eine entscheidende Rolle. Um eine hohe Absorptive Capacity zu erlangen, muss es sich bei diesem Wissen nicht nur um Wissen substanzieller Natur bzw. um technisches Wissen handeln. Ebenfalls von hoher Bedeutung ist die Kenntnis darüber, welche internen oder externen Akteure über komplementäres Wissen verfügen. Mit dieser Erkenntnis lassen sich drei essentielle Fragen beantworten: (1) Über welche Informationen verfügt ein Akteur? (2) Ist er in der Lage bei dem Problem zu helfen? (3) Kann er dabei helfen, neue Informationen zu erschließen? Um diese Fragen zu beantworten, spielt gerade in Bezug auf externe Kontakte eine enge Beziehung zu sowohl Zulieferern als auch Kunden eine wichtige Rolle (von Hippel 1994). Cohen und Levinthal bestärken diesen Aspekt zudem dahin gehend, dass sie die Entwicklung und Pflege eines breit gefächerten und aktiven Netzwerks interner sowie externer Kontakte auf organisationaler Ebene als stärkenden Faktor dieses hier skizzierten Wissens ansehen. Als Resultat dessen, wird zudem die Absorptive Capacity als individuelle Fähigkeit relativiert und die Bedeutung einer organisationalen Absorptive Capacity gestärkt (vgl. Cohen/Levinthal 1990, S. 133 f.).

Cohen und Levinthal folgend lassen sich aus den vorangegangenen Beobachtungen bzw. Überlegungen unterschiedliche Implikationen für die Unternehmensstruktur ziehen. In Bezug auf eine optimale Wissensstruktur bedarf es somit eines trade-off zwischen einer möglichst hohen Diversität und notwendigen gemeinsamen Schnittmengen zwischen den unterschiedlichen Akteuren. Darüber hinaus macht dies ebenso die Notwendigkeit einer gewissen Wissensredundanz deutlich, welche als sogenannte „cross-function" Absorptive Capacity begriffen wird. Diese „cross-function" Schnittstellen die neben der Absorptive Capacity auch die Innovationskraft einer Organisation beeinflussen können, stellen z.B. die Beziehungen zwischen unterschiedlichen F&E Standorten oder Abteilungen, aber auch die Beziehungen zwischen Abteilungen mit unterschiedlichen Aufgaben wie z.B. F&E, Design, Marketing sowie Produktion dar (vgl. Mansfield 1968, S. 86 ff.; Cohen/Levinthal 1990, S. 134). Diese

Überlegung steht in Übereinstimmung mit den empirischen Ergebnissen von Clark und Fujimoto (1987), welche durch einen gewissen Grad an Überschneidung zwischen den unterschiedlichen Produktionsprozessen einen positiven Zusammenhang auf die organisationsinterne Kommunikation sowie Koordination zwischen den unterschiedlichen Abteilungen erkennen konnten (vgl. Clark/Fujimoto 1987, S. 24). Cohen und Levinthal sehen diese Ergebnisse auch durch Managementpraktiken von Organisationen bestätigt, welche durch Mitarbeiterrotation zwischen unterschiedlichen Teams oder Abteilungen ebenfalls für eine stetige Diversität und zudem für die Entstehung von Wissensschnittmengen sorgen (vgl. Cohen/Levinthal 1990, S. 135).

Neben diesen internen Mechanismen, welche einen Einfluss auf die Absorptive Capacity einer Organisation haben können, stellt sich die Frage, in wie weit die Absorptive Capacity tatsächlich intern erzeugt werden muss. Um die Absorptive Capacity einer Organisation zu steigern, bieten mitunter die Einstellung neuen Personals, die Beschäftigung von Beratungsunternehmen oder gar die Übernahme von Unternehmen ebenso vielversprechende Möglichkeiten. Cohen und Levinthal (1990) vertreten den Standpunkt, dass die Effektivität dieser Optionen durch den notwendigen Integrationsprozess dieser Absorptive Capacity limitiert wird. Als kritisch wird in diesem Fall die erforderliche Absorptive Capacity für produkt- bzw. prozessbezogene Informationen angesehen, welche neben der notwendigen Fachkompetenz auch Kenntnis über die organisationsspezifischen Abläufe sowie die Organisationsform eines Unternehmens voraussetzt. Ohne dieses implizite Wissen, das häufig nur durch tatsächliche Erfahrung in der betreffenden Organisation erlangt werden kann, ist demnach kaum eine Integration von Wissen möglich (vgl. Cohen/Levinthal 1990, S. 135). Dieser Umstand deckt sich mit den Ergebnissen von Lee und Allen (1982, S. 1418), die einen erheblichen Zeitbedarf für die Integration neuer Mitarbeiter innerhalb von F&E Abteilungen feststellen konnten.

2.1.2 Pfadabhängigkeit und Kumulativität der Absorptive Capacity

Cohen und Levinthal leiten aus den zuvor dargestellten Überlegungen ab, dass sowohl auf der individuellen als auch auf der organisationalen Ebene ein gewisses Vorwissen vorhanden sein muss, um extern verfügbares Wissen aufnehmen und verwerten zu können. Dieses extern verfügbare Wissen sollte zudem zwar möglichst divers sein, um kreativen Nutzen stiften zu können, aber trotzdem Schnittmengen zum verfügbaren Vorwissen einer Organisation aufweisen, um eine Bewertung und Aufnahme des externen Wissens zu ermöglichen. Aus der grundsätzlichen Feststellung, dass Vorwissen von Bedeutung für die Absorptive Capacity ist, lassen sich wichtige Implikationen für den Aufbau dieser ableiten. Cohen und Levinthal folgern daraus zwei grundsätzliche Eigenschaften der Absorptive Capacity. Zum einen ist dies die Akkumulierbarkeit der Absorptive Capacity. Wird die Absorptive Capacity in einer Periode gesteigert, so lässt sich die weitere Steigerung in der Folgeperiode noch effizienter gestalten. Diese Erkenntnis resultiert daraus, dass Vorwissen auf einem spezifischen Gebiet, die Identifikation zusätzlich relevanten bzw. notwendigen externen Wissens erleichtert. Zum anderen wird durch das angesammelte Wissen ein besseres Verständnis von technologischen Entwicklungen und somit eine bessere Einschätzung des Wertes neuer externer als auch eigener Entwicklungen ermöglicht. Die Absorptive Capacity kann daher Erwartungen an eine Technologie beeinflussen bzw. dabei helfen, die Erwartungen daran genauer zu prognostizieren. Der kumulative Charakter der Absorptive Capacity sowie ihre Auswirkungen auf die Erwartungshaltung an eine Technologie, implizieren demnach das eine Investition in die Absorptive Capacity nur fachgebiets- bzw. technologiespezifisch erfolgen kann und diese Investitionen zudem hochgradig pfadabhängig zu sein scheinen (vgl. Cohen/Levinthal 1990, S. 136; Sydow et al. 2009).

Diese Eigenschaft der Kumulativität und die extreme Pfadabhängigkeit können somit in einer rasch voranschreitenden Organisationsumwelt dazu führen, dass wenn ein Unternehmen aufhört in die Absorptive Capacity eines bestimmten Bereiches zu investieren, es womöglich nicht mehr in der Lage sein wird, in diesem neue Informationen aufzunehmen und verwerten zu können. Es kommt damit zum sogenannten „Lockout" (Arthur 1989; Arthur/Lane 1994) Effekt, da aufgrund einer zu geringen Absorptive Capacity, Informationen und Technologien in Periode eins nicht korrekt bzw. als nicht relevant eingeschätzt werden und dadurch überhaupt nicht aufgenommen werden würden. Die Folge dieses Versäumnisses ist, dass die Erreichung des benötigten Absorptive Capacity Niveaus in den Folgeperioden sehr kostspielig wird und zudem womöglich wenig attraktiv erscheint, da einfach die Möglichkeiten einer Technologie unterschätzt werden (vgl. Cohen/Levinthal 1990, S. 136). Ein weiterer Auslöser des „Lockout" Effekts kann zudem das sogenannte not-invented-here-Syndrom (NIH) (Katz/Allen 1982) darstellen. Das NIH-Syndrom beschreibt die Ablehnungshaltung der Organisationsmitglieder in Bezug auf extern akquiriertes Wissen bzw. innovative Technologien, lediglich aufgrund ihrer externen Herkunft. Dieser Effekt kann auf eine Organisation als Ganzes aber auch auf einzelne Abteilungen zutreffen, welche sich gegenüber Entwicklungen von z.B. konkurrierenden Abteilungen sträuben (vgl. Cohen/Levinthal 1990, S. 137).

Durch den Einfluss der Absorptive Capacity auf die Erwartungshaltung einer Organisation kann zudem ein dem „Lockout" ähnlicher Effekt ausgelöst werden. Cohen und Levinthal gehen von einem sich selbst verstärkendem Effekt der Absorptive Capacity auf das organisationale Verhalten aus. Unternehmen mit einer hohen Absorptive Capacity agieren eher pro-aktiv und suchen gezielt nach neuen Möglichkeiten ihre technologischen Kompetenzen auszunutzen und weiterzuentwickeln. Sie reagieren sensibler auf neue Informationen und Technologien in ihrem Umfeld, was in einer höheren Leistungsfähigkeit resultiert. Diese Sensibilität wird zudem durch ihre Innovationstätigkeit weiter gesteigert. Unabhängig von der aktuellen Unternehmensleistung investieren diese Unternehmen fortlaufend in ihre Absorptive Capacity, um auch in Zukunft ihre hohe, durch die Absorptive Capacity beeinflusste, Anspruchshöhe zu erfüllen. Die daraus resultierende sensiblere Wahrnehmung von technologischen Möglichkeiten und Entwicklungen sorgt wiederum für eine Fortsetzung der innovativen Aktivitäten und sichert somit auch in Folgeperioden eine hohe Investition in die eigene Absorptive Capacity und eine pro-aktive Vorgehensweise. Im Gegensatz dazu zeichnen sich lediglich auf den Markt reagierende Unternehmen eher durch eine geringe Absorptive Capacity aus. Die Konsequenz daraus ist auch hier ein sich verstärkender Effekt. Die Kumulativität der Absorptive Capacity macht es für Unternehmen ohne eine gewisse Wissensbasis nahezu unmöglich auf einem bestimmten Feld die notwendige Absorptive Capacity zu erlangen, da es ironischer Weise mangels Absorptive Capacity nicht in der Lage ist, dieses Defizit zu erkennen und entsprechend darin zu investieren. Die Folge daraus ist, dass das Verhalten eines Unternehmens, ob nun pro-aktiv oder eher reaktiv, über den Zeitablauf tendenziell konstant bleibt (vgl. Cohen/Levinthal 1990, S. 137 f.).

Trotz der dargelegten Zusammenhänge ist bis hierhin unklar ob bzw. in wie weit sich die Relevanz der Absorptive Capacity auch empirisch darstellen lässt. Es fehlt an Erkenntnissen darüber, welche Effekte zur Absorptive Capacity beitragen bzw. woran letztere konkret zu bemessen ist. Es fehlt an einer Operationalisierung. Der Versuch einer empirischen Erfassung kann erst mithilfe einer von Cohen und Levinthal gewonnenen, entscheidenden Erkenntnis unternommen werden. Da technologischer Wandel häufig eng mit der F&E Tätigkeit einer Organisation verknüpft ist, schließen Cohen und Levinthal daraus, dass die Fähigkeit einer Organisation, externes Wissen zu verwerten, als Nebenprodukt der F&E Aktivitäten einer Organisation gebildet wird. Aus dieser Überlegung lässt sich ableiten, dass die F&E Aktivitäten einer Organisation zwei zentrale Funktionen erfüllen: die Generierung neuen Wissens sowie die Steigerung der Absorptive Capacity. Daraus lässt sich schlussfolgern, dass wenn die Absorptive Capacity einer Organisation tatsächlich von Bedeutung ist und als Nebenprodukt der F&E Aktivitäten generiert wird, dann bestätigen F&E Aktivitäten mit dem Ziel der Wissensaufnahme die Relevanz der Absorptive Capacity. Gemäß Cohen und Levinthal besteht die sich aus dieser Vereinfachung ergebenden empirische Herausforderung darin, die Auswirkungen einer wissensintensiven Organisationsumwelt auf deren F&E Aktivitäten zu verstehen (vgl. Cohen/Levinthal 1990, S. 138).

2.1.3 Der Einfluss von F&E Aktivitäten auf die Absorptive Capacity

Um die F&E Aktivitäten einer Organisation und den Einfluss der Absorptive Capacity auf diese zu erklären, greifen Cohen und Levinthal auf ein vereinfachtes Model zurück, in welchem drei grundsätzliche Einflussfaktoren den Umfang der F&E Aktivitäten bestimmen. Diese drei Faktoren sind (1) die Nachfrage, (2) die Anwendbarkeit sowie (3) die technologischen Möglichkeiten. Der Effekt der Nachfrage lässt sich anhand der Preiselastizität eines Produktes bestimmen. Von Interesse ist hierbei, in wie weit sich die Nachfrage im Zuge einer mittels technologischen Fortschritts erreichten Kosten- und damit Preissenkung steigern lässt. Ist die Nachfrage demnach elastisch, erhöht dies den Anreiz F&E Aktivitäten zu unternehmen. Die Umweltbedingungen einer Organisation spielen auch im Hinblick auf die Anwendbarkeit der F&E Ergebnisse eine entscheidende Rolle. Gemeint ist dabei, in wie weit eine Organisation von ihren F&E Aktivitäten auch tatsächlich profitieren kann. Kritisch ist hierbei der sogenannte „Spillover" Effekt der das öffentliche Bekanntwerden wirtschaftlich verwertbarer Informationen beschreibt. Der „Spillover" Effekt ist dabei von den Patentrechten, der effektiven Geheimhaltung sowie der erfolgreichen Erzielung von „First Mover Advantages" innerhalb einer Branche abhängig. Die technologischen Möglichkeiten wiederum setzen sich aus zwei Komponenten zusammen: zum einen aus der reinen Quantität von extern verfügbaren, relevanten Wissen und zum anderen aus dem daraus erzielbaren technologischen Fortschritt und dessen Effekt auf die tatsächliche technologische Leistungsfähigkeit einer Organisation. Als klassisches Beispiel führen Cohen und Levinthal hier die Halbleiterindustrie an, in der ein höherer Einfluss des Faktors der technologischen Möglichkeiten zu erwarten ist als z.B. in der Stahlindustrie (vgl. Cohen/Levinthal 1990, S. 139).

Cohen und Levinthal leiten daraus einen Zusammenhang zwischen den F&E Investitionen und der Absorptive Capacity einer Organisation ab. Dies kann mithin als ihr zentraler Beitrag aufgefasst werden. Da der technologische Fortschritt auf Gebieten, in denen eine Organisation tätig ist, thematisch den eigenen F&E Aktivitäten oft sehr nahe ist, kann durch die Ausweitung dieser, die Fähigkeit externes Wissen zu nutzen, gesteigert werden. Die F&E Aktivitäten einer Organisation generieren damit nicht nur das verfügbare Wissen der Organisation, sondern steigern zudem die Absorptive Capacity dieser. Cohen und Levinthal (1990) kommen daher zu dem Schluss, dass wenn die Absorptive Capacity tatsächlich relevant ist und als Nebenprodukt der F&E erzeugt wird, die Anstrengungen einer Organisation an externes Wissen zu gelangen, einen direkten Einfluss auf ihre F&E Investitionen haben sollten (vgl. Cohen/Levinthal 1990, S. 139). Gemäß Cohen und Levinthal gibt es für eine Organisation zwei zentrale Anreize ihre Absorptive Capacity durch erhöhte F&E Investitionen zu steigern, um somit externes Wissen zu akquirieren. Dies ist zum einen die verfügbare Menge an externem Wissen, welches aufgenommen und verwertet werden kann. Je größer diese Menge an extern verfügbarem Wissen, desto größer ist auch der Anreiz einer Organisation, ihre Absorptive Capacity zu steigern. Zum anderen hängt die Absorptive Capacity einer Organisation und somit der Umfang ihrer F&E Investitionen davon ab, wie schwierig das extern verfügbare Wissen aufgenommen und verwertet werden kann. Je komplexer bzw. komplizierter das externe Wissen beschaffen ist und je schwieriger dieses erlernt werden kann, desto höher ist die dafür benötigte Absorptive Capacity, was wiederum höhere Investitionen in die F&E voraussetzt bzw. zur Folge hat. In einem solchen Umfeld ist der Wirkungsgrad der Absorptive Capacity gegenüber dem externen Wissen somit geringer, der Faktor mit dem die Absorptive Capacity als Nebenprodukt der F&E Aktivitäten generiert wird aber umso höher und somit die Relevanz der Investitionen noch verschärft. Dies wird besonders durch den Umkehrschluss deutlich: In einem Umfeld, in dem das Wissen ohne jegliches Vorwissen oder Know-how aufgenommen werden kann, ist die Absorptive Capacity unendlich groß und eine Ausweitung der F&E Aktivitäten hat keinen Einfluss mehr bzw. kann diese nicht mehr steigern. Wie leicht Wissen tatsächlich akquiriert werden kann, hängt natürlich stark davon ab, wie stark es auf die Bedürfnisse der Organisation und damit auf ihren Wissensbestand zugeschnitten ist. Demnach lassen sich Ergebnisse von angewandter Forschung bzw. von Auftragsforschung leichter akquirieren als die von Grundlagenforschung von z.B. Universitäten oder Forschungsinstituten. Besonders wenn Forschungsergebnisse stark auf vorherigen Ergebnissen aufbauen und deren Verständnis voraussetzen, wird dies deutlich. Auch die Innovationsgeschwindigkeit des Umfelds beeinflusst die Relevanz der F&E Aktivitäten und die damit verbundene Generierung von Absorptive Capacity, da bei einem hohen externen Innovationstempo auch höhere Investitionen in die F&E erfolgen müssen, um den Anschluss zu behalten (vgl. Cohen/Levinthal 1990, S. 140). Einen weiteren Anreiz für Investitionen in die eigene F&E und damit Absorptive Capacity stellen sogenannte „spillovers" der Wettbewerber sowie industrieexternes Wissen dar. Bei „spillovers" handelt es sich per Definition um verwertbares Wissen eines Mitbewerbers (vgl. Cohen/Levinthal 1990, S. 139), wohingegen industrieexternes Wissen eher von öffentlichen Einrichtungen oder Universitäten stammt. Dieses Wissen kann jedoch nicht passiv aufgenommen werden, sondern letztlich erst durch die Absorptive Capacity einer Organisation genutzt werden. Der Umfang, in welchem dieses auch tatsächlich genutzt werden kann, hängt demnach ebenfalls von der Absorptive Capacity ab. Daraus folgt, dass je höher die Chance auf „spillovers" sowie verwertbares industrieexternes Wissen und der dadurch zu erwartende Performancegewinn, desto eher wird eine Organisation ihre AC steigern wollen und folgerichtig in die eigene F&E investieren (vgl. Cohen/Levinthal 1990, S. 138; S. 141).

In ihrem Artikel von 1990 testeten Cohen und Levinthal dann das aus den hier skizzierten Mechanismen resultierende Modell empirisch und somit die Auswirkungen der beschriebenen Einflussfaktoren auf die F&E Investitionen der von ihnen betrachteten Geschäftsbereiche. Setzt man die F&E Investitionen der einzelnen Geschäftsbereiche ins Verhältnis zu deren Gesamtausgaben, lässt sich dadurch die F&E Intensität ausdrücken. Als Ergebnis der empirischen Untersuchung konnten Cohen und Levinthal (1990) tatsächlich die Zusammenhänge des vorab entwickelten Modells bestätigen und infolgedessen die angenommene Relevanz der konstruierten Absorptive Capacity verdeutlichen (vgl. Cohen/Levinthal 1990, S. 145 ff.).

2.1.4 Implikationen des Konzepts für die Innovationsaktivitäten einer Organisation

Für die Innovationsaktivitäten von Organisationen lassen sich daher folgende Implikationen ableiten: „The observation that R&D creates a capacity to assimilate and exploit new knowledge provides a ready explanation of why some firms may invest in basic research even when the preponderance of findings spill out into the public domain" (Cohen/Levinthal 1990, S. 148). Dies ist auch im Hinblick auf die Spezifität der Absorptive Capacity sinnvoll, da eine Organisation durch breit gefächerte F&E Aktivitäten ihre Wissensbasis deutlich vergrößert und somit besser in der Lage ist, externes Wissen bzw. Innovationen aus unterschiedlichen Bereichen ein entsprechendes Potenzial beizumessen bzw. Anknüpfungspunkte für diese zu schaffen (vgl. Cohen/Levinthal 1990, S. 149). Ferner lassen sich daraus Erkenntnisse für die Adaption von Innovationen gewinnen. So wird deutlich, dass eine Organisation eine gewisse Absorptive Capacity benötigt, um Innovationen adaptieren zu können. Ebenso lassen sich daraus Implikationen für Unternehmenskooperationen ableiten. So kann das Konzept der Absorptive Capacity einen Erklärungsansatz für das in der Realität beobachtete Phänomen geben, dass Kooperationen häufig in Umgebungen bzw. Bereichen stattfinden, die mit geringen Akquisitionskosten im Hinblick auf das generierte Wissen bzw. die erzeugten Technologien verbunden sind (Link/Bauer 1989), bzw. warum Kooperationen früher oder später von langfristigen, forschungsintensiven Zielen auf eher kurzfristige Forschungsziele umschwenken (Mowery/Rosenberg 1991). In Umgebungen, in denen ein schneller technologischer Wandel stattfindet und Kooperationspartner unterschiedliche Wissensbestände haben, muss daher bedacht werden, dass neben den Koordinationskosten einer Kooperation auch Investitionen in die eigene Absorptive Capacity erfolgen müssen, um von den Ergebnissen der Kooperation auch tatsächlich zu profitieren (vgl. Cohen/Levinthal 1990, S. 149).

Cohen und Levinthal (1990) ziehen aus ihrer empirischen Analyse der F&E Investitionen den Schluss, dass Organisationen für die spezifischen Eigenschaften ihrer Umgebung tatsächlich sensibilisiert sind. Die Absorptive Capacity scheint demnach eine Rolle bei der Ressourcenallokation hinsichtlich der Innovationstätigkeit zu spielen. Da es sich bei der Absorptive Capacity jedoch um ein immaterielles Gut handelt, deren Effekte zudem indirekt sind, lässt sich ein adäquates oder gar optimales Niveau dieser Größe nur schwer bestimmen. Das für die F&E Investitionen entwickelte Modell soll dabei, im Sinne eines positiven Modells, die Verhaltensweisen einzelner Akteure unter bestimmten Bedingungen aufzeigen und somit Implikationen für die Strategie von Organisationen bzw. Unternehmen liefern.

Eine entscheidende Frage in diesem Zusammenhang ist natürlich, wann eine Organisation zu wenig in seine Absorptive Capacity investiert und auf lange Sicht einen Nachteil bzw. Schaden daraus befürchten muss. Aufgrund der Spezifität der Absorptive Capacity unterscheidet man diese in zwei Bestandteile. Ein Teil wird als Nebenprodukt der regulären Aktivität der Organisation erzeugt und ist damit eng mit der Wissensbasis dieser verwandt. Diese Absorptive Capacity ermöglicht es der Organisation daher Wissen, das eng mit der bestehenden Wissensbasis bzw. regulären Aktivität verwand ist, zu akquirieren, zu integrieren und zu nutzen. Der andere Teil der Absorptive Capacity dient dazu, solches Wissen zu akquirieren, integrieren und zu nutzen, welches in keinem direkten Zusammenhang mit der regulären Aktivität der Organisation steht und daher die Investition in die entsprechende spezifische Absorptive Capacity benötigt. Fraglich bleibt dabei jedoch, in wie weit sich die Investitionsoption in diese spezifische Absorptive Capacity für eine Organisation tatsächlich darstellt und ob, die Existenz dieser Option vorausgesetzt, eine Organisation aus rein strategischen Gesichtspunkten dann auch in diese investieren würde. Das Problem hierbei ist, dass eine Organisation ohne die nötige Absorptive Capacity kaum in der Lage ist Prognosen hinsichtlich des kommerziellen Potenzials des neuen Wissens abgeben zu können und infolgedessen durch fehlende Bewertungsmöglichkeiten von einer Investition in die spezifische Absorptive Capacity aus rein ökonomisch rationalen Gründen vermutlich absehen wird. Dies macht deutlich, dass hier weiterer Forschungsbedarf besteht, um die vielfältigen Entscheidungsprozesse einer Organisation bezüglich der Investitionen in die Absorptive Capacity vollständig verstehen zu können (vgl. Cohen/Levinthal 1990, S. 149 f.).

2.2 Erweiterungen und Modifikationen des Konzepts

In den mehr als zwanzig Jahren seit der Vorstellung des Konzepts der Absorptive Capacity wurde dieses in mehr als 10.000 publizierten Artikeln, Kapiteln sowie Büchern aus unterschiedlichen Bereichen der Managementforschung zitiert und gehört damit zu den wichtigsten Konzepten organisationaler Forschung der letzten Jahrzehnte (vgl. Lane et al. 2006, S. 833; Lewin et al. 2011, S. 81). Darüber hinaus lässt sich eine wachsende Anzahl an Publikationen von referierten, sozialwissenschaftlichen Artikeln zum Thema Absorptive Capacity beobachten, wodurch das unveränderte Interesse an diesem Thema verdeutlicht wird (vgl. Abbildung 2).

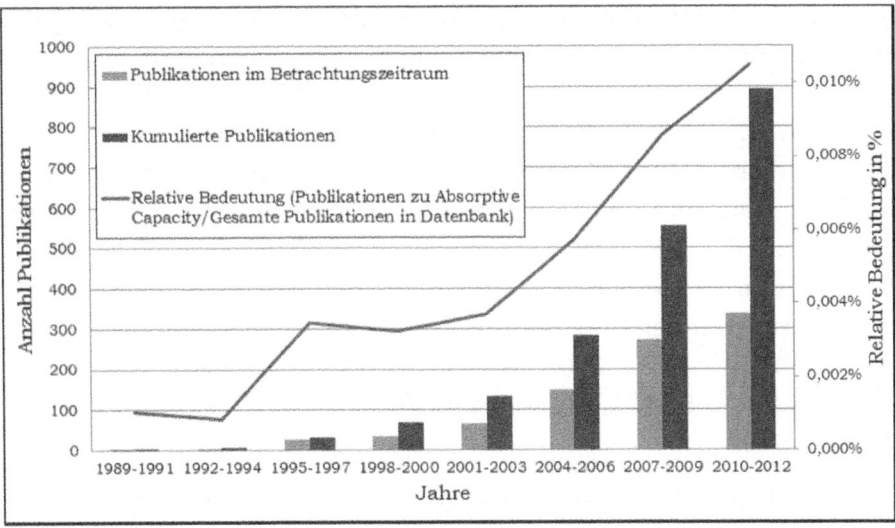

Abbildung 2: Wachsende Anzahl der Publikationen zum Thema Absorptive Capacity[1]

---

[1] Eigene Erhebung am 30.10.2012 über EBSCO HOST; Datenbanken: Academic Search Premier, Business Source Premier; Suchbegriff: „Absorptive Capacity"; Filter: Scholary (Peer Reviewed) Journals.

Umso mehr überrascht es, dass es trotz der Vielzahl zitierender Artikel bisher nur eine vergleichsweise geringe Zahl an Autoren gibt, die versucht haben, das Konzept der Absorptive Capacity zu modifizieren oder zu erweitern. Im Jahr 2006 analysierten Lane et al. (2006, S. 858) 289 Artikel zur Absorptive Capacity, die in den 14 bedeutendsten Journals[2] zwischen Juli 1991 und Juni 2002 publiziert wurden und stellten fest, dass in lediglich 22% (64 Artikel) dieser, von dem Konzept substanziell Gebrauch gemacht wurde. Der Versuch, das Konzept zu verfeinern oder zu erweitern, wurde gar nur von 1,4% (4 Artikel) dieser unternommen. Dieser Umstand trug gemäß Lane et al. (2006, S. 834) maßgeblich dazu bei, dass sich das Konzept der Absorptive Capacity über die Jahre zu einem „taken-for-granted" Konzept entwickelt hat und infolgedessen nicht mehr kritisch oder differenziert genug untersucht wird (vgl. auch Easterby-Smith et al. 2008, S. 484; Lewin et al. 2011, S. 83; Volberda et al. 2010, S. 932). Lane et al. (2006, S. 858) stellten zudem fest, dass die Artikel in dem Forschungsfeld der Absorptive Capacity häufig lediglich auf die ursprünglichen Artikel von Cohen und Levinthal und selten auf die unterschiedlichen nachfolgenden Publikationen verweisen. Dies ist ein Indiz für eine schwach kumulierte Wissensbasis in diesem Feld. Einen Grund für die geringe Weiterentwicklung des Konzepts seit den 90er Jahren sehen aktuelle Arbeiten darin, dass die Mehrheit der Artikel zur Absorptive Capacity eher auf quantitative Methoden zurückgreift, die eher für das Testen einer Theorie geeignet sind, als für eine Weiterentwicklung dieser (vgl. Easterby-Smith et al. 2008, S. 485; Lerch et al. 2013, S. 2; Lichtenthaler 2009, S. 822; Müller-Seitz 2012, S. 91; Vega-Jurado et al. 2008, S. 394).

Lane et al. (2006) identifizierten die bis 2002 publizierten Artikel von Lane und Lubatkin (1998), Dyer und Singh (1998), Van den Bosch, Volberda und De Boer (1999) sowie Zahra und George (2002) als solche, die das Konzept der Absorptive Capacity erweiterten bzw.

---

[2] Lane et al. (2006) subsumieren darunter die folgenden Zeitschriften: Strategic Management Journal, Research Policy, Organization Science, Academy of Management Journal, Academy of Management Review, Management Science, Journal of Management Studies, Organization Studies, Journal of International Business Studies, Journal of Management, California Management Review, Journal of Business Venturing, Administrative Science Quarterly, Human Relations.

Theoretisch-konzeptioneller Hintergrund

verfeinerten. Gemeinsam ist diesen Autoren das Bestreben, die Perspektive auf die Absorptive Capacity zu erweitern. Diese soll weg von dem exklusiven Blick auf die F&E Intensität hin zu einer breiteren Perspektive auf dynamische Fähigkeiten gelenkt werden. Auf die zentralen Punkte dieser vier Erweiterungen soll hier kurz chronologisch eingegangen werden, um den Entwicklungstand der Absorptive Capacity bis zum Jahre 2002 nach Lane et al. (2006) darzustellen. Des Weiteren wird die Erweiterung von Todorova und Durisin aus dem Jahr 2007 vorgestellt, die zeitlich nach dem Artikel von Lane et al. (2006) erschien und auf den Artikel von Zahra und George (2002) aufbaut und ebenfalls zu den bekannteren Erweiterungen gezählt werden kann (vgl. Lewin et al. 2011, S. 81).

2.2.1 Relative Absorptive Capacity und interorganisationales Lernen

In ihrem 1998 erschienenen Artikel „Relative Absorptive Capacity and Interorganizational Learning" transferieren Lane und Lubatkin das Konzept der Absorptive Capacity von dem ursprünglichen „firmlevel" auf die Dyade mit einem spezifischen Partner und erweitern es um eine von den Charakteristika dieses Partners abhängige *relative* Absorptive Capacity, der sie die sogenannte „learning dyad", Schüler und Lehrer, zugrunde legen. Mithilfe dieses vereinfachten Schüler-Lehrer-Modells, in welchem der Wissenstransfer stets in eine Richtung abläuft, untersuchen sie auch die drei ursprünglichen Dimensionen von Cohen und Levinthal „recognize the value", „assimilate" und „apply it to commercial ends". In Übereinstimmung mit ihren Vorüberlegungen können Lane und Lubatkin (1998) zeigen, dass die Fähigkeit, externes Wissen zu erkennen und zu bewerten, zu einem großen Teil auf der relativen Ähnlichkeit der Wissensbestände beider Partner beruht. So ist es zwar korrekt, dass ein Schüler ein gewisses Basiswissen benötigt, um vermittelte Inhalte aufnehmen zu können, jedoch muss gemäß Lane und Lubatkin der Lehrer ebenfalls über ein gewisses spezifisches Wissen verfügen, um das tatsächliche Wissen effizient vermitteln zu können bzw. auf Seiten des Schülers ein effizientes Lernen zu ermöglichen (vgl. Lane/Lubatkin 1998, S. 464). Auf diesen Punkt gehen zwar auch Cohen und Levinthal in ihrem Konzept ein (1990, S. 136), neu an dem Modell von Lane und Lubatkin ist jedoch, dass diese Komponente der Absorptive Capacity im Sinne ihrer relativen Absorptive Capacity in Abhängigkeit der Charakteristika des Lehrers modelliert wird. Im Hinblick auf die Assimilationsphase neuen Wissens sehen Lane und Lubatkin eine Ähnlichkeit der Wissensverarbeitungssysteme beider Partner von Vorteil. Je ähnlicher sich demnach „Schülerorganisation" und „Lehrerorganisation" hinsichtlich ihrer organisationalen Abläufe und Strukturen sind, desto höher ist die relative Absorptive Capacity (vgl. Lane/Lubatkin 1998, S. 465). Auch dieser zweite Aspekt wurde bereits von Cohen und Levinthal behandelt, jedoch bisher lediglich hinsichtlich einer möglichen Absorptive Capacity Steigerung durch neue Mitarbeiter oder externe Berater (vgl. Cohen/Levinthal 1990, S. 134). Die Fähigkeit, das aufgenommene Wissen kommerziell zu nutzen, betrachten Lane und Lubatkin als die entscheidende Dimension der Absorptive Capacity. Fokussiert die erste Dimension durch die Betrachtung ähnlicher Wissensbestände noch das „know-what" und die zweite Dimension mit der Betrachtung der Wissensverarbeitungssysteme das „know-how", so zielt diese letzte Dimension auf die Äquivalenz der kommerziellen Ziele und organisationalen Probleme ab, das sogenannte „know-why". Lane und Lubatkin argumentieren, dass eine „Schülerorganisation" trotz Ähnlichkeiten der ersten beiden Charakteristika gerade bei der Kommerzialisierung des Wissens scheitern wird, sollte hier keine Familiarität hinsichtlich der kommerziellen Ziele und organisationalen Probleme zur „Lehrerorganisation" bestehen (vgl. Lane/Lubatkin 1998, S. 466; Lane et al. 2006, S. 845). Lane und Lubatkin nehmen demnach eine relationale Erweiterung der Absorptive Capacity vor, indem sie den Fokus auf die lernende Organisation aufheben und durch die konsequente Einbeziehung der am Transfer beteiligten Akteure eine von deren Charakteristika abhängende, relative Absorptive Capacity entwickeln.

2.2.2 Absorptive Capacity und Relational View

Ebenfalls eine relationale Erweiterung der Absorptive Capacity liefern Dyer und Singh 1998 mit ihrem Artikel „The Relational View: Cooperative Strategy and Sources of Interorganizational Competitive Advantage". Darin entwickeln sie anders als Lane und Lubatkin ein Modell des beidseitigen Lernens (vgl. Lane et al. 2006, S. 845). Dyer und Singh gehen davon aus, dass bei einem Wissenstransfer relationale Renten gemeinsam generiert sowie geteilt werden (vgl. Dyer/Singh 1998, S. 662). Während Cohen und Levinthal annehmen, dass die Absorptive Capacity einer Organisation allen anderen Organisationen gegenüber gleich groß ist, erweitern Dyer und Singh das Modell um eine partnerspezifische Absorptive Capacity. Der Fokus dieses Modells liegt dabei auf einer 1:1 Beziehung zwischen zwei Organisationen. In Anlehnung an Szulanski (1996, S. 31) gehen sie hierbei davon aus, dass Investitionen in die Wissensaustauschroutinen sowie sozialen Beziehungen, die potenziellen relationalen Renten steigern (vgl. Dyer/Singh 1998, S. 665). Relationale Renten sind gemäß Dyer und Singh relevant „since know-how transfers typically involve an iterative process of exchange, and the success of such transfers depends on whether personnel from the two firms have direct, intimate, and extensive face-to-face interactions" (Dyer/Singh 1998, S. 665 f.). Diesem Fokus auf das beidseitige Lernen liegt jedoch nach Auffassung von Lubatkin et al. (2001, S. 1367) eine andere theoretische Sichtweise auf Wissenstransferprozesse zugrunde, nach welcher es für einen effizienten Wissensaustausch keines gemeinsamen Vorwissens und folglich auch keiner Absorptive Capacity bedarf. Lubatkin et al. (2001, S. 1367) sehen dies auch als Grund dafür, dass aus Dyer und Singhs Ergebnissen keine fundamentale Weiterentwicklung des Absorptive Capacity Konzepts resultiert.

2.2.3 Koevolution der Absorptive Capacity und der Unternehmensumwelt

Eine der umfangreichsten Weiterentwicklungen wurde von Van den Bosch et al. (1999) in ihrem Artikel „Coevolution of Firm Absorptive Capacity and Knowledge Environment: Organizational Forms and

Combinative Capabilities" vorgenommen. Van den Bosch et al. entwickeln darin ein Modell, das von einem wechselseitigen Anpassungsprozess zwischen der Entwicklung der pfadabhängigen Absorptive Capacity und der Wissensumgebung ausgeht (vgl. Van den Bosch et al. 1999, S. 551). Den Schwerpunkt setzen sie dabei auf den iterativen Lernprozess zwischen einer Organisation und ihrer gesamten Umwelt (1:n Beziehung). Im Gegensatz zu Cohen und Levinthal gehen sie dabei jedoch nicht nur von einer einzigen Determinante, dem „prior related knowledge" aus, sondern fügen zwei zusätzliche Determinanten hinzu, um die wechselseitige Beziehung mit der Umwelt modellieren zu können. Im Zuge dessen argumentieren sie mithilfe ihrer Fallstudien, dass eine Organisation ihre Organisationsstruktur anhand ihrer Umwelt auszurichten hat, da Van den Bosch et al. einen starken Zusammenhang zwischen der Organisationsform und den Wissensverarbeitungssystemen einer Organisation unterstellen (vgl. Van den Bosch et al. 1999, S. 553). Gemäß dieser Autoren ist zudem ebenfalls die Effizienz der von einer Organisation angewandten Art der Wissenskombination von deren Umwelt abhängig. Van den Bosch et al. führen somit die Determinanten „organization forms" und „combinative capabilities" ein, welche die Absorptive Capacity einer Organisation bedingen. Der von Cohen und Levinthal dargestellte, implizite „feedback loop" (Absorptive Capacity → learning → new Absorptive Capacity) wird folglich nach dem Modell von Van den Bosch et al. zusätzlich von der Umwelt einer Organisation und deren Erfolg in dieser beeinflusst (vgl. Van den Bosch et al. 1999, S. 554; Lane et al. 2006, S. 845). Diese Annahme hat zwei Aspekte zur Folge. Zum einen wird dadurch das „prior related knowledge" durch den „feedback loop" von mehreren Variablen beeinflusst, zum anderen kann in diesem, der Effekt der Absorptive Capacity auf das „prior related knowledge" auch negativ ausfallen, wenn der kombinierte Effekt der Organisationsform und der kombinativen Fähigkeiten ebenfalls negativ ist (vgl. Baum/Singh 1994, S. 387; Van den Bosch et al. 1999, S. 566).

2.2.4 Potenzielle und Realisierte Absorptive Capacity

Zu den am häufigsten zitierten und umfangreichsten Erweiterungen wird auch die Arbeit von Zahra und George gezählt. In ihrem 2002 veröffentlichten Artikel „Absorptive Capacity: A Review, Reconceptualization, and Extension" nehmen sie eine Prozessperspektive ein und konzentrieren sich vor allem auf die unternehmensinternen Prozesse der Wissensverbreitung und -integration (vgl. Zahra/George 2002, S. 185; Lane et al. 2006, S. 845; Easterby-Smith et al. 2008, S. 485). Gemäß ihrer Definition handelt es sich bei der Absorptive Capacity um ein „set of organizational routines and processes by which firms acquire, assimilate, transform, and exploit knowledge" (Zahra/George 2002, S. 186). Dabei fassen sie die Absorptive Capacity zudem als eine dynamische Fähigkeit der Organisation auf und unterteilen sie grundsätzlich in zwei Teile. In die „potential" Absorptive Capacity, welche jenes Wissen definiert, das ein Unternehmen aufnehmen sowie nutzen *könnte*, sowie in die „realized" Absorptive Capacity, bei der es sich um das Wissen handelt, welches das Unternehmen aufgenommen und genutzt *hat* (vgl. Zahra/George 2002, S. 190). Neben diesen Änderungen der Abläufe im Inneren der Absorptive Capacity, ergänzen Zahra und George ihr Modell um zwei weitere Variablen. Die sogenannten „activation triggers" und die „social integration mechanisms". Diese wirken im Modell von Zahra und George auf den Transport von Wissen in und innerhalb eines Unternehmens ein (vgl. Abbildung 3).

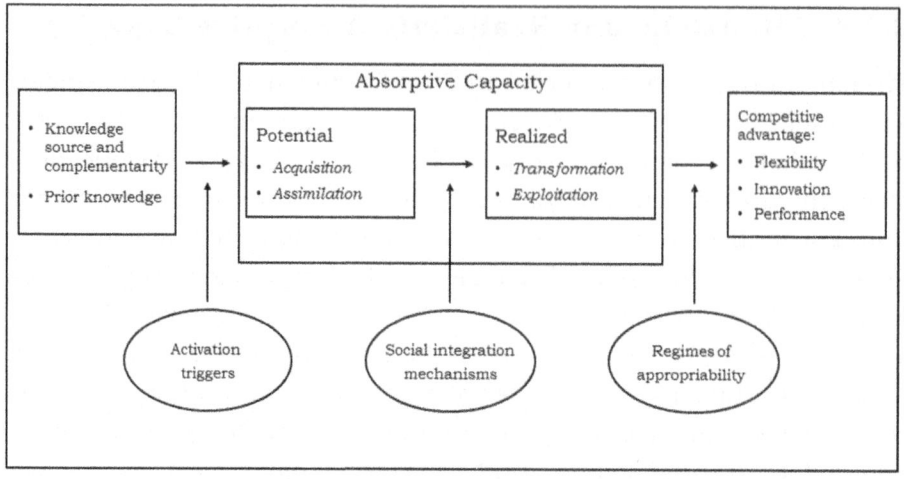

Abbildung 3: Absorptive Capacity Modell von Zahra und George (in Anlehnung an Todorova/Durisin 2007, S. 775)

Wie in Abbildung 3 dargestellt, beeinflussen die „activation triggers" die Wirkung des externen Wissens und des Vorwissens auf die Absorptive Capacity eines Unternehmens. Nach Zahra und George kann es sich bei den „activation triggers" dabei sowohl um interne Auslöser, wie etwa organisationale Krisen, als auch um externe Auslöser, wie z.B. Änderungen am Markt des Unternehmens, handeln (vgl. Zahra/George 2002, S. 193; Easterby-Smith et al. 2008, S. 485). Eine weitere mögliche Barriere identifizieren Zahra und George zudem zwischen der „potential" Absorptive Capacity und der „realized" Absorptive Capacity. Damit aufgenommenes Wissen erfolgreich verwertet werden kann, muss dieses Wissen von den Mitgliedern eines Unternehmens auch tatsächlich geteilt werden. Bei den „social integration mechanisms" handelt es sich nach Zahra und George um soziale Strukturen und Wissensverarbeitungssysteme, die mit dem Ziel geschaffen werden, die potenzielle Lücke zwischen der „potential" Absorptive Capacity und der „realized" Absorptive Capacity zu schließen (vgl. Zahra/George 2002, S. 194). Trotzdem Zahra und George in ihrem Artikel versuchen einige der zuvor genannten Modifikationen aufgreifen, gelingt deren Integration in ihr Modell nur teilweise (vgl. Lane et al. 2006, S. 846). Zudem fassen Zahra und George die Absorptive Capacity zwar als „set of organizational routines and processes" auf, liefern jedoch keine Hinweise zu deren Ausgestaltung. Zudem lässt sich kritisieren, dass die Modifikation zum Teil nicht konsequent genug auf dem ursprünglichen Konzept von Cohen und Levinthal aufbaut und somit als recht eigenständig angesehen wird (vgl. Lewin et al. 2011, S. 82; Lane et al. 2006, S. 845 f.; Todorova/Dursisin 2007, S. 774; Easterby-Smith et al. 2008, S. 485).

Bei den hier vorgestellten Erweiterungen zur Absorptive Capacity bleibt festzuhalten, dass diese recht eigenständig erschienen sind und jeweils unterschiedliche Ansatzpunkte verfolgt haben. Der Versuch einer Integration unterschiedlicher Konzepte wurde in dem von Lane et al. untersuchten Zeitraum in keinem Artikel unternommen (vgl. Lane et al. 2006, S. 846).

2.2.5 Eine Rückbesinnung auf das Ursprungskonzept der Absorptive Capacity

Eines der am weitest entwickelten und aktuellsten Konzepte zur Absorptive Capacity lieferten 2007 Todorova und Durisin. Ihr Artikel „Absorptive Capacity: Valuing a Reconceptualization" greift das Modell nach Zahra und George auf, verfeinert dieses jedoch und versucht dabei stärker auf dem Ursprungskonzept von Cohen und Levinthal aufzubauen (vgl. Todorova/Durisin 2007, S. 774). Die Hauptkritikpunkte von Todorova und Durisin an dem Modell von Zahra und George beziehen sich auf die mangelnde Integration aktueller Erkenntnisse der Lern- und Innovationsforschung sowie der nicht konsequenten Erstellung eines dynamischen Modells der Absorptive Capacity (vgl. Todorova/Durisin 2007, S. 774; S. 776). Das so entwickelte Modell wird in Abbildung 4 dargestellt.

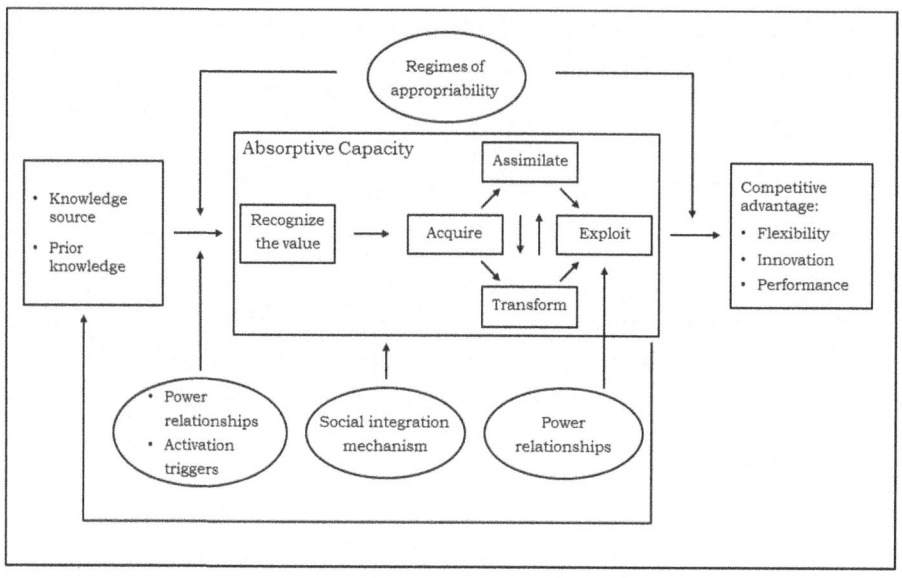

Abbildung 4: Absorptive Capacity Modell von Todorova/Durisin (2007, S. 776)

Todorova und Durisin führen in einem ersten Schritt erneut die ursprünglich erste Komponente der Absorptive Capacity „recognizing the value" ein. Dies erachten sie für notwendig, da die Fähigkeit zu lernen, also externes Wissen aufzunehmen, zu einem großen Teil von der Fähigkeit abhängt, den Wert externen Wissens zu erkennen. Die von Zahra und George eingeführte Komponente „acquisition" hingegen lenkt den Fokus eher auf die Frage nach der Intensität, Geschwindigkeit und dem Erfolg der Wissensaufnahme. Die Problematik, dass relevantes externes Wissen sich schlicht nicht nutzen lässt, da es sich nicht als solches identifiziert oder verstanden werden kann, wird dabei jedoch ignoriert (vgl. Todorova/Durisin 2007, S. 777). Todorova und Durisin gehen zudem auf die Rolle der von Zahra und George eingeführten „transformation" Phase der Absorptive Capacity ein. So argumentieren sie, dass diese nicht zwangsläufig eine Folge der „assimilation" Phase darstellt, sondern als Alternative zu dieser verstanden werden sollte (vgl. Gleitman et al. 2007). Dies steht auch im Konsens mit der kognitiven Psychologie und Lernforschung (vgl. Marshall 1995; Piaget 1998). Ob Wissen von den Wissensverarbeitungssystemen eines Unternehmens assimiliert werden kann oder ob diese Systeme für die Aufnahme zunächst einmal transformiert werden müssen, ist demnach abhängig von dem spezifischen externen Wissen. Gemäß Todorova und Durisin können diese Prozesse dabei auch alternierend ablaufen (vgl. Todorova/Durisin 2007, S. 778 f.). Dies hat zur Folge, dass sich die von Zahra und George modellierte Teilung der Absorptive Capacity in „potential" Absorptive Capacity und „realized" Absorptive Capacity nicht mehr aufrechterhalten lässt. Es gilt somit die Absorptive Capacity als ganzes und nicht isoliert zu betrachten. Todorova und Durisin behandeln, wie von Jansen et al. (2005, S. 1000) empirisch gezeigt, die vier Dimensionen „acquire", „assimilate", „transform" und „exploit" als eigenständig. Somit erfolgt auch eine alternative Betrachtung im Hinblick auf die Effizienz der Absorptive Capacity. Diese hängt unter anderem von einer ausbalancierten Entwicklung der vier Dimensionen ab (vgl. Todorova/Durisin 2007, S. 780). Eine weitere Verfeinerung nehmen Todorova und Durisin bei den von Zahra und George eingeführten „social integration mechanisms" vor. Ausgehend von der Absorptive Capacity Definition nach Zahra und George als eine aus organisationalen Routinen und Prozessen bestehende, dynamische Fähigkeit (vgl. Zahra/George 2002, S. 198; siehe auch Todorova/Durisin 2007, S. 780), folgern Todorova und Durisin, dass wenn man die Absorptive Capacity als „set of social interactions" konzeptualisiert, jede Komponente der Absorptive Capacity von den „social integration mechanisms" beeinflusst wird (vgl. Todorova/Durisin 2007, S. 780). In ihrem Modell wirken diese somit auf die gesamte Absorptive Capacity und ihr Einfluss kann zudem nicht nur positiver, sondern auch negativer Natur sein (vgl. Todorova/Durisin 2007, S. 781). Auch greifen sie die bereits von Cohen und Levinthal eingeführten „regimes of appropriability" auf und verstehen deren Wirkungsweise sowohl im ursprünglichen Sinne zwischen Wissensquelle und Absorptive Capacity als auch wie Zahra und George zwischen Absorptive Capacity und einem möglichen komparativen Vorteil. In wie weit sich diese Impulse einer möglichen Anwendbarkeit eventuell aufheben oder gar verstärken, wird dabei nicht weiter thematisiert (vgl. Todorova/Durisin 2007, S. 781). Eine weitere Ergänzung ist die Einführung des Begriffs der „power relationships". Hierunter verstehen Todorova und Durisin solche Beziehungen, in denen Macht und andere Ressourcen dazu eingesetzt werden, das vom Akteur präferierte Ergebnis zu erzielen. Damit soll das Verständnis darüber verbessert werden, warum lediglich Teile des bereits assimilierten Wissens auch verwertet werden und warum dieser Verwertungsprozess bei einigen Organisationen effizienter abläuft. Folgerichtig wirkt diese Variable im Modell nach Todorova und Durisin auf die Dimension „exploit" (vgl. Todorova/Durisin 2007, S. 782). Die letzte Verfeinerung betrifft den dynamischen Charakter der Absorptive Capacity. Zahra und George identifizieren die Absorptive Capacity zwar bereits 2002 als dynamische Fähigkeit, jedoch wird die Pfadabhängigkeit und dadurch implizierte Abhängigkeit der zukünftigen Absorptive Capacity von der aktuellen Absorptive Capacity nicht konsequent in dem von ihnen entwickelten Modell aufgegriffen. Die von Todorova und Durisin vorgenommene Modellierung dieses rekursiven Einflusses als sogenannten „feedback loop" implementiert diese dynamische Komponente des Systems und trägt somit zu einem besseren Verständnis des Modells bei (vgl. Todorova/Durisin 2007, S. 783).

2.3 Eine Praktikenperspektive auf die Absorptive Capacity

Wenngleich die hier genauer vorgestellten Beiträge theoretische Funktionsweisen der Absorptive Capacity aufzeigen konnten, so existieren noch immer wenige Informationen über die in einer Organisation tatsächlich ablaufenden Absorptionsprozesse. Wie bereits angeführt, sehen Easterby-Smith et al. (2008) den Grund dafür hauptsächlich darin, dass die Mehrzahl der in der Absorptive Capacity Literatur entwickelten Modelle häufig mithilfe von quantitativen Methoden erstellt oder getestet wurden. Folglich wurde versucht, die Absorptive Capacity anhand inputorientierter Indikatoren wie der relativ leicht erfassbaren Variablen F&E-Intensität oder der Anteil der F&E-Mitarbeiter, outputorientierter Indikatoren wie die Anzahl an Patentanmeldungen oder Publikationen sowie mithilfe der statistischen Auswertung von Fragebögen zu messen (vgl. Schreyögg/Schmidt 2010, S. 476; Earsterby-Smith et al. 2008, S. 485; Lerch et al. 2013, S. 2; Duchek 2012, S. 84). Das Vorherrschen quantitativer Methoden führte demnach dazu, dass die tatsächli-

Theoretisch-konzeptioneller Hintergrund

chen Prozesse und Praktiken der Absorptive Capacity noch immer eine „black box" darstellen (vgl. Lewin et al. 2011, S. 81). Aktuelle Beiträge fordern deshalb einen Fokus auf eben diese Prozesse und Praktiken der Absorptive Capacity, um die Funktions- und Wirkungsweise dieser genau verstehen zu können und so Informationen darüber zu erhalten, wie die Absorptionsfähigkeit einer Organisation tatsächlich verbessert werden kann (vgl. Lerch et al. 2013, S. 2; Lerch/Müller-Seitz 2013, S. 2; Lewin et al. 2011, S. 82; Müller-Seitz 2012, S. 92; Schreyögg/Schmidt 2010, S. 477; Duchek 2012, S. 53). Neben den hier angeführten und im Folgenden genauer vorgestellten auf Prozesse und Praktiken orientierte Artikeln, stellen die in Tabelle 1 aufgelisteten Artikel durch den Fokus auf Prozesse und Praktiken demnach eine Ausnahme dar.

Artikel	Untersuchungskontext	Analysierte Prozesse
Kim 1998	Proaktiv konstruierte Krisen im Aufholprozess von Hyundai Motor Company in vier Phasen	- Vorbereitung (Literaturreview) - Akquisition (Anstellung von Expats) - Assimilation (Learning by doing)
Jones/Craven 2001	Erhöhung der Koordinationsfähigkeit eines Unternehmens in der Büromöbelbranche	- Neue (Lern-) Routinen: Literaturscan, idea capture form, Komitees, Meetings
Jones 2006	Individuelle Handlungen von Change-Agents in einem Produktionsbetrieb	- Einführung von regulären Meetings zum Austausch von Wissen
Easterby-Smith et al. 2008	Vergleichende Fallstudie (Internet, Gesundheitswesen, Chemische Industrie) welche die Rolle von „Power" und politischen Prozessen illustriert; Diskussion der Relevanz von Boundary-Spannern	- M&A und der Austausch von Personal - Rekrutierung von Mitarbeitern - Projekt Teams - „Friday time"

Tabelle 1: Auf Praktiken fokussierte Beiträge (in Anlehnung an Lerch et al. 2013, S. 8)

Um ein tiefergreifendes Verständnis der Absorptive Capacity zu ermöglichen, bessere Operationalisierungsmöglichkeiten des Konzepts zu erarbeiten und somit das Konzept weiter zu entwickeln, bedarf es einer direkten Beobachtungen konkreter Absorptive Capacity Praktiken sowie teilnehmender Beobachtungen in entsprechenden Organisationen – und somit eher qualitativer Methoden (vgl. Lewin et al. 2011, S. 83; Easterby-Smith et al. 2008, S. 485; Schreyögg/Schmidt 2010, S. 478; Lerch et al. 2013, S. 2; Duchek 2012, S. 111).

Unter dem Begriff der sozialen Praktiken werden in dieser Arbeit wiederkehrende, strukturierte, soziale Handlungen verstanden, die eine gewisse Stabilität über Raum und Zeit aufweisen (Giddens 1984) und somit ein komplexes Zusammenspiel aus Handlungen, Methoden oder Techniken, welche an geeigneter Stelle durch die beteiligten Akteure angewendet werden, darstellen (vgl. Cohen 1989, S. 26; Jarzabkowski/Spee 2009, S. 82). Diese Praktiken werden erst durch deren Ausführung geprägt bzw. reproduziert. Da die wiederholte Ausführung einer solchen Praktik zwar auf sich selbst beruht, aber trotzdem einen Freiraum für die stetige Anpassung eben dieser Praktik bietet, spricht man von Rekursivität (vgl. Giddens 1984, S. 2). Eine Praktikenperspektive ist insofern hilfreich, als dass sie es ermöglicht die tatsächlichen Handlungen der Akteure freizulegen und damit in den Fokus der Betrachtung zu setzen (Gherardi 2009; Jarzabkowski 2004). Eine solche Perspektive wurde zwar bereits in unterschiedlichen Studien eingenommen (z.B. Jarzabkowski 2008; Jarzabkowski/Seidl 2008), jedoch erst äußert selten im Absorptive Capacity Kontext angewandt.

Ein vielversprechender Ansatz für ein praktiken-basiertes Modell der Absorptive Capacity wurde 2010 von Schreyögg und Schmidt vorgestellt. So wurden drei Intensivfallstudien durchgeführt und versucht, Praktiken der Absorptive Capacity zu identifizieren. Die Grundlage dafür bietet ein in Anlehnung an Cohen und Levinthal entwickeltes Modell der Absorptive Capacity, welches diese ebenfalls in drei Komponenten unterteilt: Akquisition, Integration und Exploitation (vgl. Schreyögg/Schmidt 2010, S. 478; Duchek 2012, S. 73 f.). Wie die Unterschiede in der Notation bereits vermuten lassen, wurden diese drei Komponenten jedoch abgewandelt, um grundsätzliche Aspekte der Erweiterungen von Zahra und George (2002) sowie Todorova und Durisin (2007) zu berücksichtigen. So verstehen Schreyögg und Schmidt unter dem Begriff der Akquisition neben der klassischen Komponente nach Cohen und Levinthal „Wert erkennen", also der Identifikation relevanten externen Wissens, eben auch dessen Aufnahme im Sinne der „Akquisition" nach Zahra und George (2002). Die Komponente der Integration umfasst nach ihrem Verständnis jene Prozesse, die es den Mitgliedern einer Organisation erlauben, „aufgenommenes Wissen zu analysieren, zu interpretieren und in bestehende Strukturen zu integrieren" (Schreyögg/Schmidt 2010, S. 477; Duchek 2012). Im Hinblick auf den Prozess der Integration wird dabei dem Argument von Todorova und Durisin (2007) gefolgt, dass die Integration in Abhängigkeit davon erfolgt, in wie weit die bestehenden kognitiven Strukturen dafür geeignet sind, das akquirierte Wissen zu integrieren. Sie gehen daher von den alternativen Prozessen der Assimilation, wenn das Wissen in die bestehenden kognitiven Strukturen passt, und der Transformation, wenn die bestehenden kognitiven Strukturen geändert werden müssen, aus (vgl. Schreyögg/Schmidt 2010, S. 477 f.; Duchek 2012). Unter dem Begriff der Exploitation, der letzten Komponente ihres Absorptive Capacity Modells, verstehen sie schließlich die tatsächliche Nutzung des zuvor in der Integrationsphase assimilierten bzw. transformierten Wissens, „um bestehende Komponenten und Ressourcen zu erweitern bzw. neue zu entwickeln" (Schreyögg/Schmidt 2010, S. 478; Duchek 2012).

Der Fluss des Wissens ist in ihrem Modell dabei von zentraler Bedeutung. Demnach wird das vorerst externe Wissen mittels Akquisition aufgenommen und diffundiert erst auf diese Weise durch die Organisationsgrenze. Innerhalb der Organisation kommt es daraufhin zur Integration, der Verarbeitung und Verteilung, sowie zur Exploitation, der eigentlichen Nutzung des Wissens. Das Resultat dieses Prozesses stellt schließlich der innovative Output dar.

Diese Komponenten setzen sich zudem gemäß Schreyögg und Schmidt aus spezifischen Teilfähigkeiten zusammen. Die Teilfähigkeiten, denen Schreyögg und Schmidt im Folgenden konkrete Praktiken zuordnen, dienen hier der Konkretisierung der innerhalb der Komponenten ablaufenden Prozesse. So lassen sich z.B. unter der Komponente der Akquisition Teilfähigkeiten subsumieren, welche auf den Umgang mit externen Wissen bezogen sind, wie etwa die

„Identifikation neuen Wissens" in der Organisationsumwelt, das „Lernen von (externen) Partnern", aber auch der tatsächliche „Transfer des relevanten Wissens ins Unternehmen" hinein. Unter der Komponente der Integration subsumieren sie die Teilfähigkeiten zur „Wissensteilung", „Interpretation", „Selektion", „Wissensverarbeitung" sowie „Wissensspeicherung". Die Komponente der Exploitation setzt sich schließlich aus Fähigkeiten zur effektiven „Implementierung" und „Übertragung" des Wissens sowie der „Reflektion" über die Absorptionsprozesse zusammen (vgl. Schreyögg/Schmidt 2010, S. 478; Duchek 2012). Schreyögg und Schmidt entwickeln so ein praktiken-basierte Modell der Absorptive Capacity (vgl. Abbildung 5), welches in ihrem Artikel den konzeptionellen Rahmen für die Einordnung der in ihren Fallstudien identifizierten Praktiken bildet.

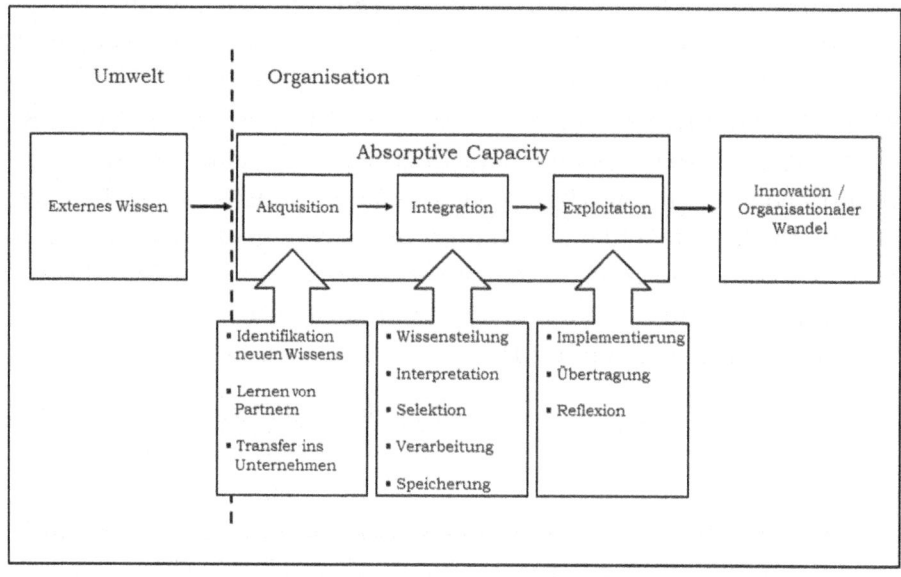

Abbildung 5: Praktiken-basiertes Model der Absorptive Capacity nach Schreyögg/Schmidt (2010, S. 478; Duchek 2012, S. 75)

Die im Zuge dieses Modells definierten Teilfähigkeiten der Absorptive Capacity setzen sich zu einem Teil aus den identifizierten Praktiken populärer Artikel zur Absorptive Capacity zusammen, wobei es sich hier weniger um eine vollständige Darstellung sämtlicher Praktiken handeln soll, als um einen notwendigen Input für die Definition eben dieser Teilfähigkeiten. Die von Schreyögg und Schmidt angeführten und im Folgenden präsentierten Praktiken können demnach einen ersten Eindruck darüber geben, in welcher Form die Teilfähigkeiten in Unternehmen tatsächlich auftreten bzw. anhand welcher Praktiken sie zum Ausdruck gebracht werden (vgl. Schreyögg/Schmidt 2010, S. 478; Duchek 2012). Die Tabellen 2, 3 und 4 präsentieren diese.

Teilfähigkeiten	Beispiele von Praktiken
Identifikation neuen Wissens	- Einsatz von Gatekeepern (Cohen/Levinthal 1990) - Patentrecherchen (Cohen et al. 2002) - Lesen von Branchenmagazinen (IDEO) - Marktforschung (Kohli et al. 1993)
Lernen von Partnern	- Zusammenarbeit mit Kunden (von Hippel 1984; 1986) - Zusammenarbeit mit Lieferanten (Cisco) - F&E-Kooperationen (Tether 2002) - Networking mit Unis, Forschungsinstituten (Koch/Strotmann 2008)
Transfer ins Unternehmen	- Einsatz Boundary Spanner - Teilung des akquirierten Wissens (Rosenkopf et al. 2001) - Rekrutierung neuer Mitarbeiter (Jones 2006)

Tabelle 2: Akquisition als Komponente der Absorptive Capacity (Schmidt 2009, S. 9)

Teilfähigkeiten	Beispiele von Praktiken
Wissensteilung	- zentrale Bereitstellung von Informationen (Lenox/King 2004) - Besuch anderer Divisionen (Jansen et al. 2005) - Funktionsübergreifende Projektteams (Freeman 1987) - Technologieforen
Interpretation	- Informelle Gespräche - Kommissionen
Selektion	- autonomes mittleres Management (Rotemberg/Saloner 2000) - Entscheidungen durch Kommissionen - Prototypenentwicklung (Jones/Craven 2001)
Verarbeitung	- Funktionsübergreifende Projektteams (Freeman 1987) - Projektmanagement - Business Application Process
Speicherung	- Datenbanken zur Speicherung

Tabelle 3: Integration als Komponente der Absorptive Capacity (Schmidt 2009, S. 10)

Teilfähigkeiten	Beispiele von Praktiken
Implementierung	- Change Agents (Jones 2006) - Abteilung Business Opportunities
Übertragung	- Informationsrunden und Meetings - Kopieren bewährter Prozesse (Szulanski/Winter 2002)
Reflektion	- Weiterbildung (intern/extern) (Daghfous 2004; Minbaeve et al. 2003) - „Lessons Learned"

Tabelle 4: Exploitation als Komponente der Absorptive Capacity (Schmidt 2009, S. 11)

Die von Schreyögg und Schmidt präsentierten Praktiken der Wissensabsorption machen erneut deutlich, dass sich die Absorptive Capacity am besten als Prozessfähigkeit begreifen lässt (vgl. Schreyögg/Schmidt 2010, S. 478; Duchek 2012). In Übereinstimmung mit weiteren auf Praktiken orientierte Studien (Lane et al. 2006; Volberda et al. 2010; Lewin et al. 2011) halten sie daher eine genaue Betrachtung und Analyse der Absorptionspraktiken für notwendig, um das komplexe Konstrukt der Absorptive Capacity empirisch vollständig erfassen zu können. Die so identifizierten Praktiken der Absorptive Capacity könnten zudem dabei helfen, die Absorptive Capacity verschiedener Organisationen miteinander zu vergleichen und so besonders erfolgreiche Praktiken bzw. Organisationen mit einer hohen Absorptive Capacity zu identifizieren. Die daraus resultierenden Implikationen können gemäß Schreyögg und Schmidt somit nicht nur der Wissenschaft dabei helfen die Funktionsweise der Absorptive Capacity zu verstehen, sondern auch Organisationen Hinweise darauf geben, wie diese zu managen sind (vgl. Schreyögg/Schmidt 2010, S. 478; Duchek 2012).

2.3.1 Kritische Würdigung des Entwicklungsstands sowie Weiterentwicklung des Absorptive Capacity Konzepts

Zum derzeitigen Entwicklungsstand des Absorptive Capacity Konzepts lässt sich festhalten, dass die bis dato erfolgten empirischen Studien zur Absorptive Capacity sehr unterschiedlicher Natur sind. So kamen bereits unterschiedliche Methoden wie die Auswertung von Fragebögen (Nieto/Quevedo 2005; Jansen et al. 2005), Archivdaten (Cockburn/Henderson 1998; Mowery et al. 1996) aber auch Fallstudien (Kim 1998; Jones/Craven 2001) zum Einsatz, die wiederum in unterschiedlichen Kontexten wie einzelnen Unternehmen (Jones 2006), Joint Ventures (Vasudeva/Anand 2011), unterschiedlichen Industrien (Easterby-Smith et al. 2008), aber auch Netzwerken (Lerch/Müller-Seitz 2013) Anwendung fanden. Von einem Großteil der quantitativen Studien wird die Absorptive Capacity dabei jedoch nur indirekt anhand der F&E Ausgaben sowie der Anzahl der F&E Mitarbeiter einer Organisation gemessen (Zahra/George 2002; Minbaeva et al. 2003; Lichtenthaler 2009) oder als unabhängige Variable angenommen, ohne dabei jedoch auf die einzelnen Komponenten dieser einzugehen, wie es z.B. Lane et al. (2001), Jansen et al. (2005) oder Lichtenthaler (2009) getan haben. Ein weiteres Defizit ist der häufig eng gefasste Fokus der empirischen Studien. So wurde die Absorptive Capacity von Cohen und Levinthal zwar als Mehrebenenkonstrukt entwickelt, jedoch empirisch häufig im Zuge der Vereinfachung auf eine Ebene reduziert (z.B. Gupta/Govindarajan 2000). Dies ist typischerweise die organisationale Ebene. Durch die Reduktion auf eine Ebene, lässt sich das Konzept jedoch nicht in seiner Ganzheit erfassen. Ebenso führte die häufig erfolgte Reduktion der Einflussfaktoren auf die Absorptive Capacity und Konzentration auf das „prior related knowledge" einer Organisation sowie die Vernachlässigung des prozessualen Charakters der Absorptive Capacity in vielen Studien dazu, dass der multidimensionale Charakter der Absorptive Capacity, wie z.B. von Van den Bosch et al. (1999) aufgezeigt, nicht vollständig erfasst werden konnte (vgl. Volberda et al. 2010, S. 937).

Den hier vorgestellten Praktiken und prozess-orientierten Diskurs aufgreifend, soll in dieser Arbeit daher den sich daraus ergebenden empirischen sowie theoretischen Anforderungen gefolgt werden. Das praktiken-basierte Modell der Absorptive Capacity nach Schreyögg und Schmidt stellt die Grundlage dieser Arbeit dar und soll dabei helfen, die in der in dieser Arbeit präsentierten Fallstudie identifizierten Praktiken den definierten Teilfähigkeiten der Absorptive Capacity zuzuordnen. Neben den aktuellen Beiträgen von Volberda et al. (2010) sowie Lewin et al. (2011) welche einen solchen Ansatz bekräftigen, konnte bereits in Vorstudien zu dieser Arbeit empirische Ergebnisse gewonnen werden, die einen solchen auf Praktiken orientierten Ansatz ebenfalls nahe legen (vgl. Lerch et al. 2013, S. 19).

Das Ziel dieser Arbeit ist es, ein besseres Verständnis von den im Zuge der Absorptive Capacity zur Anwendung kommenden Praktiken zu erlangen und darüber hinaus diese innerhalb einer Organisation genau verorten zu können. Um dies zu ermöglichen wird daher in Übereinstimmung mit den von Lewin et al. (2011) sowie Volberda et al. (2010) formulierten Forschungslücken und Lösungsansätzen zusätzlich eine Unterscheidung in interne sowie externe Praktiken der Absorptive Capacity vorgenommen. Der sowohl theoretisch (Lane et al. 2006, S. 857 f.; Lerch et al. 2013, S. 20; Lewin et al. 2011, S. 82; Volberda et al. 2010, S. 945, S. 947) als auch praktisch innerhalb der Vorstudien formulierte Bedarf einer genaueren Lokalisierung der einzelnen Absorptionspraktiken soll zudem mithilfe einer Mehrebenenperspektive gelingen, mit welcher die Akteure einer Organisation, welche die Praktiken tatsächlich ausführen, unterschiedlichen organisationalen Ebenen zugeordnet werden. So erfolgt eine Unterteilung in die strategische sowie die operative Ebene einer Organisation, welche nachfolgend noch tiefer behandelt wird. Die Forschungsleitfrage lautet daher:

Welche internen sowie externen Absorptionspraktiken lassen sich im Zuge der kooperativen Technologieentwicklung auf strategischer sowie operativer Ebene einer Organisation identifizieren?

Im Folgenden sollen nun die Teilaspekte der Forschungsleitfrage genauer dargestellt werden.

2.3.2 Interne und externe Absorptionspraktiken

Die hier angestrebte Unterscheidung in interne und externe Absorptionspraktiken lässt sich bereits im ursprünglichen Konzept von Cohen und Levinthal (1990) identifizieren. Demnach wurde die Absorptive Capacity in die Komponenten „inward-looking" Absorptive Capacity sowie „outward-looking" Absorptive Capacity unterteilt. Dabei stellte die „inward-looking" Absorptive Capacity die Effizienz der internen Kommunikation dar, wohingegen die „outward-looking" Absorptive Capacity die organisationalen Fähigkeiten in Bezug auf den Kontakt mit externen Quellen beschreiben sollte. Cohen und Levinthal führten dabei an, dass lediglich ein ausgeglichenes Verhältnis dieser beiden Komponenten zu einer hohen Absorptive Capacity führen könne (vgl. Cohen Levinthal 1990, S. 133). Die daraus resultierende Absorptive Capacity lässt sich im mathematischen Sinne demnach als Produkt und nicht als Summe dieser Komponenten begreifen.

Aufbauend auf unter anderem diesen Komponenten, führten Zahra und George (2002) die „potential" und „realized" Absorptive Capacity ein, welche eindeutig ähnlichen Gesetzmäßigkeiten unterlagen. Die potentielle Absorptive Capacity wurde von Zahra und George durch die Dimensionen Akquisition und Assimilation beschrieben, wohingegen sich die realisierte Absorptive Capacity aus den Dimensionen Transformation und Exploitation zusammensetzte (Zahra/George 2002, S. 192). Wenngleich dieser Schritt einer klareren Trennung der Absorptive Capacity in externe sowie interne Absorptionspraktiken nahe kommen würde, konzentrierten sich Zahra und George dabei insbesondere auf die Prozesse der Absorptive Capacity innerhalb der organisationalen Grenzen (vgl. Easterby-Smith et al. 2008, S. 485). Neben der Unterteilung in diese vier Dimensionen lag ihr Fokus folglich auf weiteren internen Einflussfaktoren wie den bereits angeführten „activation triggers" und „social integration mechanisms", welche die Verteilung des Wissens innerhalb der Organisation begünstigen. Ein klarer Beitrag in eine konsequente Unterscheidung externer und interner Komponenten der Absorptive Capacity wurde somit auch hier nicht geleistet.

Eine erste klare Unterteilung in interne und externe Absorptive Capacity erfolgte 2004 durch Lewin und Massini. Dabei konstatierten sie, dass die vorangegangene Literatur insbesondere die Prozesse der Exploration und der Assimilation lediglich auf die externe Umwelt fokussierte und so deren Rolle bei der intraorganisationalen Exploration von Wissen vernachlässigte bzw. gänzlich ignorierte. Um diese Defizite zu beheben, führten sie geprägt durch ihre evolutionstheoretische Sichtweise (vgl. Nelson/Winter 1982; Dosi 1982; 1988) entsprechende interne sowie externe Absorptive Capacity Fähigkeiten ein. Die internen Absorptive Capacity Fähigkeiten sollten die Organisation befähigen Prozesse wie interne Variation, Selektion sowie Replikation zu managen. Insbesondere die interne Variation zielte dabei auf die intraorganisationale Exploration ab und verdeutlicht somit die Relevanz einer internen Dimension der Absorptive Capacity. Die als externe Absorptive Capacity Fähigkeiten definierten Prozesse Exploration und Assimilation, zielten im Gegensatz dazu konkret auf neues Wissen in der externen Umwelt ab (Lewin/Massini 2004, S. 230).

Auch wenn in den vergangenen Jahren noch weitere Versuche unternommen wurden, eine Unterteilung in interne und externe Absorptive Capacity voranzubringen und diese ersten Ansätze zu erweitern, wie dies z.B. von Yeoh (2009, S. 22) mit der Diskussion der von Zahra und George (2002) eingeführten „potential" Absorptive Capacity auf rein interorganisationaler Ebene und der „realized" Absorptive Capacity auf intraorganisationaler Ebene versucht wurde, zählten Volberda et al. (2010) in ihrem Review zur Entwicklung des Konzepts der Absorptive Capacity eben diesen ungeklärten Zusammenhang zwischen intraorganisationalen und interorganisationalen Prozessen zu den noch immer existierenden Forschungslücken (vgl. Volberda et al. 2010, S. 947).

So erscheint es wenig verwunderlich, dass auch Lewin et al. (2011) erneut den Versuch unternommen haben, zur Klärung dieser Forschungslücke beizutragen. In einem praktiken-basierten Ansatz trugen sie dabei externe sowie interne Absorptive Capacity Praktiken zusammen, und bündelten diese zu sogenannten „Meta AC Routines". Die im Folgenden dargestellte Tabelle 5 führt diese auf.

External Meta AC Routines	Internal Meta AC Routines
Identifying and recognizing value of externally generated knowledge	Facilitating variation
Learning from and with partners, suppliers, customers, competitors, and consultants	Managing internal selection regimes
Transferring knowledge back to the organization	Sharing knowledge and superior practices across the organization
	Reflecting, updating, and replicating
	Managing adaptive tension

Tabelle 5: Externe und Interne Meta Absorptive Capacity Routinen in Anlehnung an Lewin et al. (2011, S. 87; S. 90)

Mithilfe dieser „Meta AC Routines" wollten Lewin et al. ein verfeinertes Verständnis des Absorptive Capacity Konstrukts entwickeln (vgl. Lewin et al. 2011, S. 94). Die Autoren betten diese Komponenten in ihrem entwickelten Modell in den „AC capabilities" ein, welche unter den Einflüssen interner sowie externer Faktoren letztlich die innovative Leistungsfähigkeit der Organisation bedingen. Ähnlich dem Modell von Todorova und Durisin (2007) arbeiten auch Lewin et al. einen sogenannten „feedback loop" der innovativen Leistungsfähigkeit auf diese „AC capabilities" ein, welcher zudem den pfadabhängigen Charakter verdeutlicht. Abbildung 6 stellt das so von Lewin et al. entwickelte Modell dar.

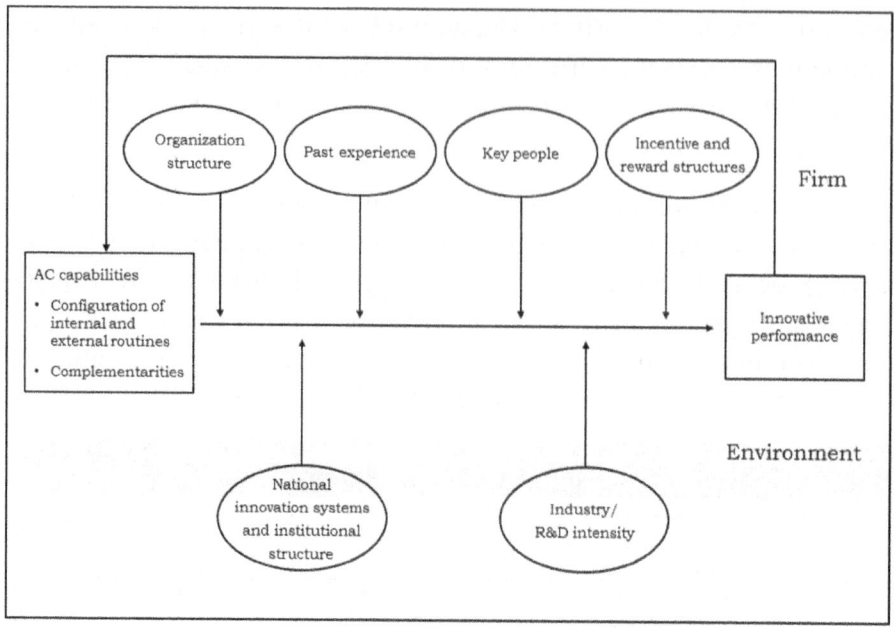

Abbildung 6: Absorptive Capacity und Innovation Performance Modell nach Lewin et al. (2011, S. 92)

Auch wenn dieser Ansatz durchaus zu den in Bezug auf die Unterteilung der internen und externen Praktiken am weitest entwickelten gezählt werden darf, so bleibt doch der Wunsch nach einer Zusammenführung mit den klassischen Modellen der Absorptive Capacity offen. Eben diese Zusammenführung erscheint notwendig, um eine ganzheitliche Weiterentwicklung des Konzepts zu gewährleisten ohne dabei anderweitige Beiträge inkompatibel werden zu lassen. Eine parallele Entwicklung unterschiedlicher Modelle sehen unter anderem Todorova und Durisin (2007, S. 783) mithin als Grund der Stagnation des Konzepts.

Vergleicht man die von Lewin et al. (2011) angeführten Meta AC Routinen (vgl. Tabelle 5) mit den von Schreyögg und Schmidt (2010) eingeführten Teilfähigkeiten der Absorptive Capacity (vgl. Abbildung 5), so zeigt sich, dass sich die externen Absorptive Capacity Routinen nach Lewin et al. dort ausschließlich innerhalb der Komponente der Akquisition verorten lassen, während sich die internen Absorptive Capacity Routinen lediglich in den Komponenten der Integration und Exploitation wiederfinden lassen.

Für eine Vereinigung dieser Ansätze bedarf es scheinbar eines überarbeiteten Modells der Absorptive Capacity, welches sowohl die Integration der klassischen Absorptive Capacity Komponenten als auch die Trennung in interne und externe Absorptionspraktiken leisten kann. Die Forschungsfrage soll demnach dabei helfen, die den Absorptive Capacity Komponenten zugeordneten Teilfähigkeiten genau zu verorten, indem die darunter subsumierten Praktiken als interne oder externe Absorptionspraktiken klassifiziert werden. Hierbei drängt sich insbesondere die Frage auf, in wie weit die Komponenten Akquisition, Integration und Exploitation sich klar der inter- oder intraorganisationalen Ebene zuordnen lassen um zu klären, welchen Einflussfaktoren sie unterliegen. Darüber hinaus soll die Frage beantwortet werden, welche Wechselwirkungen sich zwischen diesen Komponenten identifizieren lassen.

Die Identifizierung der Praktiken und deren Verortung soll dabei als erster Schritt für eine notwendige Operationalisierung der Absorptive Capacity verstanden werden. Insbesondere der Zusammenhang zwischen den einzelnen Komponenten kann helfen, die Gesetzmäßigkeiten, denen diese Praktiken unterliegen, zu entdecken. Sollten bisher als intern klassifizierte Komponenten ebenso extern lokalisierte Praktiken aufweisen, unterliegen diese Komponenten demnach ebenso externen Einflussfaktoren. Ebenso gilt dies für als extern klassifizierte Komponenten, welche im Falle einer intern lokalisierten Praktik ebenso internen Einflussfaktoren unterliegen würden.

Die Beantwortung dieser Fragen ist somit sowohl für die theoretisch konzeptionellen Überlegungen zur Absorptive Capacity entscheidend, als auch für die daraus resultierenden praktischen Implikationen. So ist es für das von Lewin et al. geforderte ausgeglichene Verhältnis der externen und internen Absorptive Capacity Praktiken unabdingbar, genau zu identifizieren, welche Komponenten der Absorptive Capacity hier betroffen sind und in wie weit es sich hier um substitutionelle oder komplementäre Praktiken bzw. Komponenten handelt (vgl. Lewin et al. 2011, S. 94). Mithilfe dieser Erkenntnisse ließen sich zudem weitere Implikationen für die von Todorova und Durisin angeführten und auch von Lewin et al. implementierten „feedback loops" der Absorptive Capacity ableiten. Durch die Öffnung der häufig angeführten „black box" der Absorptive Capacity soll nun genau betrachtet werden welche Wirkungsweise und Wirkungsrichtung die „feedback loops" tatsächlich aufweisen und welche Komponenten der Absorptive Capacity hier involviert sind. Da diese „feedback loops" häufig für die Modellierung des pfadabhängigen Charakters der Absorptive Capacity genutzt werden, soll so untersucht werden, in wie weit diese Pfadabhängigkeit von internen oder externen Komponenten bedingt wird.

2.3.3 Absorptionspraktiken auf strategischer und operativer Ebene

Um das organisationale Konstrukt der Absorptive Capacity deutlich differenzierter zu beleuchten und somit untersuchen zu können, wird hier eine Unterscheidung zwischen den Absorptionspraktiken auf strategischer und operativer Ebene angestrebt, welche sich auf die Arbeiten von Janowicz-Panjaitan/Noorderhaven (2009) zur Bedeutung organisationaler Rollen innerhalb des interorganisationalen Lernens zurückführen lässt. Den Überlegungen des Artikels folgend, werden die beiden Ebenen konzeptionell wie folgt unterschieden: Akteure auf strategischer Ebene definieren demnach die organisationalen Strukturen und Praktiken des Austausches. Die Aufgaben der operativen Ebene ist es hingegen, diese definierten Praktiken auszuführen und Rückkopplung über deren Funktion an die strategische Ebene zu geben (vgl. Janowicz-Panjaitan/Noorderhaven 2009, S. 1021). Überträgt man diese Überlegungen nun auf das hier im Fokus stehende praktiken-basierte Konzept der Absorptive Capacity, so stellt sich die Frage, welche konkreten Absorptionspraktiken sich nun auf der strategischen Ebene verorten lassen und welche Implikationen man daraus ableiten kann.

So konnte in vorangegangenen Studien (Lerch et al. 2013) bereits beobachtet werden, dass Entscheidungen zur Durchführung kooperativer Technologieentwicklung häufig auf strategischer Ebene getroffen wurden und zudem die Rahmenbedingungen des Transfers auf eben dieser Ebene definiert wurden. Die dort identifizierten „power relationships" (Lerch et al. 2013, S. 19), die bereits von Todorova und Durisin (2007) in ihrer Bedeutung hervorgehoben wurden, sollen unter der Anwendung der hier angestrebten Perspektive eben einer dieser Ebenen zugeordnet werden und so anhand konkreter Praktiken Ausdruck finden. In Bezug auf den tatsächlich ablaufenden Transfer bzw. den Austausch von Know-how konnte im Zuge dieser vorangegangenen Studie zudem bereits beobachtet werden, dass dieser häufig auf der operativen Ebene stattfand. Ob der Austausch jedoch exklusiv auf dieser Ebene vollzogen wird, konnte in Ermangelung einer klaren Teilung der Ebenen bisher nicht untersucht werden. Das Ziel ist es daher, das organisationale Konstrukt der Absorptive Capacity deutlich differenzierter zu beleuchten und somit zu untersuchen, ob und in wie weit gewisse Absorptionspraktiken ausschließlich auf einer dieser Ebenen ausgeübt werden. Der Bedarf einer genaueren Betrachtung lässt sich zudem bereits im Konzept von Cohen und Levinthal (1990) identifizieren. Cohen und Levinthal konstatieren, wie zuvor angeführt, dass die Absorptive Capacity einer Organisation eben mehr als nur die aufsummierte Absorptive Capacity der einzelnen Individuen ist und eben auch maßgeblich von den Kommunikationsstrukturen zwischen Organisation und Umwelt sowie innerhalb der Organisation selbst abhängig ist (Cohen/Levinthal 1990, S. 132). Während Cohen und Levinthal sich sicher sind, dass eben diese Strukturen insbesondere von Individuen wie den angeführten „Gatekeepern" und „Boundary Spannern" geschaffen bzw. aufgeführt werden, lassen sich nur wenige Hinweise darauf finden welcher Ebene diese Individuen zuzuordnen sind.

Für das Management der eigenen Absorptive Capacity benötigen Organisationen jedoch Klarheit darüber, welche Strukturen auf welcher Ebene geschaffen werden müssen. Während Jones (2006) die Rolle der „Gatekeeper" insbesondere als Übersetzer zwischen zwei unterschiedlichen Gruppen von Individuen betrachtet, herrscht ihm zufolge in der Literatur Unklarheit über die Rolle der „Boundary Spanner". So lassen sich sowohl Strömungen identifizieren, welche diesen Akteuren eher die Funktion der internen Verknüpfung zukommen lassen (Kostova/Roth 2003; Ancona/Caldwell 1992;

Katz/Kahn 1978; Tushman/Scanlan 1981), als auch solche, die deren Hauptaufgaben in der Verknüpfung von Organisation und externen Akteuren sehen (Perrone et al. 2003). In Anlehnung an Cohen und Levinthal (1990) stellt Jones (2006) daher fest, dass eine Identifikation der Absorptive Capacity einer Organisation lediglich durch eine Untersuchung eben dieser internen sowie externen Kommunikationsstrukturen geschehen kann (vgl. Jones 2006, S. 359). Die gesonderte Betrachtung der unterschiedlichen organisationalen Ebenen nimmt jedoch auch Jones nicht vor.

Eine erste eindeutige Würdigung eben dieser Perspektive erfolgt schließlich bei Easterby-Smith et al. (2008), welche die Rolle von Macht als entscheidendes Differenzierungsmerkmal von Individuen anführen und der Vernetzung von sogenannten Schlüsselpersonen eine besondere Bedeutung beimessen (vgl. Easterby-Smith et al. 2008, S. 495 f.; Volberda et al. 2010, S. 932). Dabei ist natürlich zu beachten, dass sowohl Akteure der strategischen Ebene als auch der operativen Ebene solche Beziehungen aufbauen können bzw. zu Schlüsselpersonen werden können (vgl. Barley 1986, S. 78). Die Suche nach solchen Konstellationen darf demnach nicht auf eine dieser Ebenen beschränkt werden und darf sich nicht nur an der vergleichsweise statischen Hierarchie der Organisation orientieren, sondern muss der möglichen Dynamik insofern Rechnung tragen, als dass die jeweilige Ebenenzuordnung der beobachteten Akteure stets hinterfragt wird und diese Zuordnung natürlich von den involvierten Akteuren selbst vorgenommen bzw. validiert wird. Die Hierarchie der betreffenden Organisation spielt hierbei nur eine untergeordnete Rolle. In Bezug auf die „Boundary Spanner" und „Gatekepper" stellt sich natürlich zudem die Frage, in wie weit diese Funktionen die Ebene wechseln, bzw. Absorptionspraktiken existieren, die den Aufbau eben dieser Rollen strukturieren bzw. einleiten. Daneben ist von Interesse, in wie weit die Praktiken auf den unterschiedlichen Ebenen parallel oder sequenziell ablaufen – sofern sich hierfür erste Indizien finden lassen sollten. Den sogenannten „Boundaries" lassen Easterby-Smith et al. (2008) dabei eine entscheidende Rolle im Absorptionsprozess zukommen. So arbeiteten sie anhand ihrer empirischen Ergebnisse heraus, dass für einen Informationsfluss die Durchlässigkeit der externen wie auch der

Theoretisch-konzeptioneller Hintergrund

internen „Boundaries" notwendig ist (Easterby-Smith et al. 2008, S. 496). Mit Blick auf die strategische sowie operative Ebene sowie den zuvor dargestellten ersten empirischen Erkenntnissen bedeutet dies somit auch die Notwendigkeit der Identifikation der hier vermuteten Austauschpraktiken bzw. Praktiken der Wissensteilung, welche sich zwischen diesen Ebenen verorten lassen. Die theoretischen Implikationen aus den in dieser Arbeit gewonnenen empirischen Ergebnisse sollen im Anschluss zudem genutzt werden, um die notwendige Integration dieser Ebenen in das Absorptive Capacity Modell zu leisten.

Die theoretisch-konzeptionelle Verortung der Forschungsleitfrage lässt sich demnach an der Schnittstelle der in Kapitel 2.3 vorgestellten Diskurse vornehmen. Abbildung 7 veranschaulicht die daraus resultierende Lokalisierung der Forschungsfrage grafisch.

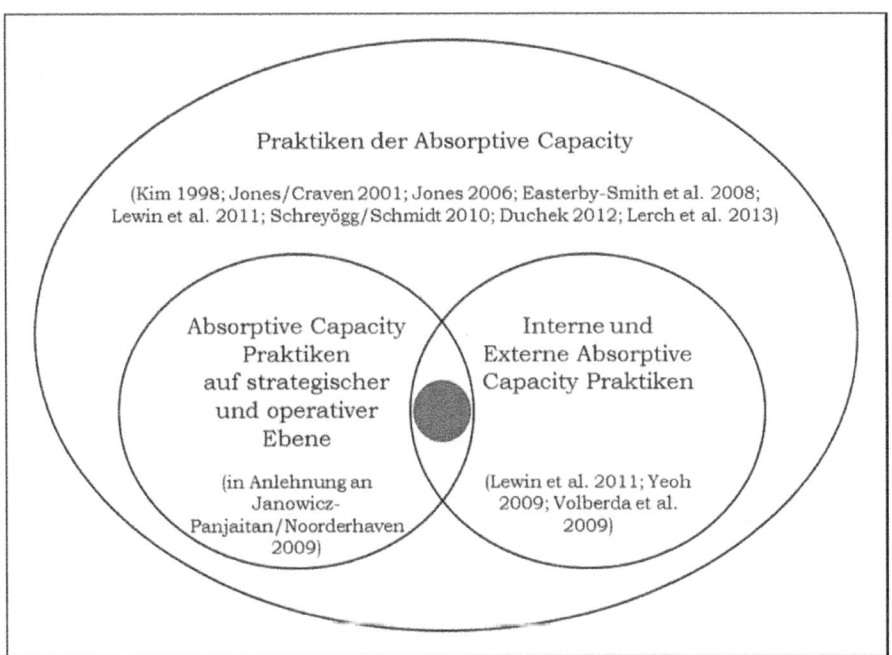

Abbildung 7: Theoretisch-konzeptionelle Verortung der Forschungsfrage

Um die theoretisch-konzeptionell hergeleitete Forschungsleitfrage bearbeiten zu können, bedarf es eines darauf ausgerichteten Forschungsdesigns, welches nachfolgend genauer dargestellt werden soll.

3 Empirische Untersuchung

Kapitel 3 widmet sich der im Zuge dieser Arbeit durchgeführten empirischen Untersuchung. Damit die Ergebnisse der Intensivfallstudie besser eigeordnet werden können, bedarf es einer kurzen Einführung in den Untersuchungskontext – das Feld der optischen Technologien und Röntgentechnologien sowie in das im Fokus der Untersuchung stehende Applikationslabor BLiX. Das Verständnis dieser Kontexte soll zudem für etwaige Eigenarten der Intensivfallstudie sensibilisieren, welche ohne diese Einführung womöglich übersehen werden könnten. Es folgt die Darstellung des gewählten Untersuchungsdesigns der Intensivfallstudie sowie der angewandten Methodik hinsichtlich der Aufbereitung der Datenquellen und deren Analyse. Dieser Schritt soll dabei helfen, den Entstehungsprozess der Ergebnisse möglichst transparent zu gestalten, um diese besser einordnen zu können.

3.1 Untersuchungskontext

Für die Beantwortung der Forschungsfrage wurde eine Intensivfallstudie durchgeführt, für welche das in Berlin ansässige Applikationslabor für innovative Röntgentechnologien (Berlin Laboratory for Innovative X-Ray Technologies), kurz BLiX, gewählt wurde. Bevor hier auf dessen Entstehungsgeschichte, Klassifizierung als Leibniz-Applikationslabor sowie dessen Entwicklungen genauer eingegangen wird, soll vorerst das Feld der optischen Technologien und konkreter Röntgentechnologien vorgestellt werden. Das genaue Eingehen auf die relevanten Kontexte ist dabei notwendig, um die Ergebnisse, aber auch Limitationen, dieser Arbeit besser einordnen zu können.

3.1.1 Optische Technologien und Röntgentechnologien

Das Feld der optischen Technologien besteht aus einer Vielzahl moderner Technologien und Applikationen, wodurch die Entwicklung einer Standarddefinition des Feldes erschwert wird. Die Deutsche Agenda „Optische Technologien für das 21. Jahrhundert" definiert diese als „die Gesamtheit physikalischer, chemischer und biologischer Naturgesetze und Technologien zur Erzeugung, Verstärkung, Formung, Übertragung, Messung und Nutzbarmachung von Licht" (Lenkungskreis 2000, S. IX). Dabei beeinflussen die optischen Technologien durch ihren Schlüssel- und Querschnittscharakter die technologische Entwicklung in zahlreichen anderen Branchen maßgeblich. Aufgrund dieser Tatsache und des vermuteten Potentials dieser Technologien, wird das 21. Jahrhundert von Experten auch als „Jahrhundert des Photons" bezeichnet (vgl. Spectaris 2010, S. 11; Lerch 2009, S. 132).

Neben dieser technologischen Relevanz, kann das Feld der optischen Technologien auch wirtschaftlich als sehr vielversprechend bezeichnet werden. Den Ergebnissen einer aktuellen Studie des Bundesministeriums für Bildung und Forschung zufolge, betrug der Weltmarkt für Systeme und Komponenten der optischen Technologien im Jahr 2008 ca. 256 Milliarden Euro. Vergleicht man dies mit den Daten der Vorgängerstudie für das Jahr 2005, in welcher sich der Weltmarkt noch auf 211 Milliarden Euro belief, bedeutet dies eine mittlere jährliche Zuwachsrate von 6,6%. Wechselkurs- sowie inflationsbereinigt entspricht die Entwicklung von 2005 bis 2008 sogar einer durchschnittlichen jährlichen Wachstumsrate von 10,4% (vgl. Mayer 2010, S. 8; S. 22).

Das Umsatzvolumen in den optischen Technologien in Deutschland betrug 2008 insgesamt 23,1 Milliarden Euro, was einen Anteil am Weltmarkt von 10,9% entspricht. Im Vergleich zum 2005 ermittelten Umsatz in Höhe von 16,3 Milliarden Euro konnte so ein Zuwachs von insgesamt 41,4% erreicht werden, was einer mittleren jährlichen Zuwachsrate von 12,2% entspricht. Die Umsatzentwicklung in Deutschland legte somit etwas stärker zu als die des Weltmarktes, was neben einer günstigen Wechselkursentwicklung vor allem auf den Ausbau von Marktanteilen in den Bereichen Produktionstechnik, Messtechnik und Bildbearbeitung sowie Medizintechnik und dem sogenannten Life Science Bereich zurückzuführen ist (vgl. Mayer 2010, S. 6; S. 9).

Auf diesen Daten aufbauend, zählt der Industrieverband Spectaris das Feld der optischen Technologien zu den wichtigsten Wachstums- und Zukunftsbranchen der deutschen Wirtschaft (vgl. Spectaris 2010). Darüber hinaus lag der Anteil der Ausgaben für Forschung und Entwicklung am Gesamtumsatz (F&E-Quote) deutscher Unternehmen in den optischen Technologien 2008 bei beachtlichen 8%[3]. In Bezug auf die Beschäftigungsverhältnisse entfallen rund 13% auf den Bereich der F&E. Die Vermutung, dass es sich in diesem Feld somit um überdurchschnittlich innovative Unternehmen handelt, lässt sich mit einem sehr hohen Umsatzanteil innovativer Produkte (Produkte jünger als 3 Jahre) in Höhe von 35% bestätigen (vgl. Spectaris 2010, S. 13).

Das Feld der optischen Technologien eignet sich demnach aus verschiedenen Gründen für die intensivere Betrachtung der Absorptive Capacity. So implizieren der hohe Innovationsgrad, die Wissensintensität sowie die Charakterisierung als Schlüssel- und Querschnittstechnologien eine große Bedeutung des Technologie- und Wissenstransfers. Die Charakterisierung als Schlüssel- und Querschnittstechnologien spricht zudem für eine interdisziplinäre Zusammenarbeit und somit für eine erhöhte Wahrscheinlichkeit interorganisationalen Lernens. Insbesondere in einem solchen Umfeld sollten Absorptive Capacity Praktiken von Bedeutung sein. Cohen und Levinthal nehmen zudem an, dass „[g]reater technological opportunity signifies greater amounts of external information, which increases a firm's incentive to build AC, and a more challenging learning environment increases the level of R&D necessary to build Absorptive Capacity" (Cohen/Levinthal 1990, S. 142). Der hohe Umsatzanteil innovativer Produkte scheint somit den Anreiz zum Ausbau der Absorptive Capacity zu bestätigen.

Betrachtet man nun den Teilbereich der Röntgentechnologien, so lässt sich eine ebenso positive Entwicklung innerhalb der vergangenen Jahre erkennen. Zur Jahrtausendwende konnten weltweit rund 6 Milliarden Euro mit Geräten und Anlagen der Röntgentechnik umgesetzt werden. Bemerkenswert ist hierbei, dass sich der Umsatz alle zehn Jahre in etwa verdoppeln konnte. Die hier zugrunde gelegte Technologie Roadmap (OpTecBB IFV UVR 2006) bezifferte die

---

[3] Zum Vergleich: Die F&E Quote im deutschen Maschinenbau betrug 2008 lediglich 3,8% (vgl. VDMA 2010, S. 7).

Größe des Weltmarktes für das Jahr 2005 auf etwa 8,5 Milliarden Euro. Der Umsatzanteil der Röntgentechnologien betrug demnach im Jahr 2005 rund 4% am Gesamtumsatz der optischen Technologien. Innerhalb der Röntgentechnologien dominieren vor allem die medizinischen Anwendungen. So konnten diesem Bereich 2005 rund 7,8 Milliarden Euro Umsatz zugeordnet werden, was einem Anteil von über 90% entspricht.

Für die Fallstudie BLiX ist der Bereich der Röntgenanalytik, und damit der Markt für Geräte der Röntgendiffraktometrie (XRD) sowie Geräte der Röntgenfluoreszenzanalyse (XRF), dabei von besonderem Interesse. Gemäß einer unveröffentlichten, internen Präsentation des BLiX (2010) betrug der Weltmarkt für Röntgenanalytik (XRD & XRF) im Jahr 2005 rund 373 Millionen Euro[4], entsprechend einem Anteil von knapp 4,5% am Gesamtumsatz der Röntgentechnologien. Bis zum Jahr 2008 konnten zudem durchschnittliche Wachstumsraten von ca. 6% verzeichnet und so im Jahr 2008 Umsätze von rund 445 Millionen Euro[5] erzielt werden. Beeinflusst durch die Wirtschaftskrise musste in den Folgejahren insbesondere im Bereich der XRF zum Teil mit deutlich rückläufigen Umsatzentwicklungen gerechnet werden, wodurch der prognostizierte Weltmarkt im Jahr 2012 ungefähr auf dem Niveau von 2008 liegen dürfte (BLiX 2010).

Betrachtet man den Weltmarkt für Röntgenanalytik genauer, so werden ca. 43% des Umsatzes von Unternehmen in Nordamerika generiert. Europa folgt mit ca. 28% Anteil an zweiter Stelle, gefolgt von der Asien-Pazifik Region mit ca. 25% Umsatzanteil. Auf den Rest der Welt fallen schließlich ca. 4% des Weltmarktvolumens. In Euro ausgedrückt, betrug der Anteil Europas am Weltmarktvolumen für Röntgenanalytik im Jahr 2008 demnach rund 125 Millionen Euro. Da in Deutschland ein breites Spektrum an in der Röntgenanalytik tätigen Unternehmen und Forschungseinrichtungen angesiedelt ist, kann zudem angenommen werden, dass ein Großteil dieses Umsatzes auf deutsche Unternehmen entfällt (BLiX 2010).

---

[4] 550 Millionen USD umgerechnet zum Durchschnittskurs für das Jahr 2008 EUR/USD von 1,4715. Quelle: CreditSuisse (2008), Devisen – Durchschnittskurse 2008
[5] 655 Millionen USD umgerechnet zum Durchschnittskurs für das Jahr 2008 EUR/USD von 1,4715. Quelle: CreditSuisse (2008), Devisen – Durchschnittskurse 2008

3.1.2 Das „Berlin Laboratory for innovative X-Ray Technologies"

Das Berlin Laboratory for innovative X-ray Technologies (BLiX) wurde im Sommer 2009 gegründet. Vorausgegangen war dabei eine Phase des intensiven Austauschs zwischen Vertretern unterschiedlicher Disziplinen, welche im Zuge einer „Machbarkeitsstudie für ein industrieorientiertes, innovatives Applikationslabor zum Transfer von Röntgentechnologien höchster räumlicher und zeitlicher Auflösung" im Jahr 2008 erfolgte. So wurden neben den Naturwissenschaftlern des Max-Born-Institutes und der Technischen Universität Berlin, auch Wirtschaftswissenschaftler des Instituts für Management der Freien Universität Berlin sowie Vertreter in dem Feld tätiger kleiner und mittlerer Unternehmen sowie des regionalen Kompetenznetzes Optische Technologien Berlin und Brandenburg (OpTecBB e.V.) in den Planungsprozess eingebunden und so das Konzept sowie die Struktur des BLiX erstellt. Das Ziel war es, mit dem BLiX einen zentralen Hub mit internationaler Bedeutung für Entwicklungen und Technologietransfer im Bereich der Röntgentechnologien zu erschaffen. Um dies zu erreichen wurden daher ausgehend von der 2008 im Zuge der Machbarkeitsstudie vorgefundenen Ist-Situation im Bereich der Röntgentechnologien in der Region Berlin-Brandenburg, welche sich insbesondere durch ein stark forschungsbetontes Zukunftsfeld der Röntgentechnologien, einer ausgeprägten Nachfrage nach Wissens- und Technologietransfer sowie einem konkreten Bedarf im Bereich der Aus- und Weiterbildung auf diesem Gebiet auszeichnete, Ziele des BLiX entwickelt. So sollte das BLiX als „Schnittstelle zwischen Wirtschaft und Wissenschaft" etabliert werden und so einen „Ort für kooperative Technologieentwicklung" darstellen. Zudem sollte das BLiX als eine Art „Katalysator für Open Innovation" fungieren und zudem die „Sicherung des Nachwuchses durch Aus- und Weiterbildung" im Bereich der Röntgentechnologien vornehmen (vgl. MBI 2009).

Angesiedelt am Stiftungslehrstuhl für "Analytische Röntgenphysik" von Prof. Dr. Birgit Kanngießer, welcher von einem Konsortium kleiner und mittelständiger Unternehmen sowie der Technologiestiftung Berlin ins Leben gerufen und gefördert wurde, wird das BLiX formal von den beiden Begründern, der Technischen Universität

Berlin (TU Berlin) und dem Max-Born-Institut für Nichtlineare Optik und Kurzzeitspektroskopie (MBI) betrieben. Das BLiX lässt sich zudem als „Innovative Lab" der TU Berlin sowie „Leibniz Applikationslabor" des MBI klassifizieren. Das Konzept der „Innovative Labs" soll an der TU Berlin innovationsorientierte Institutionen schaffen, in denen sowohl universitäre als auch außeruniversitäre Forschungsinstitute gemeinsam mit Unternehmen an innovativen Produkten, Verfahren und Dienstleistungen arbeiten (vgl. BLiX 2012).

Das BLiX fungiert für das MBI, welches zur Leibniz Gemeinschaft zählt, zudem als Applikationslabor der Leibniz Gemeinschaft. Die Leibniz Applikationslabore wurden im Rahmen des Innovationswettbewerbs „Wissenschaft trifft Wirtschaft" von der Leibniz Gemeinschaft gegründet und zum Teil durch das Bundesministerium für Verkehr, Bau und Stadtentwicklung gefördert. Die Leibniz Gemeinschaft klassifiziert die Applikationslabore als aktive Schnittstelle zwischen Wissenschaft und Wirtschaft, an welcher Forschungsergebnisse in praxisgerechte Funktionsmodelle und Demonstratoren umgesetzt werden sollen. Der Fokus der Applikationslabore wird somit explizit auf den Technologietransfer gelegt. Die Aufgabe der Applikationslabore besteht demnach darin, Unternehmen bei der möglichst schnellen Umsetzung aktueller Forschungsergebnisse in innovative Produkte, Verfahren oder Dienstleistungen zu unterstützen und somit deren Konkurrenzfähigkeit zu stärken. Die Notwendigkeit zur Schaffung der Applikationslabore wurde dabei direkt aus der bis dahin vorherrschenden Praxis des Technologietransfers an den Instituten der Leibniz Gemeinschaft hergeleitet. So zeigte sich an vielen Einrichtungen, dass Unternehmen zwar ein starkes Interesse an den Forschungsergebnissen zeigten, aber häufig nicht in der Lage waren, das Einsatzpotential dieser Forschungsergebnisse innerhalb der eigenen F&E und Produktion, lediglich anhand von Messdaten, Kennlinien oder Labormodellen abschätzen zu können. Von Seite der Unternehmen wurde daher häufig der Bedarf formuliert, die Funktion sowie die konkrete Anwendbarkeit der Forschungsergebnisse unter praxisnahen Bedingungen präsentiert zu bekommen, bevor sie diese in die eigenen Produkte oder Systeme integrieren. Die Leibniz Gemeinschaft begegnete diesen Anforderungen mit der Einrichtung der Leibniz Applikationslabore. Diese sollten folglich als Anlaufstellen für Unternehmen, Hochschulen und Institute etabliert werden und neben herausragenden Forschungs- und Technologiekompetenzen eine umfassende Unterstützung bei der Entwicklung neuer Produkte und Verfahren bieten. Das Ziel war somit, insbesondere Unternehmen den Zugang zu wissenschaftlichem Fachwissen zu erleichtern (vgl. WGL 2012; Stiel et al. 2011).

Was die Applikationslabore auszeichnet, ist insbesondere eine moderne Laborausstattung und der Einsatz neuster Technologien, Methoden und Entwicklungen. Mithilfe der Produktionsmodellentwicklung, soll zudem die Machbarkeit als auch die Umsetzbarkeit neuer Technologien demonstriert werden. Darüber hinaus bieten die Applikationslabore Unterstützung und Beratung bei der Produktentwicklung sowie der Präsentation von Zukunftstechnologien (vgl. WGL 2012).

Die für den Betrieb des BLiX notwendige Zusammenarbeit zwischen TU Berlin und MBI wurde durch einen Kooperationsvertrag formal festgelegt. Geleitet wird das BLiX von zwei Geschäftsführern, die ihrerseits zugehörig zur TU Berlin bzw. zum MBI sind. Die Geschäftsführung des BLiX ist zudem dem von den Trägern gegründeten Steuerungsgremium untergeordnet, welches durch einen wissenschaftlich-industriellen Beirat beraten wird. Die Organisationsstruktur des BLiX unterscheidet die Bereiche „Wissenschaftliche Infrastruktur Entwicklung und Vermarktung", „Aus- und Weiterbildung", „Unternehmensprojekte" sowie „Kontakte zu Forschung und Unternehmen" (vgl. Stiel et al. 2011, S. 24). Abbildung 8 zeigt das daraus abgeleitete Organigramm.

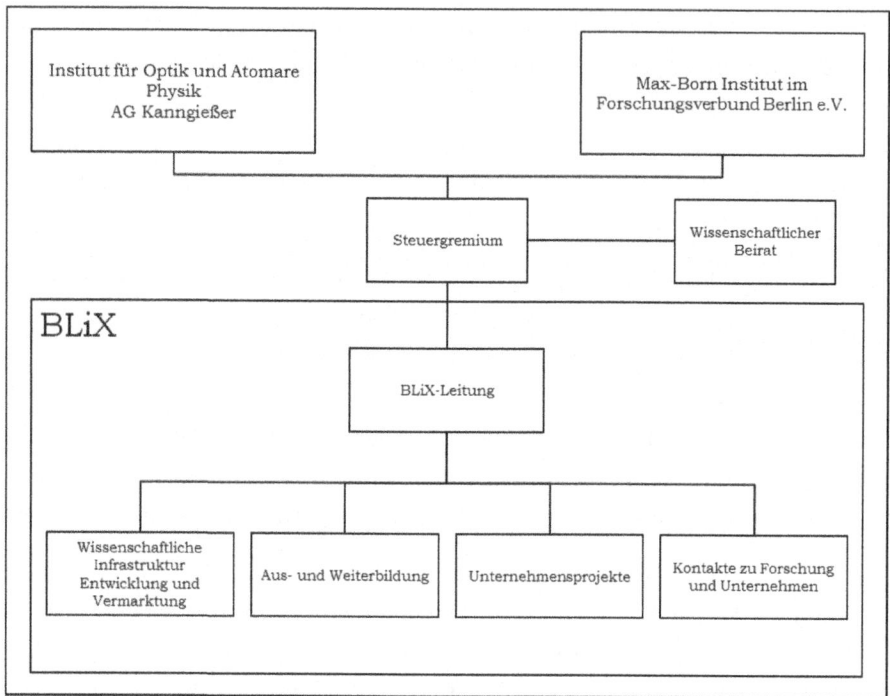

Abbildung 8: Organigramm des BLiX (vgl. Stiel et al. 2011, S. 24)

Als Applikationslabor für innovative Röntgentechnologien bearbeitet das BLiX inhaltlich folgende Kompetenzfelder: „Brilliante laserbasierte Labor-Röntgenquellen", „Chemische Speziation im Labor", „Röntgenanalytik für die Photovoltaik", „3D Mikro-Röntgenfluoreszenzanalyse", „Röntgenmikroskopie im Wasserfenster und Extrem-Ultraviolett", sowie „Zeitaufgelöste Röntgentechniken" (vgl. Stiel et al. 2011, S. 23).

Ausgehend von der spezifischen Organisationsstruktur des BLiX wurde von den Betreibern ein Transfermodell entwickelt und etabliert, welches dem Selbstverständnis dieser entspricht. Dieses Transfermodell bildet demnach ein Dreieck aus Forschung, Ausbildung und Industrie. So soll der Beitrag zur Forschung insbesondere dadurch erreicht werden, die Ergebnisse im Bereich der Grundlagenforschung weiter zu entwickeln und diese der Verwertbarkeit näher zu bringen. Der Aspekt der Ausbildung soll durch eine fundierte Ausbildung des Nachwuchses adressiert werden und in Bezug auf die Industrie soll das BLiX als Ort kooperativer Technologieentwicklung ein Bindeglied zwischen Wissenschaft und Wirtschaft darstellen (vgl. Stiel et al. 2011, S. 3).

Um dies erreichen zu können, wurden seit der formalen Gründung unterschiedliche Aktivitäten durchgeführt, die hier kurz überblicksartig dargestellt werden sollen. So stand nach der Gründung vorerst die Schaffung einer entsprechenden Infrastruktur im Fokus der Aktivitäten. Auf ca. 250qm Fläche wurden moderne Labore sowie Büro- und Seminarräume nach den Anforderungen des BLiX errichtet oder umgebaut. Bereits in dieser Phase wurde darauf geachtet, künftigen Nutzern die Möglichkeit zu bieten, eigene Aufbauten zu installieren und in die bestehenden Anlagen zu integrieren. Zudem wurden finanzielle Mittel akquiriert, um das für den Aufbau und Grundbetrieb notwendige Personal zu gewährleisten (vgl. Stiel et al. 2011).

In einem zweiten Schritt konnten so die ersten Demonstratoren von Seiten des MBI, der TU Berlin sowie der Kooperationspartner aus bereits gestarteten Kooperationsprojekten in die Räumlichkeiten des BLiX überführt und betriebsbereit gemacht werden. Diese Aktivitäten erfolgten zum Teil bereits in enger Zusammenarbeit mit den Kooperationspartnern, um ebenfalls das für den Betrieb notwendige Know-how zu transferieren. Eine gemeinsam mit dem BLiX entwickelte Kommunikationsstrategie setzte zudem auf die Intensivierung der bereits bestehenden Kontakte sowie auf ein aktives Anbieten des angebotenen Leistungsspektrums auf relevanten Messen sowie innerhalb der lokalen und überregionalen Netzwerke und Strukturen (vgl. Stiel et al. 2011).

Die dargestellten Aktivitäten führten dazu, dass bis zum September 2011 bereits zehn Projekte kooperativer Technologieentwicklung am BLiX initiiert werden konnten. Das Spektrum dieser Kooperationen reicht dabei von der Vorlaufforschung über angewandte Forschung und industrielle F&E bis hin zu Schulungen, Weiterbildungen und Beratung. Tabelle 6 stellt diese Projekte kurz dar (vgl. Stiel et al. 2011).

Kooperationsbereich	Akteure	Themen
Vorlaufforschung	BLiX, Charité Berlin	Röntgenmikroskopie an Knochenfragmenten
Vorlaufforschung	BLiX, Firma 1*	Entwicklung Laborspektrometer für hochauflösende Röntgenemissionsspektroskopie
Vorlaufforschung	BLiX, BAM, Arbeitsgruppe des Institutes der Chemie der TU Berlin	Anwendung chemischer Speziation im Labor in der Forschung
Angewandte Forschung	BLiX, HZB-BESSY, Firma 2, FhG, Firma 3	Grundlagen der Röntgenmikroskopie Debrisunterdrückung in Laserplasmaquellen
Angewandte Forschung	BLiX, Firma 4	Industrielle Anwendung chemischer Speziation im Labor
Angewandte Forschung	BLiX, PTB, Firma 5	Grundlagen und Optimierung von Röntgenoptiken, die auf HAPG basieren
Angewandte Forschung	BLiX, Firma 6	Multilayeroptiken für den Energiebereich um 1 keV
Industrielle F&E	BLiX, Firma 7	Optimierung von Röntgen CCD Detektoren
Industrielle F&E	BLiX, Firma 8	Prototyp 3D Mikro-Röntgenfluoreszenzspektrometer
Schulungen, Weiterbildung, Beratung	BLiX, Firma 3, PTB	Laserbasierte Quellen für EUV-Metrologie

* Aus Gründen der Vertraulichkeit wurden die konkreten Firmennamen anonymisiert.

Tabelle 6: Laufende Projekte kooperativer Technologieentwicklung am BLiX (Stiel et al. 2011, S. 18)

Dies illustriert die durchaus vielfältigen Vorerfahrungen im Bereich der kooperativen Technologieentwicklung des BLiX. Besondere Erwähnung sollten in diesem Zusammenhang auch die zum Teil langjährigen Beziehungen mit den jeweiligen Kooperationspartnern finden. So scheinen einige der Kooperationen insbesondere durch den intensiven persönlichen Kontakt und das aufgebaute Vertrauen zwischen den jeweiligen Akteuren initiiert worden zu sein.

3.2 Untersuchungsdesign und Methodik

Um die formulierte Forschungsleitfrage dieser Arbeit adäquat bearbeiten zu können, bedarf es eines auf die Fragestellung abgestimmten Untersuchungsdesigns. Die Forschungsleitfrage definiert daher die Anforderungen an das Untersuchungsdesign. In dieser Arbeit muss das Untersuchungsdesign daher die Identifikation organisationaler Praktiken der Wissensabsorption in und zwischen Organisationen sowie deren Lokalisierung auf strategischer und operativer Ebene ermöglichen. In Anbetracht dieser Anforderungen und der im Zuge des Drittmittelprojekts aufgebauten intensiven Beziehungen zum BLiX, wurde die Intensivfallstudie als Untersuchungsdesign gewählt. Dieser Forschungsansatz erlaubt es die im Zuge des Drittmittelprojekts angesammelten vielfältigen Daten und durchgeführten Beobachtungen adäquat zu würdigen und für die Anreicherung der Fallstudie zu nutzen (Eisenhardt/Graebner 2007, S. 30). In diesem Unterkapitel wird so zu Beginn die Intensivfallstudie als Forschungsdesign vorgestellt und der Selektionsprozess der drei gewählten Untersuchungsobjekte dargestellt. Dieser Schritt ist notwendig um die intensive Zusammenarbeit mit dem BLiX zu verdeutlichen und den Prozess der Selektion zu veranschaulichen. Es folgt ein Überblick über die im Zuge dieser Arbeit genutzten Datenquellen und eine kurze Darstellung deren Aufbereitung, bevor schließlich der Analyseprozess der erhobenen Daten illustriert und kurz in die verwendete Methode der qualitativ-explorativen Inhaltsanalyse eingeführt wird. Dieser Schritt ist notwendig um den Entstehungsprozess der in dieser Arbeit identifizierten Praktiken nachvollziehbar zu machen.

3.2.1 Intensivfallstudie

Der Fallstudienansatz als Forschungsdesign repräsentiert lediglich einen möglichen Weg sozialwissenschaftlicher Forschung. Bei der Vielzahl an unterschiedlichen Ansätzen, genannt seien hier auszugsweise Experimente, standardisierte Umfragen sowie die Analyse von Archivdaten, birgt jeder dieser unterschiedlichen Ansätze Vorteile aber auch Nachteile. Entscheidend ist jedoch, dass sich diese Ansätze unterschiedlich gut für verschiedene Fragestellungen sowie unterschiedliche Kontextfaktoren des Untersuchungsgegenstands eignen. Der Fallstudienansatz steht häufig in der Kritik als typischer Repräsentant qualitativer Forschung eine mangelnde „Härte" bzw. Maß an Intersubjektivität aufzuweisen, über eine eingeschränkte Generalisierbarkeit zu verfügen und letztlich auch zu viel Zeit in Anspruch zu nehmen. Der Fallstudienansatz beschreibt dabei keine einzelne Methode der Datenerhebung oder Analyse, sondern vielmehr eine umfassende Strategie der empirischen Forschung, die sich unterschiedlicher Methoden der Datenerhebung und Datenanalyse bedient. Dabei eignet sich das Forschungsdesign insbesondere bei einer kleineren Anzahl von aktuell ablaufenden Fällen, bei der keine oder nur eine geringe Kontrolle über die ablaufenden Ereignisse vorhanden ist. Der Fallstudienansatz würdigt die Einzigartigkeit des individuellen Falles und gestattet es, reichhaltige Daten aus unterschiedlichen Quellen zu nutzen. Phänomene können so in ihrer Multidimensionalität sowie Komplexität erfasst und der angrenzende Kontext berücksichtigt werden. Während quantitative Methoden hauptsächlich dazu verwendet werden, Fragen nach dem „Wer?", „Was?" oder „Wo?" zu beantworten, eignet sich der Fallstudienansatz als qualitative Methode insbesondere für Fragen nach dem „Wie?" und „Warum?" (vgl. Yin 2009, S. 9 ff.; Eisenhardt/Graebner 2007, S. 25).

Aufgrund der beim Untersuchungsobjekt vorliegenden Kontextfaktoren sowie der gewählten Forschungsfrage wird die Intensivfallstudie als übergreifendes Forschungsdesign (Guba/Lincoln 1985) herangezogen. Diese erlaubt es, neue Einsichten darüber zu erlangen, wie die im Fokus stehenden Absorptionspraktiken zwischen Organisationen tatsächlich ausgestaltet sind, diese Praktiken zu verorten und letztlich die Forschungsfrage zu beantworten (vgl. Eisenhardt 1989, S. 548; Yin 2009, S. 9). Dabei ist anzumerken, dass sowohl die Datenerhebung und in der Konsequenz auch die sich anschließende Datenanalyse zum Teil stark von den subjektiven Interpretationen des jeweils untersuchten Akteurs geprägt sind (Yin 2009, S.

102). Insbesondere im Hinblick auf die durchgeführten leitfadengestützten Interviews erscheint dies von Bedeutung. Diesem Umstand muss daher im Rahmen der noch folgenden Datenanalyse Rechnung getragen und die sich mit der gewählten Methodik ergebenden Einschränkungen beachtet werden. Die im folgenden präsentierte Intensivfallstudie wurde zudem durch ethnographische Elemente flankiert, um somit tiefere Einblicke in die organisationalen Strukturen und die mit den Absorptionspraktiken im Zusammenhang stehenden Arbeitsabläufe zu erlangen (Zickar/Carter 2010). Neben der Durchführung von teilnehmenden Beobachtungen wurden sowohl diverse Tagungen als auch interne Meetings besucht. Von diesen Elementen profitieren dabei sowohl die Datensammlung als auch die Datenanalyse, da hierdurch eine bewusstere sowie systematischere Interpretation der organisationalen Kultur erreicht werden konnte (vgl. Rosen 1991, S. 1). Neben diesen ethnographischen Elementen lassen sich insbesondere in der Anfangsphase der empirischen Datenerhebung auch Elemente der Aktionsforschung identifizieren.

Als Aktionsforschung wird hier das Wechselspiel aus Forschung und Praxis bzw. Erkenntnisgewinn und Veränderung verstanden (vgl. Bortz/Döring 2006, S. 341 f.). Aktionsforschung findet demnach zeitgleich mit den auftretenden Situationen statt und behandelt für diese Situation relevante Problemstellungen (vgl. Hodgkinson 1957, S. 137). Es handelt sich daher eher um „research in action" als um „research about action" (vgl. Brannick/Coghlan 2009, S. 5; Huxham/Vangen 2003). So wurden sowohl praktische als auch wissenschaftliche Herausforderungen gemeinsam mit dem BLiX Team diskutiert und daraus zum Teil konkrete Handlungsempfehlungen abgeleitet, welche wieder die Grundlage für einen erneuten Evaluations- sowie Reflexionsprozess bildeten, an dessen Ende erneut Diskussionen sowie Handlungsempfehlungen standen. Als wesentliches Ergebnis dieses Prozesses kann die Mitwirkung am Geschäftsplan des BLiX angesehen werden (vgl. Hult/Lennung 1980, S. 247).

In Anlehnung an Yin (2009, S. 46) wurde ein „embedded case study design" der Intensivfallstudie gewählt. Abbildung 9 stellt dieses grafisch dar.

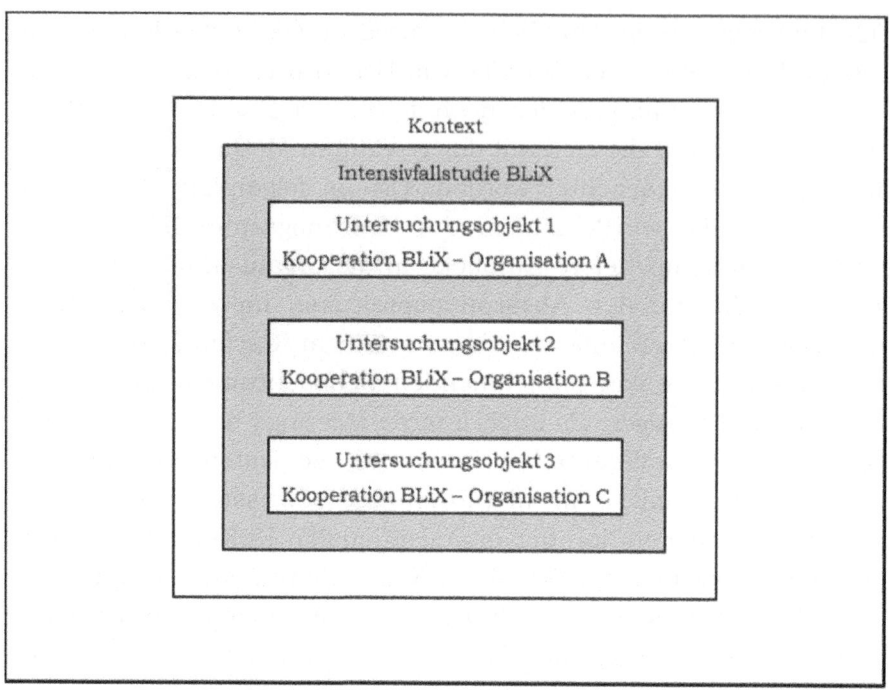

Abbildung 9: Embedded case study design in Anlehnung an Yin (2009, S. 46)

Um die Praktiken der Absorptionsfähigkeit im Zuge der kooperativen Technologieentwicklung identifizieren zu können, wurden eben diese Kooperationen des BLiX als Analyseebene gewählt. Damit die Untersuchungsobjekte innerhalb der Intensivfallstudie selektiert werden konnten, wurde in einem ersten Schritt der Versuch unternommen, die aktuellen Kooperationspartner des BLiX zu erfassen. Als Ausgangsbasis wurde hierbei die Stifterliste der Stiftungsprofessur Kanngießer verwendet. Gemeinsam mit den beiden Geschäftsführern des BLiX wurde diese Liste zuerst verifiziert und dann um zwei zusätzliche, relevante Akteure ergänzt. In einem nächsten Schritt wurde dann versucht, die Liste der Kooperationspartner zu kategorisieren. Hierzu wurden die Geschäftsführer des BLiX gebeten, für jeden Akteur den aktuellen Stand der Kooperation zu erläutern, um so das Spektrum der Kooperationen abbilden zu können. Hierbei sei angemerkt, dass es sich dabei um eine dynamische Größe handelt und demnach nur der Stand zum Zeitpunkt der Erhebung am 19.01.2012 widergespiegelt wird. Dieses Spektrum wurde in einem nächsten Schritt unterteilt und daraus drei Stufen der Kooperation entwickelt.

Stufe 1 kategorisiert Kooperationspartner, mit denen bisher keine gemeinsamen Forschungsprojekte durchgeführt wurden. Die Zusammenarbeit beschränkt sich hier häufig auf formelle sowie informelle Gespräche, Treffen und Austausch auf Konferenzen, BLiX-Tagungen sowie Treffen der Arbeitsgruppe.

Stufe 2 kategorisiert solche Kooperationspartner, mit denen es in der Vergangenheit ein Projekt oder sonstige Formen der engeren Zusammenarbeit gegeben hat. Dazu zählen unter anderem die Leihgabe von Geräten bzw. Gerätespenden, das Angebot von Stipendien, Promotionsstellen oder die Vergabe von Seminararbeiten, etc.

Stufe 3 umfasst schließlich alle Kooperationen, in denen aktuell ein gemeinsames Projekt bearbeitet wird. In diesen Fällen existiert zudem häufig ein formaler Kooperationsvertrag bzw. ein solcher ist in Vorbereitung.

Die so hergeleiteten Stufen der Kooperation wurden in einem Folgeschritt als „Intensität" der kooperativen Technologieentwicklung operationalisiert. Tabelle 7 stellt die daraus abgeleitete Kategorisierung und Selektion der Kooperationspartner dar.

Untersuchungsdesign und Methodik

Kooperationspartner	Intensität der kooperativen Technologieentwicklung (1-3)
Organisation 1 (Organisation A)	3
Organisation 2	3
Organisation 3	3
Organisation 4	3
Organisation 5	3
Organisation 6	3
Organisation 7	3
Organisation 8 (Organisation B)	2
Organisation 9	2
Organisation 10	2
Organisation 11	2
Organisation 12 (Organisation C)	1
Organisation 13	1
Organisation 14	1
Intensität auf einer Skala von 1-3. 1 = geringe Intensität; 2 = mittlere Intensität; 3 = hohe Intensität Selektierte Organisationen A; B; C.	

Tabelle 7: Kategorisierung nach Intensität der kooperativen Technologieentwicklung und Selektion der Kooperationspartner

Die Selektion der Untersuchungsobjekte der eingebetteten Fallstudie erfolgte unter Berücksichtigung der von Miles und Huberman (1994) vorgestellten Sampling Methoden. So konnte mithilfe der Kategorisierung nach der Intensität zuerst eine gewisse Variation der Untersuchungsobjekte erreicht werden. Die Selektion der konkreten Untersuchungsobjekte erfolgte in einem Folgeschritt mit dem Ziel für jede der drei Kategorien einen als exemplarisch geltenden Kooperationspartner zu identifizieren. So wurden die Geschäftsführer des BLiX mit der erstellten Kategorisierung konfrontiert und um die Identifikation typischer Fälle gebeten. In Fällen in denen zwei mögliche Kooperationspartner einer Kategorie als exemplarisch identifiziert wurden, erfolgte eine Priorisierung nach der Zugangsmöglichkeit.

Im Zuge der bereits hier vorgenommenen Anonymisierung wird auch in der noch folgenden Intensivfallstudie auf keine Eckdaten der untersuchten Kooperationspartner eingegangen. Bei den Untersuchungsobjekten handelt es sich allesamt um weltweit tätige Anbieter von Analytiksystemen oder Analytikkomponenten, welche zur Materialforschung, Strukturanalyse oder der Qualitätskontrolle eingesetzt werden.

3.2.2 Datenquellen

Die empirische Datenerhebung erfolgte im Rahmen des Drittmittelprojekts „Applikationslabor Innovative Röntgentechnologien" zwischen dem Institut für Management der Freien Universität Berlin und dem Max-Born-Instituts für Nichtlineare Optik und Kurzzeitspektroskopie im Forschungsverbund Berlin e.V. von August 2009 bis Juni 2011 und einer sich anschließenden Forschungskooperation bis zum heutigen Tage. Neben den bereits angeführten Sekundärdaten zum Feld und zum Untersuchungsgegenstand konnte auf ein breites Spektrum an Datenquellen wie leitfadengestützte Interviews, Ad-hoc Interviews, Präsentationen, Dokumente und teilnehmende Beobachtungen zurückgegriffen und zum Zwecke der Triangulation (vgl. Denzin 2006; Jick 1979) ausgewertet werden. Im Folgenden werden die nach ihrer Art in drei Gruppen eingeteilten Datenquellen genau vorgestellt.

Die im Zuge des Projekts geführten Interviews und Ad-hoc Interviews lassen sich grundsätzlich zwei Phasen zuordnen. Phase eins diente dabei insbesondere der Entwicklung der Forschungsleitfrage bzw. der Überprüfung deren praktischen Relevanz. Zudem dienten die in Phase eins gewonnenen Daten dem besseren Verständnis des Kontextes der Intensivfallstudie und der Anreicherung der in Phase zwei gewonnenen Daten. Die in Phase zwei geführten Interviews wurden demnach mit Fokus auf die Forschungsleitfrage durchgeführt und bilden somit die Grundlage der präsentierten Intensivfallstudie. Abbildung 10 stellt die Verortung der zwei Interviewphasen grafisch dar.

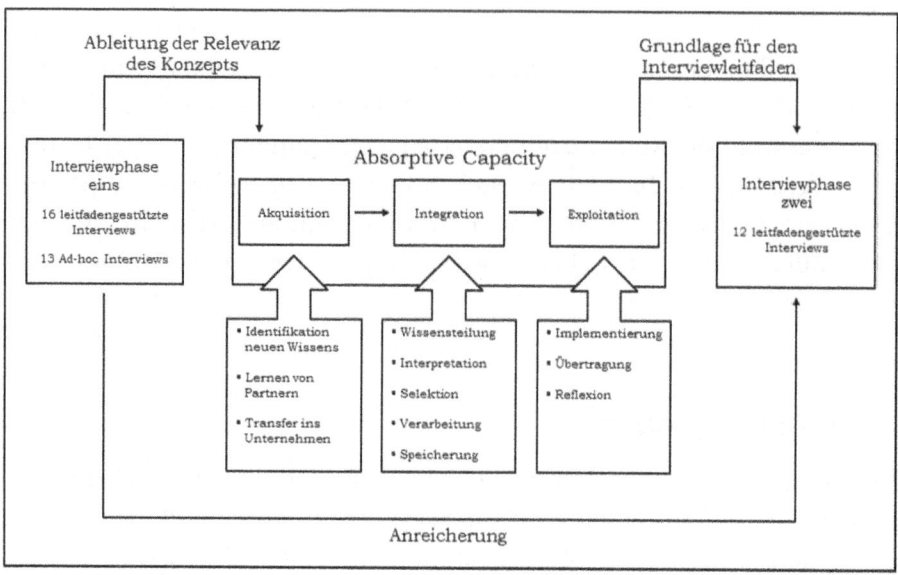

Abbildung 10: Verortung der Interviewphasen eins und zwei

In Phase eins wurde dabei thematisch möglichst offen gestartet und im Zuge des Projekts 16 akustisch aufgezeichnete leitfadengestützte Interviews sowie 13 mittels eines innerhalb von 24 Stunden nach dem Interview erstellten Gedächtnisprotokoll dokumentierte Ad-hoc Interviews geführt. Im Fokus der leitfadengestützten Interviews standen dabei vor allem Akteure des BLiX sowie dessen Kooperationspartner, aber auch Akteure aus weiteren Applikationslaboren der WGL sowie mit der kooperativen Technologieentwicklung vertraute Akteure des Massachusetts Institute of Technology (MIT), welche bereits im Zuge der Entwicklung des Transfermodells des BLiX als idealtypisch untersucht wurden. Die Ad-hoc Interviews wurden insbesondere mit Organisationsvertretern aus anderen Branchen bzw. weltweit operierenden Großunternehmen geführt und dienten vor allem der Diskussion der theoretischen Konzepte und deren Anwendbarkeit sowie als Impulsgeber für die leitfadengestützten Interviews und internen BLiX Meetings. Die in Phase eins geführten Interviews sensibilisierten so für die Notwendigkeit einer praktiken-orientierten Betrachtung der Absorptive Capacity und halfen bei der Einordnung der Intensivfallstudie. Tabelle 8 listet die in Phase eins geführten Interviews auf.

Nr.	Datum	Art	Kategorie	Funktion
1	02/2010	Interview	BLiX	Leitende Position
2	02/2010	Interview	BLiX	Operativer Mitarbeiter
3	02/2010	Interview	Kooperationspartner des BLiX	Leitende Position
4	03/2010	Ad-hoc Interview	Branchenfremde Unternehmen	Leitende Position
5	03/2010	Interview	BLiX	Leitende Position
6	03/2010	Interview	BLiX	Operativer Mitarbeiter
7	03/2010	Interview	BLiX	Operativer Mitarbeiter
8	04/2010	Interview	Kooperationspartner des BLiX	Leitende Position
9	04/2010	Interview	BLiX	Leitende Position
10	04/2010	Interview	WGL	Transferbeauftragter
11	04/2010	Interview	WGL	Transferbeauftragter
12	04/2010	Interview	WGL	Leitende Position
13	06/2010	Interview	MIT	Transferbeauftragter
14	06/2010	Interview	MIT	Transferbeauftragter
15	06/2010	Interview	MIT	Transferbeauftragter
16	06/2010	Interview	MIT	Operativer Mitarbeiter
17	07/2010	Ad-hoc Interview	Branchenfremde Unternehmen	Leitende Position
18	10/2010	Ad-hoc Interview	Branchenfremde Unternehmen	Leitende Position
19	11/2010	Ad-hoc Interview	WGL	Transferbeauftragter
20	11/2010	Ad-hoc Interview	Branchenfremde Unternehmen	Operativer Mitarbeiter
21	11/2010	Ad-hoc Interview	Kooperationspartner des BLiX	Leitende Position
22	11/2010	Interview	Kooperationspartner des BLiX	Leitende Position
23	12/2010	Ad-hoc Interview	Branchenfremde Unternehmen	Leitende Position
24	01/2011	Ad-hoc Interview	Branchenfremde Unternehmen	Operativer Mitarbeiter
25	03/2011	Ad-hoc Interview	Branchenfremde Unternehmen	Leitende Position
26	06/2011	Ad-hoc Interview	BLiX	Leitende Position
27	11/2011	Ad-hoc Interview	Kooperationspartner des BLiX	Leitende Position
28	11/2011	Ad-hoc Interview	BLiX	Leitende Position
29	01/2012	Ad-hoc Interview	BLiX	Leitende Position

Tabelle 8: Liste der geführten Interviews und Ad-hoc Interviews in Phase eins

Empirische Untersuchung

In Phase zwei wurden darauf aufbauend 12 akustisch aufgezeichnete und transkribierte leitfadengestützte Interviews geführt. Den in Phase eins gewonnenen Erkenntnissen folgend diente das von Schreyögg und Schmidt (2010) eingeführte praktiken-basierte Modell der Absorptive Capacity als Grundlage für die Struktur der nach Smith (1995) entwickelten Leitfäden. Nach der in Abschnitt 3.2.1 erfolgten Selektion der Untersuchungsobjekte, folgte gemeinsam mit den Geschäftsführern des BLiX die konkrete Identifikation der an der Kooperation beteiligten Akteure, welche auch alle für ein Interview gewonnen werden konnten. Hierbei wurde den theoretisch-konzeptionellen Überlegungen folgend eine klare Trennung der Akteure auf strategischer von solchen auf operativer Ebene vorgenommen. Diese Trennung erfolgte in Anlehnung an Janowicz-Panjaitan und Noorderhaven (2009, S. 1021): Akteure, welche die Rahmenbedingungen der Kooperation bzw. die organisationalen Strukturen und Praktiken des Austauschs definieren, werden hier als Akteure auf strategischer Ebene zugeordnet. Akteure, welche in operativer Funktion die auf strategischer Ebene definierten Praktiken ausführen und über deren Erfolg bzw. Misserfolg Rückkopplung an eben diese geben, werden folgerichtig der operativen Ebene zugeordnet. In den Kooperationen, in denen aktuell keine Akteure der operative Ebene beteiligt waren, wurden die Akteure der strategischen Ebene zusätzlich zu deren Einbindung befragt. Die Interviews wurden wenn möglich vor Ort aber auch telefonisch geführt und dauerten zwischen 19 und 56 Minuten. Sechs der geführten Interviews lassen sich zudem gemäß Heyl (2001) als ethnographische Interviews klassifizieren, da hier aufgrund der langfristigen gemeinsamen Tätigkeit eine vertrauensvolle Beziehung gewachsen ist, welche ein tieferes Verständnis im Hinblick auf persönliche Einschätzungen, Anspielungen, interne Diskussionen aber auch die Deutung negativer sowie demotivierender Erfahrungen ermöglicht, welche Externen im Regelfall verborgen bleiben.

Im Fokus der Interviews standen zu Beginn die generellen Praktiken der Wissensakquisition als auch die spezifischen Praktiken in Bezug auf den jeweiligen Kooperationspartner. Die zentrale Frage lautete demnach mithilfe welcher Praktiken thematische Überschneidungen und relevante aber auch irrelevante Themen identifiziert werden und mithilfe welcher Praktiken diese tatsächlich inhaltlich übertragen werden. Die Frage die sich im Hinblick auf die Wissensintegration stellte, war, mithilfe welcher Praktiken es den Organisationen A, B und C sowie dem BLiX gelingt, die in der Akquisitionsphase gewonnenen Informationen innerhalb der eigenen Organisation zu teilen, zu interpretieren, zu selektieren, zu verarbeiten und zu speichern. Darauf folgend wurden die Praktiken der Wissensexploitation besprochen, welche neben der tatsächlichen Implementierung und Übertragung des integrierten Wissens in und auf Produkte der Organisation auch die Reflexion über die angewendeten Praktiken beinhalteten. Auch wenn der aktuelle Stand der Kooperationen es zum Teil nicht gestattete tatsächlich im Zuge der Kooperation zur Anwendung kommende Praktiken zu untersuchen, so ließen sich hier doch zumindest Praktiken innerhalb der Organisationen identifizieren, welche im Fall einer Kooperation zur Anwendung kommen sollten und im Zuge von Projekten mit anderen Kooperationspartnern bereits als zielführend identifiziert wurden. Den Interviewleitfaden abschließend wurden die Interviewpartner schließlich gebeten, möglicherweise bisher nicht tangierte, aber für diesen Kontext relevante, Themenbereiche zu erörtern.

In den Interviews wurde stets mit der Aufforderung begonnen, sich zu den behandelten Themen möglichst ausführlich und frei zu äußern (vgl. Smith 1995, S. 17; Lamnek 2005 S. 339). Diese Vorgehensweise wurde in Anlehnung an Smith gewählt, da „[i]t is quite possible that the interview may enter an area that had not been predicted by the investigator but which is extremely pertinent to, and enlightening of, the project's overall question" (Smith 1995, S. 17). So wurden auch im weiteren Gesprächsverlauf Fragen stets möglichst offen formuliert, um so möglichst genau den Gedankengängen des Interviewpartners zu folgen. Der vorab entwickelte Leitfaden diente demnach eher als Strukturierungsrahmen der Interviews und es wurde darauf geachtet, den Gesprächsverlauf von diesem nicht diktieren zu lassen (vgl. Smith 1995, S. 15; Witzel 2000, S. 4). Tabelle 9 führt die so in Phase zwei geführten Interviews auf.

Nr.	Datum	Art	Untersuchungsobjekt	Organisation	Ebene
1	02/2012	Interview	BLiX - Organisation A	Organisation A	Operativ
2	07/2012	Interview	BLiX - Organisation A	Organisation A	Strategische
3	08/2012	Interview	BLiX - Organisation A	Organisation A	Operativ
4	02/2012	Interview	BLiX - Organisation A	BLiX	Strategische
5	02/2012	Interview	BLiX - Organisation A	BLiX	Operativ
6	03/2012	Interview	BLiX - Organisation B	Organisation B	Strategische
7	09/2012	Interview	BLiX - Organisation B	Organisation B	Strategische
8	02/2012	Interview	BLiX - Organisation B	BLiX	Strategische
9	04/2012	Interview	BLiX - Organisation B	BLiX	Strategische
10	03/2012	Interview	BLiX - Organisation C	Organisation C	Strategische
11	02/2012	Interview	BLiX - Organisation C	BLiX	Strategische
12	09/2012	Interview	BLiX - Organisation C	BLiX	Strategische

Tabelle 9: Auflistung der in Phase zwei geführten Interviews

Im Laufe des eingangs erwähnten Drittmittelprojekts konnten zudem eine Vielzahl von Präsentationen und Dokumenten ausgewertet werden. Neben den zum Teil mitgestalteten internen Präsentationen zu den Themen Technologietransfer, Finanzierungsmöglichkeiten von Applikationslaboren, mögliche künftige Kooperationsmöglichkeiten, Kooperationsbeziehungen am Vorbild des Massachusetts Institute of Technology (MIT) sowie Öffentlichkeitsarbeit des BLiX konnte auf Dokumente wie den im Zuge des Projekts mitgestalteten Geschäftsplan des BLiX, den für die strategische Ebene bestimmten internen Arbeitsplan, sowie den gemeinsam erstellten Abschlussbericht des Forschungsprojekts zugegriffen werden. Besonders hervorzuheben ist hier der interne Arbeitsplan sowie der Abschlussbericht des Projekts, da diese beiden Dokumente detaillierte Einblicke in die tatsächlichen Arbeitsabläufe, Zuständigkeiten und internen Regelungen ermöglichten und so entscheidend zum Verständnis beitrugen (vgl. Taylor/Bogdan 1998, S. 81; Barzun/Graff 2004). Tabelle 10 gibt einen Überblick über die analysierten Präsentationen und Dokumente.

Nr.	Datum	Quelle	Thema
Präsentationen			
1	08/2009	BLiX	Applikationslabor "Innovative Röntgentechnologien" - Begleitende Analyse und (Weiter-)Entwicklung eines Transferkonzeptes
2	10/2009	BLiX	Technologietransferkonzepte und die Absorptionsfähigkeit von Unternehmen
3	10/2009	BLiX	Innovation Commercialization at Universities
4	12/2009	BLiX	Quantitative Analyse von Unternehmen im Röntgenbereich
5	02/2010	BLiX	Weltmarkt Röntgenanalytik
6	04/2010	WGL	Initiierung und Stabilisierung von Technologieentwicklung
7	04/2010	WGL	Zur Rolle der Absorptionsfähigkeit von Unternehmen im Technologietransfer
8	04/2010	WGL	Präsentation Applikationslabor "Multifunktionelle Polymerwerkstoffe"
9	08/2010	BLiX	Leibniz-Applikationslabore – Chancen und Herausforderungen
10	08/2010	BLiX	Praktiken des Technologietransfers am MIT
11	10/2010	BLiX	BLiX Webseiten Konzept
12	11/2010	WGL	Science-to-Business Marketing als Erfolgsfaktor im Transfergeschäft
13	06/2011	WGL	Methodenbaukasten zum Transfer für Kleinunternehmen
Dokumente			
1	02/2000	NC State	NCSU Invention Disclosure Form
2	12/2006	MIT	MIT System of Technology Transfer
3	12/2009	BLiX	Zwischenbericht „Applikationslabor Innovative Röntgentechnologien"
4	01/2010	BLiX	Zwischenbericht „Applikationslabor Innovative Röntgentechnologien"
5	04/2010	BLiX	Zwischenbericht „Applikationslabor Innovative Röntgentechnologien"
6	11/2010	BLiX	Zwischenbericht „Applikationslabor Innovative Röntgentechnologien"
7	04/2011	BLiX	Zwischenbericht „Applikationslabor Innovative Röntgentechnologien"
8	09/2011	BLiX	Abschlussbericht „Applikationslabor Innovative Röntgentechnologien"
9	2011	BLiX	Arbeitsplan (intern)
10	2010	WGL	Broschüre „Leibniz-Applikationslabore"

Tabelle 10: Liste analysierter Präsentationen und Dokumente

Die beiden vorangegangenen Quellen flankierend konnten zudem zahlreiche teilnehmende Beobachtungen sowie Projektbesprechungen für die Fallstudie ausgewertet werden. Insbesondere die Projektbesprechungen beinhalteten dabei zum Teil Elemente der Aktionsforschung, da das weitere Vorgehen im Projekt aber auch die strategische Ausrichtung des BLiX zumindest mitgedacht bzw. mitdiskutiert wurde oder aber erste Ergebnisse dieser Arbeit rückgekoppelt wurden. Die Diskussionen im Zuge der im BLiX Kreis gehaltenen Präsentationen z.B. können demnach aus zwei Perspektiven betrachtet werden. Die teilnehmenden Beobachtungen erfolgten zudem in unterschiedlichen Kontexten. So wurden neben den BLiX Besprechungen auch Veranstaltungen der Applikationslabore innerhalb der Leibniz Gemeinschaft als auch Schwerpunkttreffen auf den OpTecBB Networking Days sowie der Satellite Workshop im Rahmen der PRORA 2011 besucht und so ein weites Feld abgebildet werden. Teilnehmende Beobachtungen erfolgten auch bei BLiX Veranstaltungen wie der Vorlesung zur Vorstellung des Röntgenmikroskops, der offiziellen BLiX Eröffnungsfeier, bei der zahlreiche Stifter und Kooperationspartner anwesend waren, als auch beim Analytikkurs, dem ersten Schulungsangebot des BLiX, bei dem ein hervorragender Einblick in tatsächliche Absorptionspraktiken bzw. in deren Rahmenbedingungen gewonnen werden konnte. Tabelle 11 listet die Meetings und teilnehmenden Beobachtungen auf.

Nr.	Datum	Kategorie	Thema
Meetings (Aktionsforschung)			
1	08/2010	BLiX	Workshop Technologietransfer
2	09/2010	WGL	Arbeitstreffen Leibniz-Applikationslabore
3	10/2010	Branchenfremde Unternehmen	Technologietransfer, Absorptive Capacity
4	10/2010	BLiX	Interne Besprechung
5	11/2010	BLiX	Interne Besprechung
6	01/2011	MBI	Interne Besprechung
7	01/2011	BLiX	Interne Besprechung
8	03/2011	BLiX	Interne Besprechung
9	04/2011	BLiX	BLiX Geschäftsplan, Finanzierung
10	06/2011	BLiX	Zukunftskonzept für das BLiX
Teilnehmende Beobachtungen			
1	10/2010	WGL	Statusseminar
2	11/2010	Kooperationspartner des BLiX	OpTecBB Networking Days
3	02/2011	BLiX	BLiX Eröffnungsfeier
4	02/2011	BLiX	Workshop Analytik
5	02/2011	BLiX	Workshop Analytik
6	02/2011	BLiX	Workshop Analytik
7	03/2011	WGL	Statusseminar
8	11/2011	Kooperationspartner des BLiX	Satellite Workshop
9	11/2011	BLiX	Vorlesung zur Vorstellung des Röntgenmikroskops

Tabelle 11: Liste besuchter Meetings und teilnehmende Beobachtungen

3.2.3 Datenanalyse

Für die Analyse der wie zuvor beschriebenen erhobenen Daten wurde die Methode der qualitativ-explorativen Inhaltsanalyse gewählt, da sich mithilfe dieser die Aussagen der Untersuchung hinsichtlich der theoretisch identifizierten konkreten Absorptive Capacity Praktiken in der kooperativen Technologieentwicklung vertiefen lassen. Das Ziel der mehrstufigen qualitativ-explorativen Inhaltsanalyse ist dabei insbesondere die schrittweise Verdichtung der qualitativ erhobenen Daten. Zudem gestattet die Inhaltsanalyse durch die im Zuge der Analyse vorgenommene Zerlegung in unterschiedliche Interpretationsschritte eine erhöhte Nachvollziehbarkeit der Vorgehensweise (vgl. Mayring 2008, S. 53). Die Entwicklung einer systematischen Vorgehensweise und deren Bewahrung bei der Analyse ist daher von zentraler Bedeutung (vgl. Mayring 2008, S. 42). Der Forderung von Mayring (2008, S. 45) nach einer Theoriegeleitetheit dieser Analyse folgend, bilden die in Phase zwei der leitfadengestützten Interviews erhobenen Daten die Ausgangsbasis dieser und somit die Grundlage für die im folgenden Unterkapitel 3.3 präsentierten Ergebnisse. So erfolgte die Analyse und Beschreibung der Äußerungen der Interviewpartner sensibilisiert durch die in Kapitel 2 angeführten theoretischen Überlegungen und dargestellten Konzepte zur Absorptive Capacity (vgl. Lamnek 2005, S. 333). Die in Phase eins der Interviews gewonnenen Daten dienten in diesem Schritt immer wieder der Kontrolle der in Phase zwei erhobenen Daten sowie zum Teil der Anreicherung von Hintergrundinformationen zu den einzelnen Untersuchungsobjekten.

In einem ersten Schritt wurden die akustisch aufgezeichneten Interviews transkribiert und relevante Textpassagen den aus den theoretischen Vorüberlegungen abgeleiteten Kategorien bzw. Fragen des Leitfadens tabellarisch zugeordnet. Der damit einhergehende Verlust der Sequenzialität der Interviews, auch innerhalb einzelner Textpassagen, ist dabei nicht nur zulässig sondern auch erforderlich, da die Eigenlogik des Einzelfalls in der sich anschließenden Auswertung an Bedeutung verlieren soll (vgl. Meuser/Nagel 1991, S. 458). Um eine strukturierte Analyse der Daten zu gewährleisten, wurde zudem eine Falldatenbank aufgebaut, welche in die drei Untersuchungsobjekte untergliedert wurde. Neben den transkribierten Interviews wurden dort auch relevante Textpassagen aus Meetings, teilnehmenden Beobachtungen, Präsentationen oder Dokumenten vermerkt.

In einem zweiten Schritt konnten so die nach Themen gegliederten Daten auf Unterschiede, Gemeinsamkeiten sowie Widersprüche hin untersucht und solche herausgearbeitet werden (vgl. Meuser/Nagel 1991, S. 461). Dabei wurde stets die Subjektivität der Aussagen beachtet und davon ausgegangen, dass die Interviewpartner womöglich nicht die „ganze Wahrheit" mitteilen und gewisse Unternehmenspraktiken „beschönigen" könnten (vgl. Meuser/Nagel 1991, S. 466). Zudem wurde versucht, die so gewonnenen Aussagen mithilfe der flankierenden Datenquellen zu validieren bzw. gegebenenfalls anzureichern.

Als Resultat dieser ersten beiden Analyseschritte konnten auf diese Weise Praktiken der Absorptionsfähigkeit in und zwischen Organisationen identifiziert werden. Die so identifizierten Praktiken wurden nachfolgend im Sinne des theoretischen Konzepts von Schreyögg und Schmidt (2010) kategorisiert. Diese Zuordnung der identifizierten Praktiken zu den jeweiligen Kategorien wird mithin als das entscheidende Moment der Inhaltsanalyse begriffen (vgl. Mayring 2008, S. 83). Abbildung 11 illustriert die so erhaltenen Praktiken.

Empirische Untersuchung

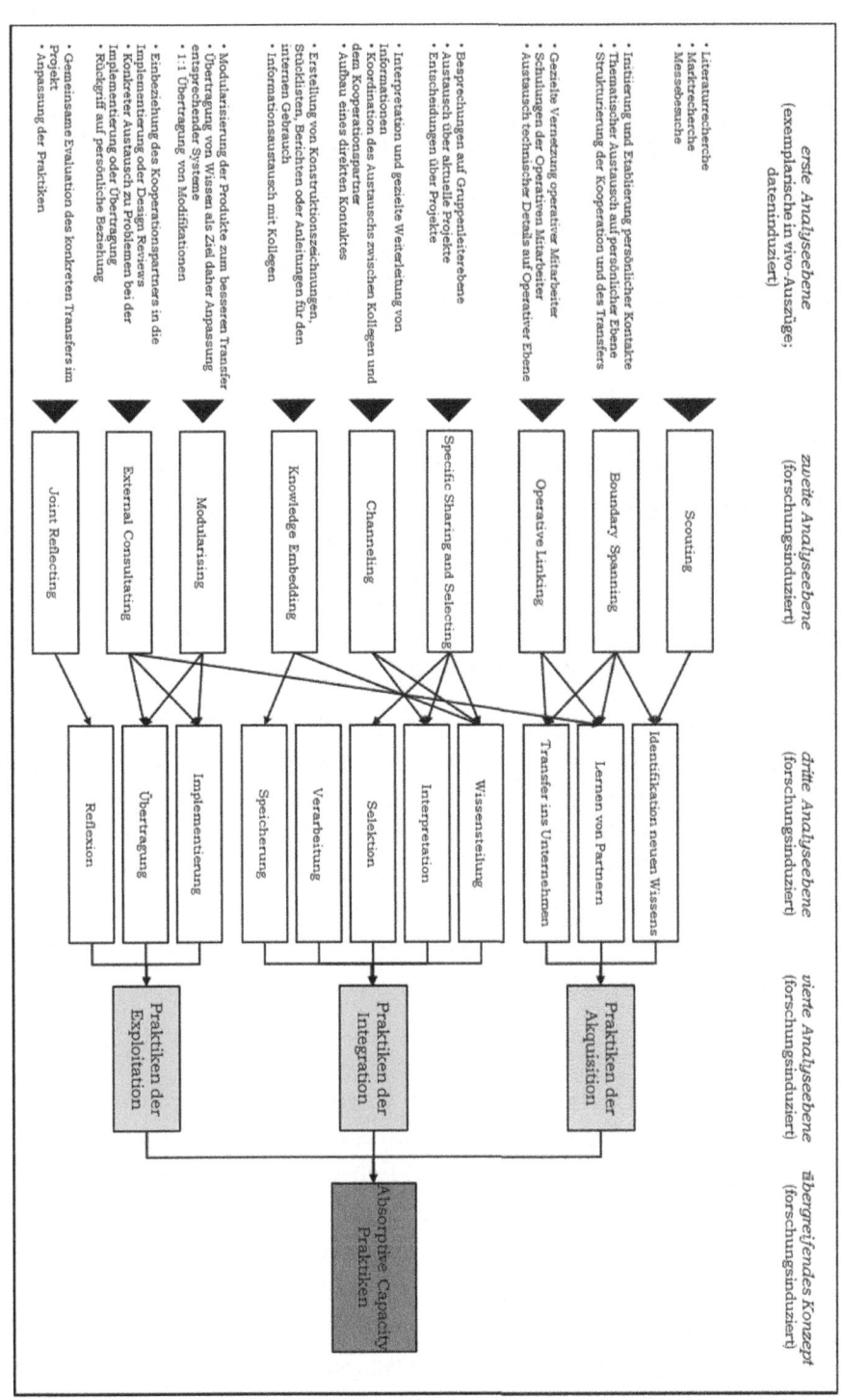

Abbildung 11: Ausarbeitung der Praktiken im Rahmen der Datenanalyse

Der dritte Schritt galt schließlich der Zuordnung der so identifizierten Praktiken zu den in der Forschungsleitfrage vorgestellten Untersuchungsebenen. Es erfolgte zuerst die Zuordnung der jeweiligen Praktik zu einer der untersuchten Ebenen, also die strategische, operative oder aber zu beiden dieser Ebenen. Im Anschluss daran wurde analysiert, ob es sich bei der jeweiligen Praktik um eine intern zu verortende Praktik, eine extern gelagerte Praktik, oder aber um eine beide Ebenen involvierende Praktik handelte und die Praktik entsprechend zugeordnet.

Basierend auf den durch die vorherigen Analyseschritte klassifizierten Praktiken wurden so ausführliche Fallgeschichten zu den einzelnen Untersuchungsobjekten der embedded case study verfasst, welche anhand der drei Dimensionen der Absorptive Capacity, „Akquisition", „Integration" und „Exploitation" strukturiert wurden.

3.3 Untersuchungsergebnisse

> „For a lot of complex products and technologies, you need the person to come and help you get it installed, fix it, service it. [...] You want to setup a structure. [...] Most large organizations are very used to this and most people on the receiving end will just require it. There is not even a question. If they are experienced they will want it in the contract. [...] We need the training, we want one of yours, etc.. They know it's the only way it works."
> (Leon Sandler, MIT 1:01:46)

Im Zuge der empirischen Erhebung wurden die drei gewählten Untersuchungsobjekte (BLiX - Organisation A; BLiX - Organisation B; BLiX - Organisation C) innerhalb der Intensivfallstudie BLiX unter Zuhilfenahme der eingangs vorgestellten Methodik analysiert. In den Untersuchungsobjekten Es konnten insgesamt neun Praktiken der Wissensabsorption identifiziert werden, welche sich aus je drei Praktiken der Wissensakquisition, drei Praktiken der Wissensintegration und drei Praktiken der Wissensexploitation zusammensetzen. Innerhalb der Intensivfallstudie wurde dabei nach dem Minimalprinzip vorgegangen und so Praktiken mit dem Auftreten in einem Untersuchungsobjekt als solche aufgelistet. Dabei wurden die Aussagen der Interviewpartner den Praktiken zugeordnet, zu denen sie am besten passen, auch wenn sie sich teilweise mehreren Praktiken zuordnen lassen. Dies ist den Interdependenzen zwischen den Praktiken geschuldet. So lassen sich die Praktiken zwar analytisch trennen, in der Praxis lassen sich Überlappungen aber nicht vollkommen vermeiden. Darüber hinaus lassen sich die in den Kooperationen auftretenden Praktiken nicht immer bei beiden Kooperationspartnern beobachten. Insbesondere bei den jeweiligen intraorganisational zu verortenden Praktiken beschränken sich diese häufig auf eine Organisation, wurden dann aber im Zusammenhang mit der entsprechenden Kooperation erwähnt bzw. als relevant bezeichnet. Bei den interorganisationalen Praktiken wurde versucht, die jeweiligen Praktiken aus der Perspektive beider Organisationen zu beleuchten. Dies war jedoch nicht immer möglich, da die Praktiken vom jeweiligen Kooperationspartner womöglich nicht als solche wahrgenommen und demnach nicht beschrieben wurden. Die folgende Tabelle 12 zeigt die in den einzelnen Untersuchungsobjekten identifizierten Praktiken und die daraus resultierende Liste der innerhalb der Fallstudie identifizierten Praktiken.

Absorptive Capacity Dimension	Kooperation BLiX - Organisation A	Kooperation BLiX - Organisation B	Kooperation BLiX - Organisation C	In der Fallstudie identifizierte Praktiken
Akquisition	Scouting	Scouting	Scouting	Scouting
	Boundary Spanning	Boundary Spanning	Boundary Spanning	Boundary Spanning
	Operative Linking	Operative Linking	Operative Linking	Operative Linking
		Operative Linking – Monitoring		- Monitoring
		Operative Linking – Sensitizing		- Sensitizing
Integration	Specific Sharing and Selecting	Specific Sharing and Selecting	Specific Sharing and Selecting	Specific Sharing and Selecting
		Specific Sharing and Selecting - Ideating		- Ideating
	Specific Sharing and Selecting - Collaborating			- Collaborating
		Channeling	Channeling	Channeling
	Knowledge Embedding	Knowledge Embedding		Knowledge Embedding
Exploitation			Modularising	Modularising
	External Consultating	External Consultating		External Consultating
	Joint Reflecting			Joint Reflecting

Tabelle 12: Übersicht der innerhalb der Fallstudie identifizierten Praktiken

In den folgenden Abschnitten 3.3.1 – 3.3.3 werden die hier dargestellten Praktiken innerhalb der drei Kooperationen eingehend beschrieben.

3.3.1 Kooperation BLiX – Organisation A

In der Kooperation zwischen dem BLiX und der Organisation A lässt sich auf eine ca. sechs Jahre andauernde Beziehung zurückblicken, welche ursprünglich zwischen dem MBI und der Organisation A initiiert und nun auch auf das BLiX ausgeweitet wurde. In der ursprünglichen Kooperation von Organisation A mit dem MBI wurde im Rahmen eines gemeinsamen Projektes ein Demonstrator entwickelt, welcher nun am BLiX installiert und dort auch betrieben wird. Das langfristige Ziel dabei ist es, den Demonstrator, welcher im aktuellen Zustand noch nicht von Technikern betrieben werden könnte, im Zuge der Kooperation gemeinsam zur Applikationsreife zu bringen und entsprechende Anwendungen für diesen aufzuzeigen. Neben der technologischen Weiterentwicklung des Demonstrators ist zudem angedacht, die künftigen Nutzer des daraus geplanten Gerätes am BLiX für dessen Betrieb und Wartung zu schulen. Um diese Aufgaben erfolgreich zu bewerkstelligen, findet bereits ein stetiger Austausch zwischen Organisation A und dem BLiX auf der Leitungsebene als auch insbesondere zwischen den Wissenschaftlern des BLiX und Ingenieuren der Organisation A statt. Dieser Austausch wurde im Zuge des in der Vergangenheit liegenden Projektes initiiert und seitdem beispielsweise mithilfe von regelmäßigen Telefonaten oder persönlichen Treffen intensiv gepflegt.

3.3.1.1 Akquisitionspraktiken

Innerhalb des Untersuchungsobjekts der Kooperation des BLiX mit der Organisation A lassen sich unterschiedliche Praktiken der Wissensakquisition, also der Identifikation neuen Wissens, dem Lernen von Partnern als auch dem Transfer ins Unternehmen identifizieren. Diese Praktiken werden im Folgenden als Scouting, Boundary Spanning und Operative Linking eingeführt und detailliert dargestellt.

Scouting

Die sogenannte Scouting Praktik konnte sowohl innerhalb der Organisation A als auch innerhalb des BLiX identifiziert werden. Im Zentrum der Praktik steht dabei der Versuch, externes Wissen möglichst breit zu erfassen und sich über neue Trends, Forschungsergebnisse oder Technologien zu informieren. Innerhalb der Organisation A wird dies durch das Lesen von entsprechenden Fachzeitschriften, Branchenmagazinen als auch wissenschaftlichen Zeitschriften, der regelmäßigen Internetrecherche sowie insbesondere durch den Besuch von Messen oder Fachtagungen durchgeführt. Die Praktik des Scouting wird dabei vor allem von erfahrenen Mitarbeitern, häufig in leitender Funktion durchgeführt. Die ist insbesondere dadurch begründet, dass laut Organisation A die Erfahrung den Mitarbeitern dabei hilft, auch Themen, welche auf den ersten Blick nur wenige Überschneidungen zum im Fokus stehenden Thema besitzen, als interessant einzuschätzen bzw. eben auch kleine Überschneidungen erkennen zu lassen. Eine ähnliche Argumentation lässt sich auch für den Besuch von Messen oder Fachtagungen finden. So hilft die Erfahrung den Mitarbeitern dabei, eine gewisse Vorselektion interessanter Themen zu leisten. Von besonderer Bedeutung ist hierbei jedoch, dass insbesondere diese Vorselektion stets reflektiert werden muss, kann diese doch letztlich auch dafür verantwortlich sein, dass womöglich interessante Themen vernachlässigt oder ignoriert werden. Auch am BLiX besteht diese Praktik aus der ungerichteten Recherche auf verschiedenen Themengebieten. Sie wird dort ebenfalls durch die Geschäftsführung durchgeführt. Der Grund dafür ist neben dem breiten Fachwissen auch die berufliche Erfahrung in sowohl Unternehmen als auch Forschungsinstituten. Dies hilft den Akteuren dabei möglichst unterschiedliche Perspektiven auf die so betrachteten Themen zu werfen. Interessant ist dabei, dass die Praktik des Scouting dann zur Anwendung kommt, wenn kein konkreter Austauschpartner bei der jeweils betrachteten Organisation bekannt ist. Ist ein initialer Kontakt aufgebaut, so wie es in der Kooperation zwischen dem BLiX und der Organisation A der Fall ist, kommt es zum Einsatz der Boundary Spanning Praktik.

Empirische Untersuchung

Boundary Spanning

Im vorliegenden Beispiel wird die zentrale Funktion des Boundary Spanning als Akquisitionspraktik verdeutlicht. Die auf einen konkreten Kooperationspartner gerichtete Austauschpraktik des Boundary Spanning ersetzt in der betrachteten Kooperation zwischen der Organisation A und dem BLiX das Scouting in Bezug auf die jeweils andere Organisation. Ein Austausch findet natürlich auch im Zuge von Konferenzen statt. Dieser ist im Fall des Boundary Spanning aber schon deutlich gezielter, wie eine Äußerung eines Mitarbeiters der Organisation A zeigt.

> „Man sieht sich ja auch sowieso auf diversen Konferenzen oder so und [tauscht sich dort aus]" (I3A 32:00)

Konferenzen dienen im vorliegenden Fall neben dem ungerichteten Scouting also auch dem gezielten Austausch via Boundary Spanning. Der wesentliche Unterschied dabei ist, dass die jeweilige Organisation damit bereits als relevant eingestuft wurde, und nun mithilfe der Boundary Spanning Praktik ein gezielter Austausch stattfinden kann. Innerhalb der Kooperation zwischen der Organisation A und dem BLiX lässt sich zudem beobachten, dass die Praktik des Boundary Spanning nicht nur exklusiv zwischen den Mitarbeitern in leitender Funktion praktiziert wird, sondern zudem auch von Mitarbeiter, die im Zuge der später im Detail beschriebenen Operative Linking Praktik einen entsprechenden Ansprechpartner auf operativer Ebene zugeordnet bekommen haben und somit selbst eine Beziehung aufbauen konnten. Im vorliegenden Fall findet ein Boundary Spanning demnach auf unterschiedlichen Ebenen statt. Ein Umstand, der laut den beteiligten Akteuren nicht zuletzt der Intensität bzw. Dauer der Kooperation geschuldet ist. Dies wird nicht zuletzt deutlich, wenn wie in diesem Fall ein Mitarbeiter des BLiX seinen Kontakt zu seinem Ansprechpartner innerhalb der Organisation A beschreibt.

> „Der konkrete Ansprechpartner ist der [Herr XXX], der ja auch der Projektleiter von [Organisation A] für dieses Projekt ist. Er hat auch das [Projekt] für dieses [Gerät] geleitet. Wir haben sehr guten Kontakt. Wir telefonieren, wir schreiben uns und wir tauschen uns natürlich auch immer wieder über den aktuellen

Stand aus. Wir publizieren gemeinsam die Ergebnisse. [...] Ich rede dann auch mit ihm, wenn etwas nicht passt oder irgendwas nicht stimmt, dann diskutiere ich das mit ihm." (I5A 6:00)

Dabei machte der Interviewpartner auch deutlich, dass im Zuge dieses Austausches neben der Pflege der persönlichen Kontakte fachspezifische Fragen erörtert werden. Neben dem gezielten Austausch aktueller Entwicklungen wird dabei die Verwendung der Praktik des Boundary Spanning bei der Akquisition von Wissen verdeutlicht. So dient diese persönliche Beziehung einem Mitarbeiter der Organisation A gemäß insbesondere dazu, relevantes Wissen zu identifizieren und Anwendungsmöglichkeiten für dieses Wissen zu identifizieren.

„Das hängt an der menschlichen Kommunikation. [...] Dazu hatten wir auch vor ein paar Wochen ein Treffen wo wir hinterfragen wollten: Wie sind denn nun die Chancen? Was sehen sie für Anwendungen? Welches sind die entscheidenden Anwendungen? Da gab es einen detaillierten Austausch. Und was wir vorhaben ist – und ich glaube anders geht es auch nicht – diesen Austausch immer wieder zu pflegen. [...] Man kann das nicht aufoktroyieren, wie man das manchmal als Firma meint das gerne machen zu müssen, aber es ist ja nun kein Unterlieferant dem man nun mal eben sagen kann: ‚Mach das und das und nix anderes'. Dementsprechend geht es also aus meiner Sicht nur mit einer vernünftigen, guten Kommunikation und dazu muss man sich eben ab und an treffen." (I2A 5:20)

Neben den im Zuge der Operative Linking Praktik erschaffenen Schnittstellen auf fachlicher Ebene findet natürlich auch ein Informationsaustausch auf Leitungsebene statt. Auch wenn der Austausch auf Ebene der fachlich involvierten Mitarbeiter zunehmend an Bedeutung gewonnen hat, wie ein Interviewpartner der Geschäftsleitung des BLiX betonte, so findet der Austausch der Boundary Spanner auf Leitungsebene innerhalb der Kooperation dennoch regelmäßig statt.

„Der Austausch ist in hohem Maße informell. [...] Im Wesentlichen auf der Mitarbeiter-Ebene. Die Mitarbeiter am BLiX tauschen sich mit den Mitarbeitern bei [Organisation A] aus. Und

ab und zu tausche ich mich dann mit dem Partner [auf Leitungsebene bei Organisation A] aus. Das ist eine relativ informelle Sache. Da gibt es keinen festen Plan oder so etwas. [...] Wenn man meint man muss Informationen weitergeben, bzw. man braucht Informationen, ob nun technischer oder strategischer Art, dann telefoniert man miteinander oder schreibt sich eine Mail." (I4A 6:40)

Dies verdeutlicht, dass es in der Kooperation zwischen dem BLiX und der Organisation A einen vielfältigen Austausch sowohl auf Ebene der fachlich involvierten Mitarbeiter als auch auf Leitungsebene gibt.

Operative Linking

Die bereits im Zuge des Boundary Spanning erwähnte Praktik des Operative Linking bezeichnet die von der Leitungsebene aus initiierte Vernetzung von fachlich arbeitenden Mitarbeitern der jeweils eigenen Organisation zum Zwecke des tatsächlichen Austauschs von Know-how als auch dem Aufbau einer persönlichen Beziehung. In dem betrachteten Untersuchungsobjekt lassen sich unterschiedliche empirische Belege für die Praktik des Operative Linking identifizieren, wobei einige dieser empirischen Belege dabei nur indirekt auf die Anwendung der Operative Linking Praktik in vergangenen Projekten hindeuten. Neben der Bedeutung der Praktik für den tatsächlichen Transfer von Know-how, lassen sich zudem immer wieder Indizien identifizieren, welche die Bedeutung für den Aufbau von personellen Kontakten in unterschiedlichen Organisationsbereichen spricht. Die Involvierung der Praktik im Zuge des tatsächlichen Transfers wird ersichtlich, sobald man den tatsächlich ablaufenden Prozess im Falle eines Transfers bei Organisation A genauer betrachtet. Die Operative Linking Praktik dient im vorliegenden Fall sowohl dem Transfer des Know-hows, als auch dem Aufbau einer für die Einbindung des Kooperationspartners in die späteren Phasen der Integration und Exploitation notwendige persönliche Beziehung auf fachlicher Ebene. So äußerte sich ein Interviewpartner der Organisation A wie folgt:

"Dort haben wir dann vereinbart, dass die Technologie, das Know-how, übergeben wird und man dieses nutzen darf. [...] Da wird festgelegt, dass wir die Unterlagen, Software, meistens auch Beratung, mehrere Treffen, Designreviews oder so etwas bekommen. Angenommen das [BLiX] würde jetzt [das Gerät] weiter verbessern, dann wäre es z.B. vorstellbar, dass wir das von ihnen lizenzieren. [Wir würden die] Pläne bekommen, würden uns treffen, und wenn wir das [Gerät] dann bauen, würden wir mit unseren Konstrukteuren ein Design-Meeting machen wo dann auch die Leute vom BLiX hinzukämen, und uns dann sagen würden woran es noch fehlt und so weiter. Die würden das dann in mehreren Phasen begleiten. Dann würden wir [das Geräte] bauen, und wenn es noch Fragen zu speziellen Komponenten oder so etwas gibt [würden BLiX Mitarbeiter zu Rate gezogen]. [...] Zur Inbetriebnahme wird man sich dann wieder treffen, normalerweise, und dann würden BLiX Leute bei der Inbetriebnahme unterstützen. Beim ersten System intensiv und dann bei möglichen weiteren Systemen immer weniger. So läuft das üblicherweise ab." (I1A 6:00)

Diese Transferschnittstellen müssen dabei nach Informationen von Organisation A insbesondere durch die leitenden Mitarbeiter geschaffen werden. Diese sind dafür zuständig, dass der Austausch von Know-how zwischen den *"Leuten die verstärkt die praktische Arbeit machen [...] kanalisiert wird"*. Neben dieser Schaffung von Schnittstellen für den Transfer werden im Zuge der Operative Linking Praktik auch Schnittmengen für mögliche Folgeprojekte erörtert. So berichteten BLiX Mitarbeiter, dass hier zum Teil ein intensiver Austausch über mögliche Folgeprojekte gepflegt wird.

3.3.1.2 Integrationspraktiken

In Bezug auf die Wissensintegration lassen sich innerhalb der Kooperation zwischen dem BLiX und Organisation A insbesondere zwei Praktiken identifizieren. Das sogenannte Knowledge Embedding sowie Specific Sharing and Selecting von akquiriertem Wissen, welches hier in einer speziellen Ausprägungsform, dem Collaborating auftritt. Im Zuge der Wissensintegration liegt der Fokus bei beiden

Organisationen vor allem auf der Teilung von relevantem Wissen als auch der konkreten Selektion von akquiriertem Wissen für die weitere Anwendung. Bemerkenswert ist innerhalb der Kooperation zwischen dem BLiX und der Organisation A, dass eben diese Selektionsphase innerhalb der Organisation A zusammen mit dem BLiX durchgeführt wird. Auf diese Praktiken wird im Folgenden genauer eingegangen.

Specific Sharing and Selecting

Die sogenannte Specific Sharing and Selecting Praktik knüpft direkt an den zuvor angeführten Akquisitionspraktiken an und bezieht sich in einem ersten Schritt vorerst auf die direkte Verteilung der Informationen bzw. des konkret transferierten oder akquirierten Wissens innerhalb der eigenen Organisation. So dienen formale aber auch informelle Treffen innerhalb der Organisation als Rahmen dieser Praktik. Informelle Treffen bezeichnen dabei den sogenannten „Flurfunk" oder einen spontanen Austausch bei einem Kaffee. Das Ziel ist es dabei, gemäß den Mitarbeitern, möglichst eine zweite Meinung zu einem Thema zu erlangen bzw. die Relevanz des Themas validieren zu können. Dieser Austausch findet dabei vor allem zwischen erfahrenen Mitarbeitern bzw. solchen mit Leitungsfunktion statt, kann zum Teil aber auch direkt mit fachlich arbeitenden Mitarbeitern geführt werden. Neben diesem informellen Austausch existieren zudem noch formale Treffen, insbesondere auf Ebene der Projektleiter, Gruppenleiter oder Bereichsleiter. Hier erfolgt ebenfalls ein Bericht den Kollegen gegenüber mit dem Ziel möglicherweise für andere Kollegen relevante Informationen mit diesen zu teilen und das weitere Vorgehen auf diesem Gebiet zu besprechen. Im Zuge dieser Praktik kann es demnach auch zu Entscheidungen über die Initiierung eines Projekts kommen bzw. zu einer Entscheidung über den Transfer einer bestimmten Technologie bzw. den konkreten Austausch zu einem Thema. Neben der Teilung des Wissens kommt es im Zuge dieser Praktik auch zur Selektion. Bemerkenswert ist in der Kooperation zwischen dem BLiX und der Organisation A dabei die Collaborating Ausprägungsform dieser Praktik, auf die nun genauer eingegangen werden soll.

Specific Sharing and Selecting - Collaborating

Als Praktik der Wissensintegration lässt sich innerhalb der Kooperation zwischen dem BLiX und der Organisation A eine spezielle Ausprägungsform der Specific Sharing and Selecting Praktik identifizieren, welche hier als Collaborating bezeichnet wird. Die Besonderheit dieser Ausprägungsform der Specific Sharing and Selecting Praktik ist dabei die Einbeziehung des Kooperationspartners in diesen Selektionsprozess. Es findet eine Öffnung der eigentlich intern ablaufenden Praktik statt. Diese Öffnung dient dabei insbesondere der Unterstützung der Selektion bzw. dazu, eine Einschätzung des Partners zu den einzelnen Themen zu erhalten. So äußerte sich der Interviewpartner der Organisation A hinsichtlich des Selektionsprozesses wie folgt:

> *„Das müssen wir halt mit unseren Kunden oder Interessenten besprechen. [...] Wir sind schon eher getrieben vom Bedarf der Kunden. [...] Da muss man mit [den Kunden] gemeinsam zu einer Spezifikation kommen. [...] Dann müssen wir entscheiden, was wir selbst für sinnvoll halten. Das machen wir dann auch gemeinsam mit dem BLiX. Da muss man sich irgendwie auf [einen Aufbau] einigen und wie weit man z.B. mit einer Neuentwicklung [gehen möchte] oder ob man dort auf etwas zurückgreift das man schon hat." (I1A 11:00)*

Dass dieser enge Austausch der langjährigen Kooperation bzw. der vertrauensvollen Beziehung zwischen dem BLiX und der Organisation A zu verdanken ist, wird auch noch einmal anhand einer entsprechenden Äußerung eines Mitarbeiters der Organisation A deutlich. Dieser schätzt den Austausch wie folgt ein:

> *„Es ist natürlich riskant was Know-how-Träger oder Know-how betrifft, aber ich bin fest davon überzeugt, dass wenn wir anfangen noch Schattenspiele zu machen, kommen wir nirgendwo hin. [...] Wir kommen hier nur gemeinsam weiter und da muss man mit offenen Karten spielen. Sonst können auch die Kollegen dort am BLiX gar nicht verstehen, warum wir das jetzt versuchen so zu pushen. Das liegt auch an der langen Kooperation. Man steckt nicht in allen Mitarbeitern, aber ich glaube, dass es durchaus ein gemeinsames Verständnis gibt. Das basiert natür-*

Empirische Untersuchung

> *lich auf dem großen Vertrauen zwischen den führenden Köpfen."* (I2A 14:10)

Dass es sich bei dieser Praktik eher um eine Entscheidungsunterstützung als um eine Verlagerung dieser handelt, wird im Folgenden deutlich. So bekräftigte ein Mitarbeiter der Organisation A, dass die Ausprägungsform des Collaborating letztlich die Specific Sharing and Selecting Praktik um eine Auskopplungsschleife ergänzt:

> *„Das ist halt ein Zusammentragen. Das meiste würde ich dann als Projektleitung hier in der Firma besprechen. Mit dem Bereichsleiter und so. Und wir entscheiden dann gemeinsam. Das Zusammentragen von Informationen zwischen Kunden auf der einen Seite und dem BLiX. Was überhaupt machbar ist oder unserer eigenen Einschätzung nach machbar ist. Da muss man dann irgendwie ein Paket finden was man für sinnvoll hält."* (I1A 14:00)

In diesem Zusammenhang ist auch das Zusammenspiel der unterschiedlichen Organisationsebenen von Bedeutung. So äußerte sich ein Mitarbeiter des BLiX, angesprochen auf diese Entscheidungsunterstützung bei der Organisation A, wie folgt:

> *„Letztendlich arbeiten da Wissenschaftler miteinander. Auch bei Organisation A sind das Wissenschaftler die auf [dem Themengebiet] als Wissenschaftler gearbeitet haben und dort jetzt Projektleiter in der Firma sind und letzten Endes auch nicht alleine die Entscheidung treffen können. Die gehen wiederum zur Geschäftsführung, sprechen das dort ab, machen Vorschläge, bei denen ich teilweise auch dabei bin bei den Treffen, wo Vorschläge formuliert werden, man könnte das oder das zusammen machen. Dann geht der [Ansprechpartner] in der Firma zu der Geschäftsführung, bespricht das dort - und da geht's ja dann auch um Zahlen, da geht's dann auch um das Budget und um die finanzielle Situation dafür und auch um die Interessen, die strategische Ausrichtung - und kommt dann mit den Informationen, die er aus der Geschäftsführung mitbringt, dann wieder zu uns und dann kann man versuchen, die Schnittmenge zu finden."* (I5A 32:00)

Dies verdeutlicht erneut den Charakter der Collaborating Ausprägungsform und stellt zudem die Kooperation der unterschiedlichen Ebenen dar.

Knowledge Embedding

Auch wenn die Speicherung des transferierten Wissens zu großen Teilen durch den persönlichen Transfer in den Köpfen der beteiligten Mitarbeiter erfolgt, so gibt es doch auch Bestrebungen dieses Wissen innerhalb der Organisation dauerhaft zu speichern. Auch wenn hierfür keine formalisierten Datenbanken existieren, so versuchen doch sowohl das BLiX als auch Organisation A das im Zuge der Kooperation akquirierte Wissen auch künftigen Mitarbeitern zugänglich zu machen. Innerhalb der Organisation A erfolgt dies über die Einbettung des Wissens in tatsächlich zu speichernde, projektbezogene Dokumente. So fließt das im Zuge der Projekte akquirierte Wissen in Stücklisten, Konstruktionszeichnungen, Anleitungen oder sonstige Dokumente ein, welche den Nachfolgern oder anderen Abteilungen z.B. einen Einblick darüber geben, welche Probleme im Verlauf des Projekts aufgetreten sind und wie diese gelöst wurden. Gemäß dem Interviewpartner der Organisation A soll so sowohl das „mechanische Wissen" also auch die Erfahrung der Beteiligten gespeichert werden.

> „Wir haben keine formelle Wissensdatenbank. [...] [Wir speichern das] in mehreren Bereichen. [In Form einer] Konstruktionszeichnung, mit Stücklisten und allem möglichen, darin ist dann das ‚mechanische Wissen'. Und dann würde man wahrscheinlich zu einer Bedienungsanleitung kommen im weitesten Sinne, eine Inbetriebnahmeanleitung und das würde dann bei uns [für den internen Gebrauch genutzt] [...] und natürlich [auch die schriftlichen] Erfahrungen von den beteiligten Leuten." (I1A 9:10)

Auch innerhalb des BLiX gibt es Prozesse, welche das aus Projekten gewonnene Wissen speichern sollen. Die personelle Situation im BLiX, d.h. zum Teil Mitarbeiter in Qualifikationsphasen mit zeitlich begrenzten Arbeitsverträgen, sorgt dafür, dass die Frage nach der

Speicherung des Wissen für die Fortführung bestimmter Projekte von essentieller Bedeutung ist. Neben dem Austausch der einzelnen Mitarbeiter auf persönlicher Ebene, werden die im Zuge des Projekts erarbeiteten Ergebnisse demnach gemäß guter wissenschaftlicher Praxis dokumentiert. Sofern es sich dabei um kein sensibles Datenmaterial handelt, stehen diese Dokumentationen bzw. Messergebnisse oder Konfigurationsdateien innerhalb des BLiX auf einem Server den weiteren Mitarbeitern zur Verfügung. Diese Speicherung erfolgt nicht zuletzt auch durch den Bedarf der Geschäftsleitung, einen Überblick über den Fortschritt der laufenden Projekte zu erhalten.

> *„Erst mal wird die Arbeit dokumentiert. Das ist ja auch gute wissenschaftliche Praxis. Die Mitarbeiter können auch davon partizipieren, also auch von dem Prozess, denn während der Arbeit erfolgt ja auch eine gewisse Ausbildung. Natürlich gibt es auch Wissen, das nicht dokumentiert ist. Das aber wahrscheinlich dann auch irgendwann dokumentiert werden wird. Insgesamt ist die Arbeit offen und transparent. Auch [die Geschäftsleitung] die muss ja verstehen was hier passiert. Wir treffen uns regelmäßig, wir machen Arbeitsgruppentreffen und neue Erkenntnisse werden dort besprochen und es gibt einen eigenen Server, dort werden die Sachen dann abgelegt."* (I5A 13:20)

Dies verdeutlicht auch noch einmal die Informationsfunktion dieser Praktik für die Geschäftsleitung.

3.3.1.3 Exploitationspraktiken

In der Exploitationsphase geht es um die tatsächliche Implementierung der Ergebnisse, deren Übertragung auf andere Produkte oder Organisationsbereiche, aber auch der Reflexion der Transferprojekte oder aber Praktiken. Hinsichtlich der Exploitation des Wissens, lassen sich innerhalb des Untersuchungsobjektes, der Kooperation des BLiX mit der Organisation A, zwei Praktiken identifizieren. So lässt sich zum einen die enge Zusammenarbeit im Zuge der Integration beobachten, welche hier als External Consultating beschrieben wird. Zum anderen lässt sich eine Praktik der gemeinsamen Reflexion von laufenden oder bereits abgeschlossenen Projekten identifizieren. Diese Praktik soll im Folgenden als sogenanntes Joint Reflecting vorgestellt werden.

External Consultating

In der Exploitationsphase der Organisation A ist vor allem die External Consultating Praktik von Bedeutung. So bezieht die Organisation A ganz systematisch das BLiX in eben diese ein. Gefragt nach der tatsächlichen Umsetzung von Produkten bzw. Projekten mit Know-how aus der Kooperation mit dem BLiX, wurde immer wieder auf dessen Einbeziehung in entscheidende Entwicklungsschritte verwiesen. Dabei wird auf die in der Akquisitionsphase identifizierten und gefestigten Kontakte der Leitungsebene aber auch im operativen Bereich des BLiX aufgebaut. Die Konsultation des BLiX erfolgt demnach bereits vor dem eigentlichen Start des Kundenprojektes und wird auch während der Konstruktions- und Designphase aufrechterhalten. Gemäß der Organisation A umfasst die Einbeziehung des BLiX zudem die Planung der Inbetriebnahme als auch deren eigentliche Ausführung. So äußerte sich ein Mitarbeiter der Organisation A hinsichtlich der Einbeziehung des BLiX wie folgt:

> *„Zunächst würden wir von der Projektleitung mit dem BLiX reden bevor der Auftrag wirklich startet. Dann, wenn wir den Auftrag von dem Kunden hätten, würden wir uns, so läuft es auch in anderen Projekten, mit den Konstrukteuren treffen, wahrscheinlich erst mal beim BLiX und die Sachen austauschen. Konstruktionsdaten austauschen, was auch immer benötigt wird, um das in Schwung zu bringen. [Später] in der Konstruktionsphase würde man sich wieder treffen, um gemeinsame Design-Reviews zu machen. Dann wird das aufgebaut, man würde die Inbetriebnahme planen und dann gemeinsam auch die Inbetriebnahme angehen."* (I1A 20:15)

Die Exploitationsphase wird somit gemeinsam mit dem BLiX angegangen. Der Grund dafür scheint die Vermeidung von Fehlern zu sein. Auffällig ist dabei, dass es sich dabei um keinen Einzelfall zu handeln scheint, sondern auch im Zuge anderer Kooperationen der

Organisation A zur Anwendung kommt. So äußerte sich die Leitungsebene der Organisation A angesprochen auf die Zusammenarbeit in dieser Phase folgendermaßen:

> *„Dann würden wir liebend gerne in den verschiedenen Review Meetings die Erfahrung, die die Leute vor Ort am Gerät gemacht haben, in die Weiterentwicklung einbinden. Ohne das würden wir einen halben Blindflug machen. Das wäre wenig sinnvoll. [...] Wir haben durchaus viele verschiedene Kooperationen mit Instituten weltweit und da machen wir das oft so, dass wir Technologien, die an einem Institut entwickelt worden sind, dann in etwas modifizierter Form für ein anderes Institut wieder bauen und da versuchen wir schon über Kooperationsverträge, Beraterverträge und Lizenzverträge das Know-how der ursprünglichen Entwickler oder Betreuer der Geräte miteinzubinden. Wenn wir den nächsten Kunden haben und das nächste Gerät entwickeln müssen, werden wir versuchen das mit dem [BLiX] abzustimmen."* (I2A 20:00)

Dies unterstreicht die systematische Einbeziehung des Kooperationspartners.

Joint Reflecting

Neben der Unterstützung bei der Umsetzung neuer Projekte bzw. Produkte spielt in der Exploitationsphase auch die Qualität der Kooperationsbeziehung an sich eine nicht unerhebliche Rolle. Dies kommt besonders dadurch zum Ausdruck, dass sich eine Praktik der gemeinsamen Reflexion identifizieren lässt, die sogenannte Joint Reflecting. Das Ziel dieser Praktik ist dabei neben der Evaluierung der Kooperation auch das Aufzeigen möglichen Verbesserungspotenzials. Während der Gespräche mit den beteiligten Akteuren wurde zudem deutlich, dass diese Praktik eine stabile bzw. vertraute Beziehung zwischen den Kooperationspartnern benötigt und dadurch von beiden Organisationen längst nicht bei jedem Partner angewendet werden kann. Ein Interviewpartner des BLiX umschrieb die Praktik wie folgt:

> „Man diskutiert natürlich mit den Projektpartnern. Man versucht mit offenen Karten zu spielen. Man versucht derartige Abläufe zu optimieren. Man spricht auch mit den Projektpartnern wenn man der Meinung ist, dass es die nächsten Projekte vereinfacht oder den weiteren Fortgang des Projekts vereinfacht und wenn man der Meinung ist, dass der Projektpartner dafür offen ist. Dann redet man natürlich untereinander [und] auch über gewisse Sachen die man gut fand oder die man hätte verbessern können oder die man anders machen kann. Das ist jetzt aber kein festgeschriebenes Verfahren. Das hängt dann auch von den Projektmitarbeitern ab, von den Projektleitern, von den Projektpartnern. Das hängt dann auch ein bisschen von den zwischenmenschlichen Beziehungen ab." (I5A 22:38)

Besonders verdeutlicht wurde dabei, dass diese Praktik mitnichten innerhalb jeder Kooperation Anwendung findet. So gibt es natürlich auch den Fall, dass Projekte ohne eine solche Reflexionsphase abgeschlossen werden. Dies ist nach Aussage des BLiX jedoch insbesondere dann der Fall, wenn die Kooperationsbeziehung vor der Beendigung steht. So äußerte sich ein BLiX Interviewpartner wie folgt:

> „Es kann aber auch genauso sein, dass man gar nicht mehr interessiert ist, mit dem Projektpartner weiter zusammen zu arbeiten und dann redet man im Allgemeinen überhaupt nicht miteinander. Dann wird das Projekt einfach abgeschlossen." (I5A 24:30)

In Bezug auf die Umsetzung des Joint Reflecting, lassen sich neben konkreten Maßnahmen in Bezug auf die Organisation A in der vorliegenden Kooperation ebenso Bemühungen identifizieren, Erfahrungen aus dieser Kooperation auch auf weitere Kooperationen zu übertragen.

> „Erst mal rede ich mit [der Geschäftsleitung] darüber, dass man sagt wir sind dem und dem jetzt so beigekommen und das und das Problem halte ich für verallgemeinerungswürdig, das könnte man, wenn man mit dem Partner [X] zusammenarbeitet, ähnlich lösen wie beim Partner [Y]. So etwas wird schon allgemein gemacht und dann wird es versucht nach unten durchzustellen.

Das machen wir auf jeden Fall. Das man jetzt einfach so Standards erkennt." (I4A 34:00)

Damit wird zudem deutlich, dass Ergebnisse dieser Praktik auch innerhalb des BLiX nach Besprechung auf Leitungsebene auf die operative Ebene übertragen werden.

3.3.2 Kooperation BLiX – Organisation B

Die Kooperation zwischen dem BLiX und Organisation B kann ebenfalls bereits auf eine über mehrere Jahre andauernde, enge Beziehung der beteiligten Akteure aufbauen, welche bereits vor der Gründung des BLiX sowie der Einrichtung der Stiftungsprofessur vor allem auf persönlicher Ebene existierte. Als Stifter der Stiftungsprofessur ist Organisation B zudem formal bereits mit der Professur aber auch dem BLiX vertraut. Zwischen Organisation B und dem BLiX lässt sich bereits auf ein abgeschlossenes, gemeinsames Projekt zurückblicken. Das Projekt umfasste dabei die Leihgabe eines Gerätes, welches zudem einen Austausch über dieses nach sich zog. Darüber hinaus lässt sich die am BLiX durchgeführte Fortbildung eines/r Mitarbeiters/in als ein aktuell anlaufendes Projekt nennen. Neben den im Zuge dieser Projekte zur Anwendung gekommenen Praktiken ließen sich zudem weitere innerhalb der Organisationen verankerte Praktiken identifizieren. Diese Praktiken kamen bereits in anderen Kooperationen der Organisation B zur Anwendung und wurden von den Interviewpartnern als zukünftig relevant innerhalb der Kooperation mit dem BLiX eingeschätzt. Im Nachfolgenden werden die so identifizierten Praktiken der Wissensakquisition, -integration und -exploitation genauer vorgestellt.

3.3.2.1 Akquisitionspraktiken

Im Hinblick auf die Praktiken der Wissensakquisition lassen sich innerhalb der Kooperation zwischen dem BLiX und der Organisation B eine Reihe von Praktiken identifizieren. Dabei handelt es sich um die bereits in der Kooperation des BLiX mit der Organisation A identifizierten Praktiken Scouting, Boundary Spanning und Operative

Linking. Zudem lassen sich zwei Ausprägungen der Operative Linking Praktik identifizieren, welche unter der Bezeichnung Monitoring und Sensitizing vorgestellt werden.

Scouting

Die Scouting Praktik ist auch in der Kooperation zwischen dem BLiX und der Organisation B von Relevanz. Neben der Internetrecherche und dem Studium von Fachartikeln und Fachmagazinen steht auch hier der Besuch von Messen und Konferenzen im Vordergrund. So äußerte sich die Leitung des BLiX auf die Frage nach dem Ort der Identifikation der Produkte von Organisation B wie folgt:

> „Ich kenne [die Geräte von Organisation B] entweder aus Gesprächen oder Ausstellungen bei Konferenzen." (I8B 6:30)

Diese Aussage wurde von einem Vertreter der Organisation B bestätigt, welcher Konferenzen als Ort der Identifikation interessanter Neuerungen, aber auch der Initiierung neuer Beziehungen beschreibt. Dies verdeutlicht die Funktion der Scouting Praktik neues externes Wissen zu identifizieren und mögliche Akteure für die Initiierung einer Kooperation zu finden. Neben Konferenzen spielt auch der Besuch der Stiftertreffen eine entscheidende Rolle für Organisation B. So wird im Rahmen dieser Treffen den Studenten und Mitarbeitern am BLiX die Möglichkeit gegeben, ihre Themen in der Runde der Stifter zu präsentieren. Das Beiwohnen dieser Präsentationen wurde vom Interviewpartner der Organisation B als eine wichtige Gelegenheit beschrieben, um neue Themen und Projekte am BLiX zu identifizieren bzw. Schnittmengen mit eigenen Themen zu entdecken, aber auch um interessante Studenten oder Mitarbeiter am BLiX zu identifizieren.

> „Da bekommt man dann [in den Vorträgen] schon mit, [dass ein] gewisses Niveau existiert und in wie weit das unseren Bedingungen bzw. Anforderungen gerecht werden kann oder nicht. [Wir sehen dann, in wie weit die] aktuellen Themen in etwa übereinstimmen mit dem, was wir applikativ, anwendungsorientiert hier machen." (I6B 4:00)

Übereinstimmend mit dieser Einschätzung der Präsentationen im Rahmen der Stiftertreffen, äußerte sich die Leitung des BLiX zu dem Thema wie folgt:

> *„Die jährlichen Treffen, da läuft natürlich auch schon ein Austausch und da kommt ein Feedback von den Firmen, was sie da für sich auch als unmittelbar interessant oder als interessante Vorfeldforschung ansehen und dann läuft auch noch mal bilateral ein informeller Austausch, wo die Firmen dann noch mal ins Konkretere gehen." (I9B 7:35)*

Anschließend an diesen ungerichteten und losen Informationsaustausch folgt dann häufig eine Praktik bilateralen Austauschs. Das sogenannte Boundary Spanning.

Boundary Spanning

Die Praktik des Boundary Spanning schließt sich so nach Aussage der Geschäftsleitung des BLiX häufig direkt an die eben dargestellten Treffen an und dient neben dem thematischen Austausch vor allem der Beziehungspflege. Dieser Austausch, der insbesondere durch die BLiX-Leitung geführt wird, wird somit im Anschluss der öffentlichen Treffen unter Einbeziehung der entsprechenden, mit den Themen vertrauten, Mitarbeiter fortgesetzt. Der Hauptgrund dafür, dass die BLiX-Leitung derart stark einbezogen wird, liegt der BLiX-Leitung zufolge an der erhöhten Chance, gemeinsame Themen zu identifizieren.

> *„Die Informationen laufen auf den Seminaren, dort tragen immer die Leute vor, die an den Projekten auch wirklich sitzen. Die Anfragen laufen schon über die BLiX-Leitung. Dann werden jeweils die Leute hinzu gezogen – je nach dem, wie konkret dann auch die Fragen werden. [...] Bei solchen Gesprächen ist dann auch immer einer von der Leitung dabei [...] Leute mit mehr Erfahrung haben dann doch schon schnelleren Zugriff oder können doch besser erkennen, wo dann zukünftige gemeinsame Themen liegen könnten." (I9B 12:00)*

Es besteht somit ein doppelter Nutzen der Seminare hinsichtlich der Existenz von formalisierten Arten des Austauschs mit dem Kooperationspartner, da hier sowohl die Scouting Praktik als auch die Boundary Spanning Praktik zur Anwendung kommen. Neben den institutionalisierten Stiftertreffen und dem Forschungsseminar identifizierte die BLiX-Leitung die Telefonate mit dem Kooperationspartner als zentrale Formen des Austauschs:

> *„Das Institutionalisierte ist ja, dass [wir] über das Forschungsseminar immer auch regelmäßig Vertreter der einzelnen Firmen einladen zu Vorträgen, da gibt es eine Nachsitzung und da gibt es dann auch immer noch Gelegenheit sich informell auszutauschen. Das sind die zwei wesentlichen institutionalisierten Treffpunkte (Jährliches Treffen und Forschungsseminar). Ab und zu gibt es dann auch noch mal Telefonate, aber die Leute [...] sind zeitlich so eng, dass darüber hinaus eigentlich auch nicht noch größerer Austausch laufen kann."* (I9B 9:00)

Diese Einschätzung wird ebenso von dem interviewten Vertreter der Organisation B geteilt. So schätzt dieser das Boundary Spanning als wesentliche Praktik des Austauschs ein:

> *„[Der Austausch erfolgt auch, um auf dem aktuellen Stand zu bleiben]. Ja sicherlich. Der Austausch muss nicht täglich sein, wenn es nur darum geht Informationen zu bekommen. Dann reichen die Meetings, die immer wieder organisiert werden vollkommen aus. Daneben gibt es eben nebenbei sicherlich mal den Fall, dass man mal eine Frage hat. [Da wird dann direkt angerufen]."* (I7B 8:20)

Interessant dabei ist vor allem, dass dieser Austausch in der Kooperation zwischen dem BLiX und Organisation B nahezu ausschließlich von der Leitung des BLiX durchgeführt wird und zudem nahezu ausschließlich mit dem hier interviewten Vertreter der Organisation B stattfindet. Dessen Position innerhalb der Organisation B beschreibt die Leitung des BLiX dabei wie folgt:

> *„Bei Organisation B ist [XXX] tatsächlich ein wesentlicher Entscheider [in Bezug auf Projekte mit dem BLiX]."* (I9B 10:00)

Empirische Untersuchung

Die Relevanz von Boundary Spanning im Zuge der Kooperation und dessen Relevanz für Projekte sieht die BLiX-Leitung darin begründet, dass die Kooperationspartner auf organisationaler sowie persönlicher Ebene zum Teil sehr unterschiedlich sind. Die Praktik des Boundary Spanning soll somit zusätzlich dabei helfen, den Kooperationspartner besser einschätzen zu können und zudem eine Ebene zu bieten auf der Eckdaten bzw. Anforderungen der Projekte schriftlich vereinbart werden können.

> „Was ich gelernt habe ist, dass tatsächlich die Firmen so eine stark unterschiedliche Firmenkultur haben können, dass man nicht ein einheitliches Vorgehen haben kann und darf, also das heißt, es gibt keine Blaupause. Die Regeln intern und der Umgang dann auch nach außen sind da wirklich sehr stark unterschiedlich. Das heißt man muss sehr genau hinschauen mit wem man es zu tun hat, wie die Firmenkultur ist. Das kann man eigentlich auch nur durch Erfahrung. Aber was dabei natürlich immer hilft ist, besser mehr absprechen und auch zu verschriftlichen, als zu wenig auf einer bestimmten Ebene." (I9B 18:00)

Organisation B nutzt die Praktik des Boundary Spanning zudem für den gezielten Aufbau einer persönlichen Beziehung. Der Grund dafür ist vor allem der Abbau von Hürden im Zuge der Kooperation.

> „Sicherlich ist es so, dass man eher jemanden anruft den man über Jahre persönlich kennt und immer wieder sieht, immer wieder trifft. Und eine gewisse Tiefe der Beziehung existiert in der Richtung, dass man nicht nur weiß, wie Physik geschrieben wird, sondern auch dieses und jenes zusätzlich, was nichts mit dem Fach zu tun hat. [...] Die Hürden sind dadurch sehr viel geringer. Das ist immer wichtig, weil die meiste Kraft verliert man ja nicht bei der Fachfrage, sondern beim Wegräumen der Hürden vorher oder mitunter dann auch nachher." (I7B 12:20)

Dies bekräftigt zudem die Relevanz des Boundary Spanning für die kooperative Technologieentwicklung.

Operative Linking

In der Kooperation zwischen dem BLiX und der Organisation B spielt auch die Operative Linking Praktik eine Rolle. Die Praktik kommt dabei sowohl beim eigentlichen Transfer, als auch im Zuge der Vernetzung der operativen Mitarbeiter zur Anwendung. Darüber hinaus lassen sich zwei Ausprägungsformen der Operative Linking Praktik innerhalb der Kooperation beobachten. Das Monitoring sowie das Sensitizing. Das Monitoring zielt dabei darauf ab, die Operative Linking Praktik bzw. die damit platzierten Mitarbeiter stetig einem Monitoring zu unterziehen, um so die optimale Zusammenarbeit innerhalb der Kooperation zu garantieren. Im Falle des Sensitizing geht es konkret um die Schulung der mithilfe der Operative Linking Praktik zu platzierenden Mitarbeiter und deren Vorbereitung auf die Anforderungen innerhalb der Kooperation.

Die Operative Linking Praktik im Zuge des Technologietransfers lässt sich insbesondere während der Schulungen vor oder nach Projekten beobachten. So wird auch in dieser Kooperation zu diesen Zeitpunkten auf einen Austausch der Mitarbeiter gesetzt, die im Alltag tatsächlich an den entsprechenden Geräten arbeiten bzw. arbeiten sollen. Dieser häufig auch als „Austausch über Köpfe" bezeichnete Vorgang, wurde dabei immer wieder als Praktik des technologischen Austauschs wie folgt beschrieben:

> *„Es ist eine Schulung an diesen Geräten. [...] Das sind dann die Mitarbeiter die konkret damit arbeiten sollen." (I8B 10:00)*

Wichtig bei diesem Austausch ist, dass es sich nicht nur um den Austausch von konkreten Ergebnissen handelt, sondern tatsächlich Know-how vermittelt werden soll und kann. Erst durch die konkrete Identifikation der Ansprechpartner innerhalb der jeweiligen Organisation, wird somit die Schnittstelle für einen im Folgenden möglicherweise notwendigen Austausch dieser Mitarbeiter geschaffen. Laut BLiX-Leitung soll mithilfe der Operative Linking Praktik daher eine Vernetzung der fachlich involvierten Mitarbeiter geschaffen werden.

> *„Wenn man die Ergebnisse beurteilen will: Was kann man daraus lernen? Was messe ich eigentlich? Dort ist dann auch die Expertise von denen gefragt, die das Gerät gebaut haben. Die*

> *haben dann Erfahrungen aus anderen Anwendungen. [...] Von unserer Seite sind das dann Ansprechpartner [der operativen Ebene] und ich denke, dass es bei [Organisation B] auch Ansprechpartner geben wird, die dann die Expertise für dieses Gerät haben." (I8B 17:30)*

Neben der Bedeutung der Praktik für den Technologietransfer besteht das Ziel der Operative Linking Praktik zudem in der tatsächlichen Vernetzung der operativen Mitarbeiter. Das Ziel der Schulungen ist nicht ausschließlich in dem eigentlichen Transfer zu suchen, sondern besteht vielmehr darin, Kontakte zu knüpfen, welche sich konkreten Themen zuordnen lassen. Diese Kontakte sollen insbesondere bei dem Lösen künftiger Aufgaben, aber auch der Entstehung neuer Ideen helfen.

> *„Das jetzige Ziel besteht einfach darin, auch Kontakte zu Personen aufzubauen mit denen man durchaus auch weiter arbeiten kann. Man muss ja nicht direkt vor Ort [sein]. Es lässt sich ja heute sehr viel über Rechner machen. Wichtig ist, dass man erst mal den Kontakt hatte und auch genau weiß, mit wem man es zu tun hat – das gehört auch dazu. Und diese Kontakte sollen erst mal gepflegt werden und hieraus erwarten wir dann schon, dass nicht nur bestehende Aufgaben dann gelöst werden, sondern dass auch dann Ideen entstehen, die hier noch nicht existieren, die wir dann nutzen können in der Zukunft." (I6B 10:15)*

Operative Linking - Monitoring

Die Relevanz dieser Verbindungen innerhalb der Kooperation und während der Bearbeitung gemeinsamer Projekte wird dadurch deutlich, dass die BLiX-Leitung die so entstandenen Beziehungen der fachlich involvierten Mitarbeiter einem Monitoring, das heißt einer wiederkehrenden Beobachtung unterzieht, um im Falle sich anbahnender Konflikte möglichst schnell reagieren zu können. Neben dem internen Austausch mit den eigenen Mitarbeitern findet hier zudem auch auf Leitungsebene ein Austausch statt. Das Ziel dabei ist es, Verbesserungspotenziale der durch die Operative Linking Praktik entstandenen Verknüpfungen zu entdecken und diese stetig zu optimieren:

> „Das ist informell, aber das passiert permanent. [...] In manchen Projekten ist es auch ziemlich wichtig, im Laufe des Projekts genau zu beobachten, wie es funktioniert. Gerade wie auch Kooperationsbeziehungen oder die persönlichen Beziehungen funktionieren. Das kann man nicht erst zum Schluss machen. Das ist etwas Entscheidendes, das im Auge zu behalten. Das machen wir erst mal BLiX intern [...] und dann wird mit Partnern schon regelmäßig besprochen wie es läuft, auch auf der Leitungsebene. Das ist schon etwas Wichtiges um zu sehen: funktioniert es letztendlich so wie alle Seiten sich das vorstellen." (I8B 26:20)

Operative Linking - Sensitizing

Neben dem Monitoring lässt sich zudem eine Ausprägungsform identifizieren, welche explizit auf die Schulung der innerhalb der Operative Linking Praktik involvierten Mitarbeiter abzielt – das sogenannte Sensitizing. Dabei geht es vor allem darum, Mitarbeiter, die bisher über wenig oder keine Erfahrungen mit Unternehmen verfügen, auf den Kontakt und die Kooperation mit diesen vorzubereiten. Aufgrund der Einbettung des BLiX an der TU Berlin sind hiervon besonders Master-Studenten aber auch Doktoranden betroffen. Diese Schulungen finden in persönlichen Gesprächen der BLiX-Leitung mit den entsprechenden Mitarbeitern am BLiX statt und beinhalten gemäß der Leitung folgende Elemente:

> „Das ist schon von der Ablaufplanung bis hin zu: Wie gehe ich mit Firmenleuten um und das dann aber auch wirklich differenziert. Etwas umfangreicher gesagt ist das die Eingewöhnung überhaupt. Wie gehe ich mit Firmen und mit den Vertretern von den F&E-Abteilungen um. Weil da gibt es bei den meisten keine Erfahrung vorher. [...] [Wir versuchen dann die Eigenarten der einzelnen Firmen / Personen zu vermitteln] einfach um eine möglichst produktive Zusammenarbeit zu ermöglichen. Manche

Missverständnisse sind dann tatsächlich auch einfach mal zu vermeiden." (I9B 20:20)

Sensitizing meint damit die Vorbereitung der im Zuge der Operative Linking Praktik zum Einsatz kommenden fachlichen Mitarbeiter.

3.3.2.2 Integrationspraktiken

Die Praktiken der Wissensintegration kommen zum Einsatz, nachdem das in der Akquisitionsphase identifizierte, externe Wissen in die Organisation B transportiert wurde. Im Zentrum stehen dabei die Teilung des Wissens, die Interpretation und Selektion, die Verarbeitung sowie dessen Speicherung. Im Zuge der Kooperation des BLiX mit der Organisation B lässt sich die Praktik Specific Sharing and Selecting sowie eine Ausprägungsform dieser, das Ideating identifizieren. Das Ziel dieser Ausprägungsform ist dabei vor allem die interne Verbreitung des Wissens und die gemeinsame Ideenfindung. Zudem lässt sich die sogenannte Channeling Praktik identifizieren, welche die Vorselektion und gezielte Weitergabe von Informationen bezeichnet, als auch das Knowledge Embedding beobachten.

Specific Sharing and Selecting

Die Praktik des Specific Sharing and Selecting ließ sich auch in Organisation B beobachten. Die in der Akquisitionsphase gewonnenen Informationen bzw. das transferierte Know-how werden innerhalb der Organisation B bei Meetings auf Leitungsebene besprochen und diskutiert. Dies wird parallel zum Channeling praktiziert, auf welches später noch genauer eingegangen werden soll. Der entscheidende Vorteil zum Channeling ist dabei der intensivere Austausch mit mehr als nur einem Kollegen und die Besprechung aktueller Projekte in den anderen Teams. Ergänzend dazu, lässt sich innerhalb der Organisation B eine spezielle Ausprägungsform des Specific Sharing and Selecting identifizieren. Das sogenannte Ideating, welches nun genauer beschrieben werden soll.

Specific Sharing and Selecting - Ideating

Beim Ideating handelt es sich grundsätzlich um eine Form des Brainstormings in großer Runde. Ergänzend zur bisher dargestellten Specific Sharing and Selecting Praktik, ist hierbei explizit ein Austausch unter fachfremden Mitarbeitern gewünscht. Der Austausch findet zudem hauptsächlich zwischen Mitarbeitern mit tatsächlichen praktischen Erfahrungen statt. Manager werden daher nicht mit einbezogen.

Die Ideating lässt sich als Ausprägungsform identifizieren, da die Ergebnisse dieser Runde wieder an die Gruppenleitung rückgekoppelt werden und dort letztlich den Selecting Prozess als Teil der Specific Sharing and Selecting Praktik anstoßen. Der Vertreter der Organisation B fasst den Ablauf dieser Meetings wie folgt zusammen:

„Bei uns gibt es jedes Jahr mindestens 12 solcher Meetings, wo auch alle Mitarbeiter eingeladen sind. Sogenannte interne Weiterbildungen, die hier nicht nur dazu da sind, dass die Mitarbeiter sich weiter bilden, sondern hier soll ein Brainstorming durchgeführt werden, wo sich gezielt auch Mitarbeiter rein setzten, die eigentlich von der Materie überhaupt keine Ahnung haben, nur um einfach mit ihren Gedanken da mal neue Aspekte rein zu bringen. Ob die gut oder schlecht sind, ist vollkommen egal." (I6B 13:00)

Diese Meetings sollen dabei helfen, neue Impulse zu geben. Dabei wurde immer wieder betont, dass auf diesen Treffen die Leitungsebene eher selten einbezogen wird. So äußerte sich der Vertreter in Bezug auf die involvierten Mitarbeiter wie folgt:

„Zum großen Teil sind das letztlich Techniker. Service Ingenieure sind dabei, Mitarbeiter aus der Produktion und halt das Engineering. Weniger aus der Leitungsebene, sondern schon mehr Leute, die im Daily Work wirklich mit Technik zu tun haben, die im Detail auch durchaus mitreden können. Das Wichtigste: Die praktische Erfahrung haben. Darum sind da keine Manager eingeladen, weil da fehlt einfach die praktische Erfahrung." (I6B 15:00)

Die so beschriebene Ideating bildet eine Austauschplattform für die in der Praxis involvierten Mitarbeiter und ermöglicht zudem einen themenübergreifenden Austausch dieser. Sie soll damit die Integration des Wissens über möglichst viele Organisationsbereiche unterstützen und zudem neue Impulse für die weitere Verarbeitung und Selektion des Wissens geben.

Channeling

Innerhalb der Kooperation zwischen BLiX und Organisation B lässt sich zudem die Praktik des Channeling identifizieren. Ausgangspunkt dieser Praktik stellt dabei vor allem der Besuch durch Mitarbeiter der Organisation B von Seminaren am BLiX dar. Das Ziel der Channeling Praktik ist die Vorselektion und gezielte Informationsweiterleitung bzw. Kanalisierung von Informationen. So werden die Seminare aus Kostengründen sowie vor dem Hintergrund des mit Unsicherheit behafteten Nutzens dieser, häufig lediglich von einem Mitarbeiter besucht. Für den Fall, dass dieser dort interessante Themen identifiziert, koppelt er diese Informationen intern an sein Team zurück.

„Ein Seminar ist für viele Leute interessant. [...] Es würde einer hinreisen, vielleicht, und der müsste das dann, wenn es etwas Interessantes ist, seinem Team hier erklären." (I6B 45:00)

Auch wenn diese Praktik zweckgemäß erscheint, unterliegt sie doch auch einigen Komplikationen. Für Organisation B stellt sie lediglich einen Kompromiss dar, welcher letztlich dem aktuellen Angebot geschuldet ist. Der Grund für diese Einschätzung ist demnach der potenzielle Informationsverlust im Zuge dieser Channeling Praktik. Das liegt generell an dem zusätzlichen Knotenpunkt, der durch diese Praktik geschaffen wird. So kann es natürlich passieren, dass der entsprechende Mitarbeiter Informationen als unwichtig einschätzt, die ein Kollege eventuell anders einschätzen hätte können. Um möglichst wenige Informationen zu verlieren, soll der Informationsfluss trotzdem wenn möglich über eine Person laufen.

„Es läuft dann immer über diese Person, unabhängig davon, ob er selbst letztendlich die Fachfrage beantworten kann. Der Kon-

> takt läuft erst mal darüber, um [den Austausch] so eng wie nur möglich zu halten und keine Informationen zu verlieren. [...] Es liegt ja im Interesse, auch Informationen, die man nicht ganz verstanden hat, weiter zu geben. Vielleicht versteht sie ja jemand anderes, bzw. kann man selbst einschätzen, was wichtig und was unwichtig ist, um sich dann einfach wirklich nur mit dem Wichtigen zu beschäftigen [und das dann an entsprechende Kollegen weiter zu geben]." (I7B 17:25)

Genau dieses beschriebene Wechselspiel aus einerseits der eigenständigen Vorselektion von Informationen und andererseits der Weitergabe nicht verstandener Informationen scheint demnach die große Anforderung an die betreffenden Mitarbeiter darzustellen. Abhilfe schafft laut Organisation B vor allem die intensive Auswahl passender Mitarbeiter, welche neben Vertrauen auch möglichst diverse praktische Erfahrungen mitbringen sollen.

Knowledge Embedding

Die Praktik des Knowledge Embedding lässt sich sowohl innerhalb der Organisation B als auch am BLiX identifizieren. Innerhalb von Organisation B wurde vor allem die Speicherung entsprechender Daten und Konstruktionszeichnungen als auch die entsprechende persönliche Übergabe dieser Informationen an beteiligte Mitarbeiter erwähnt. Eine solche persönliche Übergabe konnte auch am BLiX beobachtet werden und tritt dort u.a. in Form von Schulungen auf.

> „Wir werden danach [interne Schulungen] am BLiX durchführen. Wir werden versuchen das Know-how [im BLiX] zu halten. Es ist sonst ein Problem wenn [Mitarbeiter das BLiX verlassen]." (I8B 10:30)

Das Ziel dieser Schulungen ist es somit den Verlust von Know-how im Zuge des Verlassens von Mitarbeitern zu verhindern. Neben diesen Schulungen wird das Wissen auch auf schriftlichem Wege gespeichert und geteilt. Die schriftliche Dokumentation soll besonders neuen Mitarbeitern dabei helfen, möglichst schnell an die Projekte bzw. Themen anknüpfen zu können.

> „Das eine ist natürlich die schriftliche Arbeit, Publikationen bzw. werden dann eben auch Qualifikationsarbeiten entstehen. Die bleiben dann hier und wenn wir hier anknüpfen, dann haben diejenigen, die anknüpfen, Zugriff auf diese Arbeiten – eine ganz normale Geschichte, und ansonsten eben durch überlappende Mitarbeit. D.h. wenn hier so ein Projekt entsteht, dann arbeiten Leute von uns mit und versuchen dann so einen Bereich an Qualifikationsstufen abzudecken. Das wir sagen: Da sind Leute mit vielen Erfahrungen die da mit drin stecken, aber auch welche die [gerade] anfangen. [...] Die übernehmen das Wissen und entwickeln es weiter. Ansonsten gibt es halt organisierten Austausch innerhalb der Gruppe, wir haben dieses interne Seminar, bei dem dann auch diese Ergebnisse vorgestellt werden und auch tiefer diskutiert werden können und man auch in einem eher informellen Rahmen dann diskutieren kann." (I8B 21:40)

Zentral für die Wissensteilung bleibt somit nach wie vor der direkte Austausch der betreffenden Mitarbeiter, welcher dann eben auch eine Weiterentwicklung der Themen ermöglichen soll. Die schriftliche Dokumentation stellt dafür natürlich die Grundlage dar.

3.3.2.3 Exploitationspraktiken

Innerhalb der Kooperation zwischen BLiX und Organisation B konnte die Praktik des External Consultating als Exploitationspraktik identifiziert werden. Nach Einschätzung der Organisation B kommt es bei der Exploitation bzw. beim Entwicklungsprozess neuer Produkte immer wieder zu Problemen an den Schnittstellen zu kooperierenden oder zuliefernden Organisationen. Diese Probleme hängen häufig mit dem hohen Zeitdruck bei Entwicklungen zusammen und lassen sich in vielen Fällen auf mangelnde Kommunikation bzw. Missverständnisse bei der Entwicklung zurückführen. Um dies zu verhindern, werden externe Partner, sofern möglich, von Organisation B direkt in den Entwicklungsprozess mit einbezogen. Diese Praktik des External Consultating wurde von Organisation B vor allem durch die Zusammenarbeit mit einem Industriedesigner geprägt und wird aus diesem Grund auch bezugnehmend auf diese Zusammenarbeit beschrieben. Dadurch ist es möglich, sowohl einen Einblick in die Entstehung dieser Praktik, als auch die für die Schaffung dieser ursächlichen Probleme, zu gewinnen. Die Praktik wurde bei Organisation B bereits häufiger angewendet und aufgrund der daraus resultierenden Ergebnisse als erfolgsversprechend angesehen. Daraus hat sich das Ziel entwickelt, diese Praktik generell in der Kooperation mit externen Partnern zu etablieren und somit auch in der Kooperation mit dem BLiX zur Anwendung zu bringen. Voraussetzung für die erfolgreiche Durchführung dieser Praktik sind laut Organisation B besonders die Akquisitionspraktiken Boundary Spanning und Operative Linking, da genau auf den dadurch geschaffenen persönlichen Beziehungen aufgebaut wird.

External Consultating

Die erwähnte Integration des Industriedesigners kann als Entstehungspunkt dieser Praktik in Organisation B gesehen werden. Die Beziehung mit dem Industriedesigner wurde dabei als vertrauensvoll und nahezu freundschaftlich beschrieben. Über die Jahre hat sich so eine intensive Kooperationsbeziehung entwickelt, welche auch in regelmäßigen Abständen auf privater Ebene, z.B. bei einem „Bier nach Feierabend" gepflegt wird. In der Folge wurde der Industriedesigner mithilfe der External Consultating Praktik direkt in den Entwicklungsprozess einbezogen. So fand eine direkte Unterstützung der Organisation B bei der Exploitation des Wissens, welches Organisation B originär u.a. vom Industriedesigner akquiriert und integriert hatte, statt. Gemäß Organisation B spielt dabei der direkte, „ungefilterte" Kontakt in der Exploitation eine entscheidende Rolle.

> *„Wir stellen ja Geräte her und arbeiten mit Industriedesignern zusammen. Bei fast jedem Gerät. Und da ist es so, dass dieser eingebunden wird schon bevor wir überhaupt über das Projekt nachdenken. Also wenn die ersten Ideen gesammelt werden ist er mit am Tisch und er ist auch am Tisch nach 1-2 Jahren Erfahrung mit dem Gerät, um diese Erfahrung zu erhalten. Einfach wenn das nächste Gerät entwickelt wird, um diese nutzen zu können, und das mit seinen eigenen Fähigkeiten aufzuneh-*

> *men ohne es gefiltert durch eine andere Person zu hören. Das ist an der Stelle notwendig."* (I6B 34:40)

Aufgrund der dadurch erreichten guten Erfahrungen im Zuge der Exploitation, hat sich Organisation B ausgehend von dieser als beispielhaft angesehenen Kooperation zum Ziel gesetzt, eine eben solche Qualität der Kooperation auch mit anderen Kooperationspartnern zu erreichen, und diese mithilfe der External Consultating Praktik direkt in den Entwicklungsprozess einzubeziehen. Als Grund dafür wurde vor allem die damit einhergehende Möglichkeit genannt, Fehler schon in der Entstehung vermeiden zu können. Insbesondere bei der Fertigung von Geräten bei denen Zulieferer beteiligt sind, scheint die Einbindung von enormer Relevanz. Diese Einbindung lässt sich gemäß Organisation B jedoch häufig nicht so leicht etablieren.

> *"Es ist sehr schwer von der Struktur der meisten Firmen so eine Zusammenarbeit herzustellen. [...] Das versuchen wir seit Jahren, aber es ist uns noch nicht gelungen dann auch näher zusammen zu kommen, um immer wieder den gleichen Ansprechpartner zu haben oder zumindest eine gleiche Firma, so dass jeder voneinander lernt. Weil das ist natürlich dann, wenn es um Geschwindigkeit geht, ganz ganz wichtig. Da hilft ein persönlicher Kontakt wesentlich mehr."* (I6B 37:00)

Dies verdeutlicht die Relevanz des Boundary Spanning sowie Operative Linking für die erfolgreiche Durchführung der External Consultating Praktik und ist auch ein Grund für die Bemühungen seitens Organisation B, eine enge Beziehung mit dem BLiX aufzubauen. Der Grund dafür, dass gerade dieser persönliche Kontakt als derart relevant beschrieben wird, ist, dass man nur auf diese Weise die Denkweise des Gegenübers verstehen und antizipieren kann bzw. gemeinsame Interpretationsmuster entwickelt. Vor allem im Hinblick auf Spezifikationen von Komponenten und die damit einhergehende Entwicklung eines Fragenkatalogs, scheint dies von besonderer Bedeutung zu sein.

> *"Man muss sich sicherlich nicht jeden Tag sehen, es reicht einmal im Jahr, aber man muss schon einen Ansprechpartner haben, wo man genau weiß wie er denkt. Die Denkweise ist das*

Wichtige. Wie er tickt, wie er die Münze betrachtet. Ob er nur eine Seite betrachtet oder auch ab und zu mal umdreht. Dann ist halt der Fragenkatalog ein anderer. Man muss das schon genau wissen sonst geht das daneben, weil bei solchen Spezifikationen ist das immer so: Sie spezifizieren, sie denken sie haben alles zu 100% spezifiziert, aber sie haben auch im Kopf, dass man sagt, das ist ja selbstverständlich. Und spezifiziert das dann nicht, weil es ja dann zu viel wird. Das heißt aber noch lange nicht, dass der andere das genauso sieht und dann entstehen die meisten Fehler an der Stelle. [...] Das sind immer die Klippen die man günstigerweise so löst, dass man den Partner, der die Spezifikationen liest und umsetzt, kennt, um selbst zu wissen, wie er tickt." (I6B 37:10)

Um dies in der Kooperation mit dem BLiX zu erreichen, führt Organisation B daher entsprechende Praktiken in der Akquisitionsphase aus, die so den Aufbau einer persönlichen Beziehung fördern und somit die External Consultating Praktik ermöglichen.

3.3.3 Kooperation BLiX – Organisation C

Organisation C besitzt als einer der Stifter der Stiftungsprofessur Kanngießer bereits formal gewisse Schnittstellen zum BLiX. Auch wenn bisher im Unterschied zu den Kooperationen zwischen dem BLiX und den Organisationen A und B keine gemeinsamen Projekte durchgeführt wurden oder aktuell in der konkreten Planung sind, existiert doch ein reger Austausch der Kooperationspartner und es sind gewisse Praktiken der kooperativenTechnologieentwicklung angelegt, die in einem Projekt zur Anwendung kommen sollen. Das bisher keine Projekte durchgeführt wurden, liegt gemäß der involvierten Akteure vorrangig an aktuell unterschiedlichen Forschungsinteressen bzw. Schwerpunkten und lässt sich nicht auf ein Informationsdefizit zurückführen. Aufgrund der vielfältigen thematischen Überschneidungen gehen beide Akteure jedoch davon aus, dass die Initiierung eines gemeinsamen Projektes in naher Zukunft äußerst wahrscheinlich ist. Aktuell findet die Kommunikation der beiden Organisationen nahezu ausschließlich zwischen den beiden interviewten Akteuren statt, welche innerhalb der Organisationen eher auf Leitungsebene anzusiedeln sind.

3.3.3.1 Akquisitionspraktiken

In Bezug auf die Wissensakquisition lassen sich innerhalb der Kooperation zwischen dem BLiX und der Organisation C drei zentrale Praktiken identifizieren, welche neben der Identifikation neuen Wissens vor allem den Aufbau einer Kooperationsbeziehung als auch dem eigentlichen Transfer von Wissen dienlich sind. Die identifizierten Praktiken Scouting, Boundary Spanning und Operative Linking werden im Folgenden in ihrer in dieser Kooperation auftretenden Ausprägung genauer dargestellt.

Scouting

Die Scouting Praktik wird in der Kooperation sowohl vom BLiX als auch von Organisation C angewendet. Im Zentrum der Praktik stehen bei beiden Organisationen die Internetrecherche, das Lesen von Fachmagazinen und entsprechenden Zeitschriften sowie insbesondere der Besuch von Konferenzen und Fachmessen. Die konkrete Funktionsweise der Scouting Praktik wird innerhalb des BLiX vor allem durch die Geschäftsführung des BLiX definiert. Sie leitet sich maßgeblich aus den beruflichen Erfahrungen der Geschäftsführer in und mit Forschungseinrichtungen sowie Unternehmen ab. Innerhalb der Organisation C sind für das Scouting ebenso hauptsächlich die Teamleiter der einzelnen Themenbereiche zuständig. Die zentrale Funktion von Konferenzen fasst einer der BLiX Geschäftsführer wie folgt zusammen:

> "Auf Konferenzen ist das so: Man guckt sich die Sachen an, man redet mit Leuten, man wird angesprochen, man hört die Vorträge an, dazwischen und nachher tauscht man sich dann aus. Das ist in der Regel auf informellen Treffen. Das ist nicht formalisiert." (I11C 8:20)

Neben der Möglichkeit interessante Themen und Entwicklungen auf Konferenzen zu entdecken, spielt diese Praktik für das BLiX auch eine entscheidende Rolle, um auf die eigenen Leistungen aufmerksam zu machen und somit die sogenannten Scouting Aktivitäten anderer Organisationen quasi zu bedienen. Dass man sich der Akquisitionspraktiken von anderen Organisationen auf den Konferenzen durchaus bewusst ist, wird besonders durch die aktive Nutzung solcher Konferenzen als Forum deutlich. So schätzt ein Geschäftsführer des BLiX die Bedeutung der sogenannten PRORA, Fachtagung für prozessnahe Röntgenanalytik, als ein wichtiges Forum zur Präsentation der aktuellen Tätigkeiten ein. In Bezug auf die Bedeutung der Konferenzen gelangt auch der Vertreter der Organisation C zu einer ähnlichen Einschätzung, welcher die Konferenzen und vor allem die PRORA als relevant einstuft:

> *„Eine andere Sache ist auf Konferenzen, was sich jetzt nach mehr anhört als es ist. Eine sehr gute Konferenz ist ja die PRORA in Berlin. Was bei uns ja nicht mehr ist: Ich muss ja nicht im Monatsrhythmus, wissen ob da jetzt ein neuer Durchbruch ist. Die Prozesse sind schon langsamer, aber es ist halt PRORA und da gibt es noch so eine XRS Konferenz, die EXRS, die, glaube ich, alle zwei Jahre ist. Man trifft sich halt dann." (I10C 13:10)*

Daneben wird die PRORA auch als Anlass genutzt, ein weiteres Treffen am Rande der Konferenz für zuvor registrierte Besucher stattfinden zu lassen, den sogenannten Satellite Workshop. Von besonderer Bedeutung ist dabei auch die Präsentation vollkommen neuer Methoden oder Konzepte. So wird der Satellite Workshop vom BLiX dafür genutzt, einen möglichst umfassenden Einblick in aktuelle Entwicklungen zu gewähren.

> *„Dann gibt es eben noch dieses Satellite Meeting [am BLiX], ganz speziell noch mal [...] vor der Konferenz. [...] Das Satellite Meeting dient speziell auch noch mal dazu, uns zu zeigen, auch Sachen die vielleicht gar nicht so richtig, noch nicht die Reife für eine Konferenz haben. [...] [Wir zeigen] was wir da so machen und was wir in naher Zukunft vorhaben. Das ist eben explizit dazu gedacht uns von unserer Seite zu präsentieren. Wie ist der Fortschritt in den Sachen die wir machen, wo stehen wir da, was haben wir so als nächstes vor?" (I11C 29:50)*

Neben dem dort stattfindenden initialen Kontakt der Organisationen, werden im Anschluss an diese Treffen auch häufig bereits aufgebaute persönliche Kontakte mithilfe der Boundary Spanning Praktik gepflegt.

Boundary Spanning

Als eine zentrale Akquisitionspraktik kann auch in dieser Beziehung das Boundary Spanning verstanden werden. Im Zentrum dieser Praktik stehen neben dem telefonischen sowie schriftlichen Austausch der beteiligten Akteure vor allem die persönlichen Treffen am Rande von Konferenzen, auf Messen oder anderen Anlässen sowie häufig erwähnte informelle Treffen. Die beteiligten Akteure sehen als Ziel dieser Praktik insbesondere den Aufbau einer persönlichen Beziehung zwischen den Akteuren. So wird der dadurch ermöglichte offene und vertrauensvolle Austausch, die Diskussion aktueller Themen, die gemeinsame Einschätzung gewisser Trends, aber auch der enge Austausch über mögliche Projekte als entscheidend genannt. Dieser Austausch findet häufig am Rande von anderen Terminen wie z.B. der PRORA oder den Treffen der BLiX-Arbeitsgruppe statt. Die Praktik des Boundary Spanning scheint dabei auch einen Einfluss auf die Effizienz des Austauschs zu haben. So äußerte sich der Geschäftsführer des BLiX dazu:

> „Um mit einem guten Ergebnis kommunizieren zu können ist es wichtig jemanden zu kennen. Worüber und wie redet man mit ihm? Was kann ich von ihm erwarten? Wenn er das interessant findet, muss ich eventuell [bei einem Kollegen] noch mal nachhaken? [...] Es wird dadurch effizienter." (I12C 12:24)

Auch der Vertreter der Organisation C beschrieb immer wieder die bei Berlin-Aufenthalten genutzte Möglichkeit des Treffens und identifiziert einen der Geschäftsführer des BLiX zugleich als seinen primären Kontakt. Gemäß einem der Geschäftsführer des BLiX sowie dem Vertreter der Organisation C erfolgt die erste Identifikation möglicher Projekte innerhalb dieser dyadischen Beziehung. Lässt sich hier Potenzial erkennen, so werden von beiden Seiten entsprechende Mitarbeiter, hauptsächlich in Form von Mitarbeitern aus der

Entwicklung, hinzugezogen. Den daraus resultierenden Prozess beschreibt der Vertreter der Organisation C folgendermaßen:

> „Wie kommt man denn zu einer Kooperation? Da gab es z.B. ein interessantes Thema was wir zusammen identifiziert haben, da war [ein Geschäftsführer des BLiX], ich glaube, noch ein Kollege vom BLiX und mindestens noch zwei Personen von uns dabei und das Problem hierbei war, also weshalb das noch nix geworden ist, ist eine Kombination aus zwei Sachen. Vielleicht einerseits ist der Druck, das mit jemanden entfernten zu machen noch nicht groß genug, andererseits war auch die Hürde relativ hoch. Was die Hürde ist: [...] Unser Problem [ist zu erkennen], wie viel ist das jetzt wirklich wert?" (I10C 13:45)

Um dieses Dilemma zu lösen, strebten beide Parteien wohl einen Austausch der Mitarbeiter aus der Entwicklung an. An dieser Stelle kommt dann die im Folgenden beschriebene Operative Linking Praktik zum Einsatz. Während mithilfe der Praktik des Boundary Spannings erfolgsversprechende Themen identifiziert wurden, bereitet das Operative Linking den fachlichen Austausch der fachlichen Mitarbeiter vor.

Operative Linking

Der tatsächliche Austausch des im Zuge von Projekten generierten Know-hows wird mithilfe der Operative Linking Praktik vorgenommen. Die zentrale Frage ist dabei, wie die kooperative Technologieentwicklung gestaltet werden muss, damit der Kooperationspartner die Projektergebnisse im vollen Umfang nutzen kann. Hier wurden immer wieder die schriftliche Dokumentation der Ergebnisse und deren Austausch angesprochen. Auch wenn dies eine Grundvoraussetzung ist, wurden solche Transferpraktiken als viel wichtiger identifiziert, die einen persönlichen Austausch der fachlich arbeitenden Mitarbeiter in den Fokus stellen. Der persönliche Austausch ist vor allem gegen Ende des Projektes von enormer Bedeutung, da die fachlich arbeitenden Mitarbeiter bei Organisation C auch weiterhin die Komponenten oder Produkte betreuen sollen, in denen das transferierte Wissen letztlich Anwendung findet.

> *„Egal, ob es eine Komponente ist oder eine Methode. Wenn das eine Sache ist, die dann bei uns in ein Produkt eingearbeitet wird, eine Unterkomponente z.B., es ist ja so, dass über die Lebensdauer des Produktes es auch einen Betreuer bei [uns] geben muss, der dieses Produkt betreut. Auch wenn er oder sie das Produkt nicht unbedingt weiterentwickeln kann, weil ihm vielleicht das Wissen fehlt, muss es ja betreut werden. Und diese Person trifft sich dann mit den Teammitarbeitern, die an dieser Entwicklungsarbeit beteiligt waren. Manchmal ist es auch so, dass es drei Partner gibt, dann trifft man sich halt zu dritt aber der Wissensaustausch ist sozusagen auf der Ebene der Leute die dann damit zu tun haben. Es gibt eigentlich nicht diesen Umweg über einen Gruppenleiter oder Projektleiter oder was auch immer. Sicherlich gibt es irgendein Status Meeting, aber das ist nur rein formell. Das Wichtige ist, dass die Leute, die das wirklich konkret machen, [das Wissen austauschen]."*
> (I10C 25:55)

Hieraus lässt sich der Inhalt der Operative Linking Praktik recht deutlich ableiten. Während zuvor ein Austausch bzw. ein Boundary Spanning insbesondere auf Leitungsebene durchgeführt wurde, so sollen hier Kontakte zwischen den für die eigentliche Entwicklung zuständigen Mitarbeiter hergestellt werden.

Bevor Organisation C die Operative Linking Praktik etablierte, wurde ebenso versucht auf einen Austausch der Mitarbeiter auf fachlicher Ebene zu verzichten und lediglich den Service der Geräte vorzunehmen. Auf eine Einbeziehung der Entwicklungsabteilung wurde somit vollständig verzichtet. Da es hier in der Vergangenheit scheinbar zu Problemen gekommen ist, bewertete der Interviewpartner den Einbezug der Entwicklungsabteilung wie folgt:

> *„Was besser klappt und was ich auch jetzt nicht mehr anders machen würde, ist, dass quasi dieser Mitarbeiter, der die Informationen bekommt, aus der Entwicklung ist. Man kann ja auch das Modell fahren das man sagt: ‚OK, ich gebe diese Komponente raus und behandele das wie eine ‚black box'.' Und diese ‚black box' kann ich ja dann auch von Servicemitarbeitern, die also nur noch mit der Wartung vertraut sind, kann ich auch*

> *darüber abfahren. Das haben wir auch schon gemacht, aber das funktioniert eigentlich nicht so gut."* (I10C 27:50)

Ein anderer Ansatz die Ergebnisse zu transferieren wäre dem Interviewpartner zu Folge die Definition klarer Schnittstellen, die eine Eingliederung der Ergebnisse ebenfalls ermöglichen würde. Dieser Ansatz wurde jedoch weder in der Vergangenheit verfolgt, noch existieren Pläne, dies in der Zukunft zu tun. Den Grund dafür sieht der Vertreter der Organisation C in der Produktart begründet als auch in der geringen Stückzahl der betroffenen Produkte. So sei der im Vorfeld notwendige Aufwand, harte Schnittstellen zu definieren, einfach zu hoch. Stattdessen wurde erneut betont, wie wichtig an dieser Stelle die gemeinsame Arbeit vor allem gegen Ende des Projektes ist:

> *„Was wichtig ist, ist, dass teilweise zusammen daran gearbeitet wird, also mitgearbeitet wird. Und zwar wäre das eher in der Endphase vor dem Abschluss. Was wir nicht machen, was man sich ja auch überlegen kann, dass wir so harte Schnittstellen definieren. Woran das nach meiner Erfahrung scheitert ist, dass der Aufwand der getrieben werden müsste, um diese Schnittstelle sauber zu beschreiben, also die Anforderungen zu beschreiben, die ich daran habe und dann diese Schnittstellen als Teil des Projektes sauber zu beschreiben, dass dies wahrscheinlich nicht zu unseren Stückzahlen passt. Es ist sicherlich etwas anderes, wenn ich jetzt Handys machen würde und mache da 10.000 Stück im Monat. Dann kann man sagen: ‚OK, ich spendiere diese Arbeitszeit von ein paar Ingenieuren die das machen', aber bei der Produktart [...] das passt einfach irgendwie bei uns nicht so richtig."* (I10C 28:50)

Der Transfer erfolgt somit durch den Austausch auf persönlicher Ebene durch Mitarbeiter der Entwicklung. Die Etablierung dieser persönlichen Schnittstellen auf Ebene der Mitarbeiter in der Entwicklung ist damit Kernstück der Operative Linking Praktik. Im Anschluss an die Akquisitionspraktiken, setzen die sogenannten Integrationspraktiken an, welche im Folgenden vorgestellt werden.

3.3.3.2 Integrationspraktiken

Die im Zuge der Akquisition transferierten Informationen über die verschiedenen technologischen Entwicklungen oder gar die Projektergebnisse des Kooperationspartners werden sowohl am BLiX als auch innerhalb der Organisation C in der Integrationsphase mit den eigenen Mitarbeitern geteilt als auch in der eigenen Organisation bewertet. Die identifizierten Praktiken dienen darüber hinaus auch der intraorganisationalen Vernetzung, da hier auch ein Austausch dieser initiiert wird. Für die organisationale Integration des Wissens lassen sich so die Praktiken Specific Sharing and Selecting sowie Channeling identifizieren, welche nun genauer dargestellt werden sollen.

Specific Sharing and Selecting

Die sogenannte Praktik des Specific Sharing and Selecting knüpft direkt an den zuvor angeführten Akquisitionspraktiken an und bezieht sich in einem ersten Schritt vorerst auf die direkte Verteilung der Informationen bzw. des konkret transferierten Wissens innerhalb der eigenen Organisation. So bilden formale aber auch informelle Treffen innerhalb der Organisation den Rahmen dieser Praktik. Hier erfolgt neben der einfachen Teilung des Wissens auch die gemeinsame Selektion möglicher interessanter Themen aber auch die Identifikation des Wissens, welches für andere Teams oder Teammitglieder von Interesse ist. Innerhalb des BLiX finden z.B. in der Arbeitsgruppe Treffen im Nachgang zu Konferenzen statt, welche in erster Linie dem Austausch von Informationen als auch der Diskussion über deren Einschätzung dienen. Im Nachgang der Arbeitstreffen bzw. Diskussionsrunden findet dann eine Auswahl der als relevant identifizierten Themen statt. Die Themen dienen als Grundlage für die thematische bzw. strategische Orientierung in den einzelnen Kompetenzbereichen des BLiX. Neben der Orientierung an Trends innerhalb der Branche werden dabei mitunter auch konkrete Problemstellungen des Kooperationspartners berücksichtigt. Die Entscheidungen über die thematische bzw. strategische Orientierung des BLiX werden jedoch abgekoppelt von den Diskussionsrunden getroffen und beziehen daher nur einen kleinen Kreis von Akteuren mit ein.

„Wenn es dann darum geht: ‚Wo gehen wir dann konkret hin?', das ist dann schon Leitungsebene." (I11C 9:00)

Die Notwendigkeit der Integrationspraktiken begründet sich dadurch, dass die Akquisitionspraktiken häufig nicht alle potenziell tangierten Mitarbeiter innerhalb der Organisation C einbeziehen. Dies ist zum Teil Faktoren wie der räumlichen Entfernung der Kooperationspartner und den damit einhergehenden Herausforderungen geschuldet. So ist es häufig aus Kosten- und Zeitgründen nicht möglich, alle potenziell an dem Thema interessieren Mitarbeiter zum Kooperationspartner zu schicken. Darüber hinaus lässt sich die Relevanz eines solchen Besuchs im Vorfeld häufig schwer einschätzen. Um den Kosten- und Zeitaufwand der Akquisition möglichst gering zu halten, werden daher aus finanziellen Gründen eher weniger Mitarbeiter zum Kooperationspartner geschickt. Um das akquirierte Wissen oder Informationen trotzdem möglichst innerhalb der Organisation C zu verbreiten, existieren innerhalb der Organisation C Praktiken der Wissensteilung. Diese Praktiken sind jedoch eher informeller als formeller Natur. So existiert z.B. keine besondere Datenbank oder anderweitig softwaregestützte Austauschplattform. Der Austausch erfolgt auf persönlicher Ebene, beschränkt sich dabei jedoch nicht nur auf sogenannte Kaffeegespräche, sondern findet im Normalfall bei Treffen der Gruppenleiter statt. Wichtig ist dabei, dass sämtliche Gruppenleiter über ein Grundverständnis der anderen Bereiche verfügen und so in der Lage sind, Themen zu identifizieren, die möglicherweise für die anderen Bereiche von Interesse sind. So sind diese Treffen durch den Austausch über vergangene und laufende Projekte der einzelnen Gruppenleiter geprägt. Herrscht Unsicherheit über den Nutzen gewisser Themen für andere Teams, so kommt es häufig vor, dass der Gruppenleiter erst Rücksprache mit seinem Team hält, um dann eine Entscheidung darüber zu treffen, ob hier ein weiterer Austausch folgen soll. Dieser Austausch wird dann durch die Gruppenleiter initiiert, betrifft jedoch ähnlich wie bei der Operative Linking Praktik eher die Ebene der Entwicklungsmitarbeiter. Der Prozess der Identifikation relevanten

Wissens innerhalb dieser Gruppenleitertreffen wird wie folgt beschrieben:

> „Es gibt keine formelle Datenbank oder so etwas. Es ich schon eher informell, aber nicht nur beim Mittagessen, sondern es ist so, dass die Gruppenleiter schon bei uns fachlich soweit involviert sind und auch ein Grundverständnis haben von den anderen Abteilungen, den anderen Gruppen, damit sie erkennen können, ob das für andere potenziell interessant ist. Der Austausch findet dann auf Gruppenleiterebene statt. Es gibt Gruppenleiterbesprechungen, die wir haben, und was dann passieren kann, angenommen jetzt habe ich ein interessantes Projekt mit dem BLiX gemacht, das könnte vielleicht auch interessant sein für Gruppe B. Dann würde man in dieser Besprechung sagen ‚Hey, wir sind hier jetzt beim Abschluss und das ist unsere Erfahrung und das sind ganz dufte Leute. Das haben wir rausgefunden. Ist das für euch von Interesse?' Dann würde halt der Gruppenleiter von der anderen Gruppe, wenn er sich nicht gleich so sicher ist, halt mit seinen Leuten reden und gegebenenfalls zurückkommen und danach, wenn das denn relevant ist, dann wird der Austausch auf Mitarbeiterebene, der operativen Ebene, weitergeführt." (I10C 31:00)

Die Wissensteilung am BLiX läuft nach einem ähnlichen Muster ab. So wird von den Geschäftsführern beschlossen, welche Themen relevant sind und dementsprechend den Mitarbeitern vermittelt werden sollen. Hinzu kommt der Umstand, dass am BLiX zudem verhindert werden muss, dass Wissen zusammen mit dem Ende der Qualifikationsphase einzelner Mitarbeiter abfließt und so verloren geht. Als relevant identifiziertes Wissen muss demnach auch weitergegeben werden. Gemäß einem der Geschäftsführer des BLiX werden zu diesem Zweck Gruppen organisiert, die dann gemeinsam an den bestimmten Aufbauten bzw. Entwicklungen arbeiten. Auf diese Weise wird gewährleistet, dass die Informationen weitergegeben werden.

> „Es ist dann oft so, dass wir dann Gruppen organisieren, d.h. dann, dass mehrere Leute an dem Ding arbeiten und sich dann dabei das notwendige Wissen vermitteln." (I11C 11:00)

Die Übertragung zwischen Personen macht deutlich, dass Datenbanken faktisch auch innerhalb der Köpfe der Mitarbeiter existieren können.

Channeling

An der Wissensteilung innerhalb der Organisation C lässt sich zudem erkennen, dass der erste Austausch auf der Gruppenleiterebene ganz gezielt in einem kleinen Kreis vorgenommen wird. Den Grund dafür sieht der Interviewpartner der Organisation C darin, dass nur in einem kleinen Kreis ein zuverlässiger Austausch der Informationen gewährleistet werden kann, ohne dass diese Informationen verloren gehen oder verfälscht werden. Mit dieser Einschätzung und seiner daraus abgeleiteten „Verteilerfunktion", verortet sich der Interviewpartner zudem als zentraler Ansprechpartner für das BLiX innerhalb der Organisation C.

> „Es ist nicht so, dass wir uns einmal im Monat zum großen Abteilungstreffen treffen, das sind einfach zu viele mögliche Verbindungen. Dann kann ich nicht gewährleisten, dass die Information raus geht. [...] In dem Sinne, für dieses Verbreiten der Informationen bei uns im Hause, habe ich jetzt im Fall BLiX so eine Sternfunktion." (I10C 32:30)

Die dargestellte Praktik der Wissensintegration ermöglicht somit die weitere Verankerung bzw. den organisationsinternen Transfer des Wissens. Die nachfolgend beschriebenen Praktiken der Wissensexploitation setzten erwartungsgemäß dort an, wo die Praktiken der Integration endet – bei der Implementierung der Ergebnisse in Produkte bzw. bei der Übertragung des Wissens zwischen einzelnen Bereichen.

3.3.3.3 Exploitationspraktiken

Für die Exploitation des Wissens wurde auch innerhalb der Organisation C eine Praktik etabliert, welche vor allem auf Erfahrungen aus vergangenen Kooperationen aufbaut. Hierbei handelt es sich um eine Praktik, mit der die tatsächliche Implementierung der Ergebnisse bzw. die Übertragung zwischen Organisationseinheiten erleichtert bzw. ermöglicht wird. So wird im Folgenden die Praktik Modularising dargestellt, welche bei allen Produkten bzw. Entwicklungen von Organisation C zum Einsatz kommt und diese, durch einen von Beginn an konsequenten modularen Aufbau, generell für Verbesserung bzw. Erweiterungen vorbereitet. Neben dieser Exploitationspraktik spielt auch die bereits vorgestellte Akquisitionspraktik Operative Linking eine entscheidende Rolle in dieser Phase. So ermöglicht die Praktik Operative Linking neben dem Transfer zwischen den einzelnen Bereichen auch den Aufbau einer Schnittstelle zum ursprünglichen Transferpartner. Im Gegensatz zu den anderen vorgestellten Kooperationen dient das Operative Linking hier jedoch nur als eine Art „Notfallplan" und ist nicht fest in den Integrationsprozess durch eine eigene Praktik implementiert. Die dargestellte Situation kann hier durchaus als Vorstufe zur External Consultating Praktik angesehen werde, wobei natürlich offen ist ob sich eine solche Praktik auch in dieser Kooperation entwickeln wird.

Modularising

Das Modularising kommt bei der Entwicklung und Konstruktion neuer Produkte bzw. Systeme zum Einsatz und bezeichnet dabei die aktive modulare Gestaltung der Produkte oder Systeme. Der modulare Aufbau soll Organisation C zufolge vor allem dazu dienen, die im Zuge der kooperativen Technologieentwicklung erreichten Teilverbesserungen in einzelnen Systemen möglichst schnell auf andere Systeme zu übertragen. Es wird daher konsequent darauf geachtet, dass die Schnittstellen der einzelnen Module auch systemübergreifend unverändert bleiben. Den Nutzen der modularen Bauweise fasst der Interviewpartner der Organisation C wie folgt zusammen:

> „Die modulare Architektur sorgt dafür, dass wenn bei System 1 ein Teilproblem im Modul A gelöst wird, dieses recht leicht auf System 2 mit Modul A zu übertragen ist." (I10C 34:40)

Diese Vorgehensweise erstreckt sich auf sämtliche Systeme und Produkte und wird von Organisation C als der entscheidende Lösungsweg beschrieben, um transferiertes Wissen und Know-how sowie auch die daraus resultierenden Entwicklungen und Produkte innerhalb der eigenen Organisation zur Anwendung zu bringen. Auf die Frage, wie der Transfer zwischen Organisationseinheiten tatsächlich ermöglicht wird, antwortete der Interviewpartner daher wenig überraschend:

> *„Unser Lösungsweg dazu ist, dass die Systeme und auch die Produkte eine modulare Architektur haben. Das fängt bei den mechanischen Komponenten an, das geht aber natürlich auch weiter dann über die Steuersoftware, die Auswertesoftware und dadurch ist es so, dass wenn ich ein bestimmtes Problem im Bereich A löse, das von der Architektur her relativ leicht übertragbar ist."* (I10C 34:28)

Die Praktik, die Produkte bereits in der Entwicklung möglichst modular und somit mit möglichst „offenen" bzw. kompatiblen Schnittstellen zu versehen, soll helfen, Weiterentwicklungen bei Komponenten möglichst problemlos auf andere Komponenten oder gar Systeme zu übertragen. Die Voraussetzung dafür wird bereits durch bestimmte Akquisitionspraktiken geschaffen. Eine besondere Bedeutung beim Transfer zwischen den Organisationseinheiten kommt in der Exploitationsphase damit der Akquisitionspraktik Operative Linking zu. So bilden die mit dieser Praktik geschaffenen Vernetzungen der Mitarbeiter mit dem ursprünglichen Transferpartner innerhalb der Organisation C die Grundlage für eine erfolgreiche Übertragung des in der Entwicklung befindlichen Know-hows. Dieser Umstand wurde von dem Interviewpartner der Organisation C daher auch besonders betont, als dieser nach dem konkreten Ablauf der Transfers zwischen einzelnen Gruppen gefragt wurde:

> *„Angenommen ich habe jetzt Modul A für Gruppe A am BLiX entwickelt und das ist jetzt auch für Gruppe B interessant, dann ist mit hoher Wahrscheinlichkeit das ganz leicht übertragbar [...] von den Schnittstellen ist es relativ einfach, weil die Architektur so ist. Das Einzige was übertragen werden müsste ist sozusagen die inhaltliche [Komponente]: Was erbringt dieses Modul an Leistung? Und das würde dann übertragen werden von dem operativen Mitarbeiter aus der Gruppe A, der an dem Projekt [beteiligt] war, der quasi am Ende der Projektphase da-*

> *bei war und das Wissen von dem BLiX Mitarbeiter bekommen hat. Und der würde das dann weitervermitteln."* (I10C 35:18)

Interessant ist hierbei, dass an dieser Stelle noch nicht der Kooperationspartner mit einbezogen wird, sondern lediglich der innerhalb der Organisation C in dieser Kooperation eingesetzte Mitarbeiter. Zudem wird deutlich, dass der mithilfe der Operative Linking Praktik installierte Mitarbeiter, während des Prozesses der Übertragung zusätzlich als mögliche Schnittstelle zum Kooperationspartner fungiert, um so im Falle von möglichen Komplikationen bei der Exploitation seine Kontakte zum ursprünglichen Transferpartner nutzen zu können. Auch für die in Zukunft angedachten Projekte mit dem BLiX, soll diese in der Organisation C bereits bewährte Vorgehensweise angewendet werden. Die Bedeutung der Operative Linking Praktik als Schnittstelle zum BLiX, machte der Interviewpartner der Organisation C noch einmal besonders deutlich.

> *„Wenn es aus irgendwelchen Gründen noch weitere Probleme gäbe, würde [der am Projekt mit dem BLiX beteiligte Mitarbeiter] quasi als Schnittstelle agieren zum BLiX."* (I10C 36:12)

Dass der bei der Exploitation eventuell notwendige Austausch über den bereits in der Operative Linking Praktik verorteten Mitarbeiter abläuft, hat für Organisation C mehr als nur einen praktischen Hintergrund. So wurde betont, dass eine direkte Verbindung zwischen, in diesem Beispiel, Gruppe B und dem Transferpartner nur in Ausnahmefällen hergestellt werden würde.

> *„Nur in Ausnahmefällen würde man dann die direkte Verbindung [herstellen], es kann ja sein, dass es so kompliziert ist, dass der erste Mitarbeiter sich wie ein Briefträger vorkommt. Dann würde man das ändern. Aber am Anfang ist es [so]. Dieses [...] Wechseln von Personen stört eigentlich diese Wissensaustauschprozesse."* (I10C 36:30)

Damit wird auch erneut deutlich, dass die External Consultating Praktik bisher keine Anwendung findet. Dennoch wird auch hier erneut die Relevanz einer soliden etablierten persönlichen Beziehung verdeutlicht und damit die Operative Linking Praktik als eine zentrale Absorptionspraktik identifiziert.

4 Diskussion der Ergebnisse

Im Folgenden Kapitel werden die zuvor präsentierten Ergebnisse der Intensivfallstudie vor dem Hintergrund der in Kapitel 2 vorgestellten theoretisch-konzeptionellen Überlegungen gespiegelt. Die Diskussion wird dabei wie in Abbildung 12 dargestellt gegliedert.

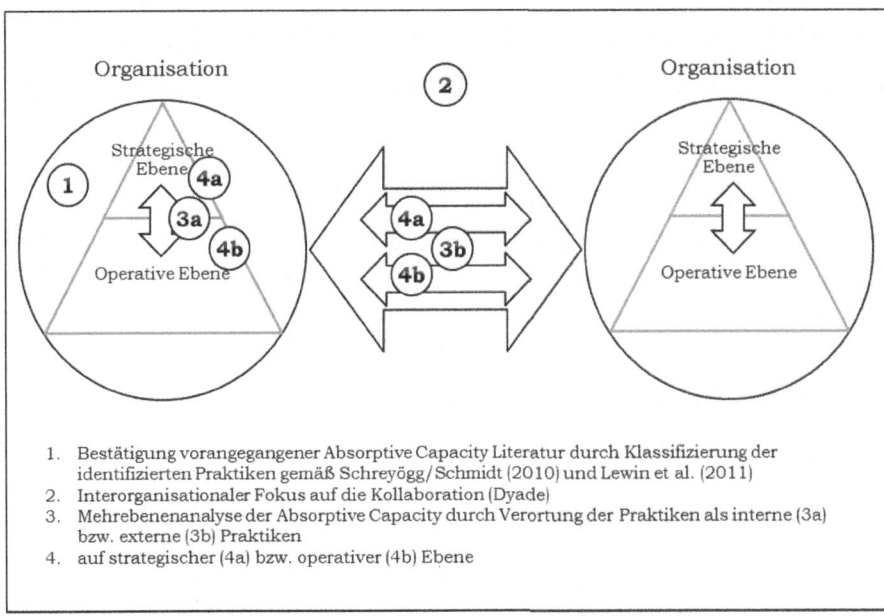

Abbildung 12: Gliederung der Diskussion

So wird in Unterkapitel 4.1 vorerst eine Verortung der bereits empirisch vorgestellten Praktiken vorgenommen, um diese so für die Diskussion vorzubereiten. Neben der Klassifizierung der Praktiken gemäß Schreyögg und Schmidt (2010) und Lewin et al. (2011) erfolgt hier eine Verortung als interne oder externe Absorptionspraktik und eine Verortung der Praktiken auf strategischer oder operativer Ebene. Daran anknüpfend erfolgen in Unterkapitel 4.2 die sich aus den theoretisch-konzeptionellen Ergebnissen abzuleitenden Implikationen für das Konzept der Absorptive Capacity. Unterkapitel 4.3 widmet sich schließlich den daraus ableitbaren praktischen Implikationen für das Management kooperativer Technologieentwicklung.

4.1 Interpretation und Verortung identifizierter Praktiken

Für die Beantwortung der Forschungsfrage, welche internen sowie externen Absorptionspraktiken sich im Zuge der kooperativen Technologieentwicklung auf strategischer sowie operativer Ebene einer Organisation identifizieren lassen, bedarf es einer Verortung des zuvor empirisch identifizierten Praktiken. Den ausgeführten Überlegungen zur Forschungsfrage folgernd wurde daher ein modifiziertes Modell der Absorptive Capacity entwickelt, in welches die identifizierten Praktiken entsprechend eingeordnet werden können. Diese Abbildung soll insbesondere bei der Folgerung der theoretisch-konzeptionellen Implikationen sowie der Implikationen für das Management dienen und zudem als Ausgangspunkt für die Integration der Erkenntnisse in den gesamten Absorptive Capacity Bezugsrahmen darstellen (vgl. Abbildung 13).

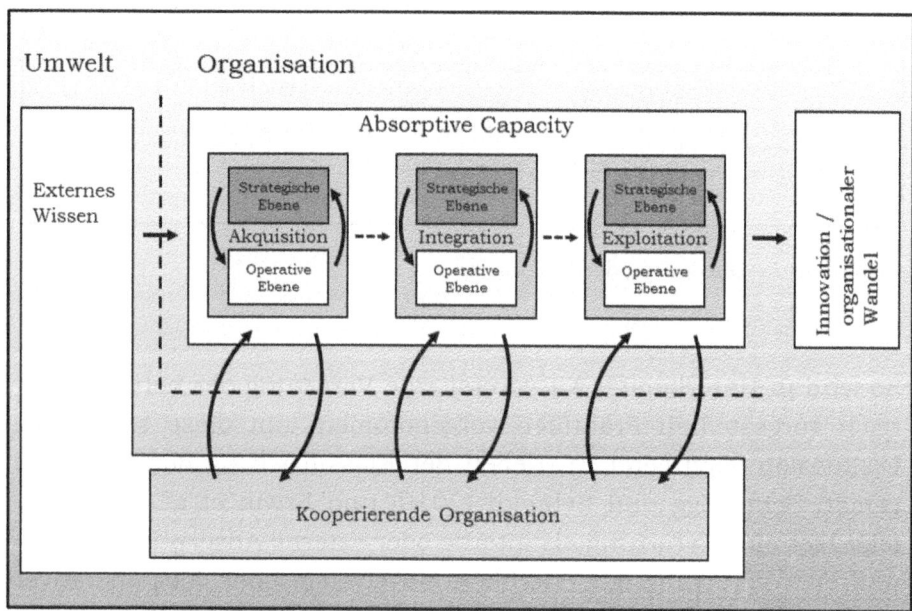

Abbildung 13: Aus der Forschungsfrage abgeleitetes, modifiziertes Modell der Absorptive Capacity

Im Gegensatz zu bisherigen Modellen wird dabei die kooperierende Organisation in das Modell integriert. Die Darstellung der kooperierenden Organisation erfolgt zudem parallel zum Prozess der Absorptive Capacity, wodurch eine Verortung interorganisationaler Praktiken anhand der einzelnen Dimensionen der Absorptive Capacity ermöglicht wird. Darüber hinaus erfolgt in dem Modell zudem eine Unterteilung der einzelnen Absorptive Capacity Dimensionen in die hier eingeführten organisationalen Ebenen.

4.1.1 Akquisitionspraktiken

4.1.1.1 Scouting

Um die Scouting Praktik genauer verorten zu können, ist zuerst eine Zuordnung innerhalb der von Schreyögg und Schmidt (2010) eingeführten Teilfähigkeiten sinnvoll. Die zentrale Funktion der Praktik scheint der Sichtung externer Informationen, Marktrecherche oder auch die Identifikation neuer relevanter Akteure darzustellen. Im Sinne von Schreyögg und Schmidt (2010) kommt daher die Teilfähigkeit der „Identifikation neuen Wissens" in Betracht. Dies scheint sich ebenso durch Lewin et al. (2011) bestätigen zu lassen. So zählen diese die von Kohli et al. (1993) vorgestellte Praktik des „market research, end user surveys, informal interactions with industry actors", welche deutliche Parallelen zu der hier identifizierten Scouting Praktik aufzuweisen scheint, zu ihrer Meta AC Routine „Identifying and recognizing value of externally generated knowledge", welche als Äquivalent zu der Teilfähigkeit „Identifikation neuen Wissens" angesehen werden kann.

In der Empirie konnte zudem gezeigt werden, dass die Praktik des Scouting, durch den Fokus auf das externe Wissen, also z.B. der Marktrecherche oder aber den Messebesuchen, auf denen zum Teil die initiale Kontaktaufnahme zwischen den Kooperationspartnern zu finden war, extern zu verorten ist. Die Praktik kommt demnach im Zuge der Kooperationen interorganisational zum Einsatz, weshalb sowohl vor dem Hintergrund der fallgetriebenen Theoriebildung als auch der präziseren, interorganisationalen Verortung der eigenständige Begriff des Scouting als gerechtfertigt scheint. Damit lässt sich die Praktik des Scouting als „outward-looking" im Sinne von Cohen und Levinthal (1990, S. 133) definieren. Die Einordnung als externe Praktik, lässt sich zudem durch die identische Einordnung nach Lewin et al. (2011) bestätigen. Nach Yeoh (2009, S. 22) lässt sich diese so als interorganisational klassifizierte Praktik damit innerhalb der von Zahra und George (2002, S. 192) angeführten potenziellen Absorptive Capacity verorten, welche neben der Akquisitionsphase auch die Assimilationsphase umfasst.

In Bezug auf die Verortung der Praktik auf strategischer bzw. operativer Ebene, lassen sich in der Empirie Indizien dafür finden, diese hauptsächlich auf der strategischen Ebene zu verorten. So ging insbesondere der Erstkontakt zur Anbahnung der Kooperationen eher von der strategischen Ebene aus und die Besuche von Konferenzen und Messen werden ebenso maßgeblich von dieser strukturiert. Daneben lassen sich auch Indizien dafür finden, dass zumindest Teile dieser Praktik auch auf operativer Ebene zu finden sind. So konnte in der Empirie zum Teil ein gemeinsamer Besuch der Konferenzen und Messen von Akteuren der strategischen als auch der operativen Ebene identifiziert werden. Die operative Ebene hatte dabei insbesondere eine unterstützende Funktion inne. So zeigt sich z.B. empirisch, dass die operative Ebene die strategische Ebene gelegentlich bei Messebesuchen begleitet. Die Scouting Praktik scheint demnach primär auf strategischer Ebene lokalisiert bzw. von dieser initiiert zu sein, zum Teil jedoch auch die operative Ebene mit einzubeziehen.

4.1.1.2 Boundary Spanning

Die Boundary Spanning Praktik scheint sich in der hier empirisch vorliegenden Form gleich mehreren Teilfähigkeiten nach Schreyögg und Schmidt (2010) zuordnen zu lassen. Neben der Etablierung und Festigung persönlicher Beziehungen, dient diese Praktik insbesondere der Identifikation externen Wissens, der Initiierung von Kooperationsprojekten sowie der Strukturierung des eigentlichen Transfers an der Schnittstelle der Organisation zur externen Umwelt. Damit adressiert die Praktik sowohl die Teilfähigkeiten nach Schreyögg und Schmidt (2010) „Identifikation neuen Wissens" und „Lernen von Partnern" als auch den „Transfer ins Unternehmen". Diese Zuordnung lässt sich auch anhand der Ergebnisse von Lewin

Diskussion der Ergebnisse

et al. (2011) bestätigen. So weist die hier identifizierte Praktik des Boundary Spanning, Übereinstimmungen mit den Meta AC Routinen auf. Folglich lassen sich Elemente der von Cohen und Levinthal (1990) aufgeführten Gatekeeper, welche als Spezialform bzw. Ausprägungsform der von ihnen eingeführten Boundary Spanner begriffen werden kann, innerhalb der hier dargestellten Boundary Spanning Praktik wiederfinden und so eine Zuordnung zu der Meta AC Routine „Identifying and recognizing value of externally generated knowledge" ableiten. Die Funktion der Praktik in Bezug auf die Initiierung und Etablierung persönlicher Kontakte hingegen, steht in Übereinstimmung mit den von Lewin et al. (2011) angeführten Praktiken „Codevelopment relationships" nach Dyer und Singh (1998) sowie Koza und Lewin (1998), „R&D partnerships" nach Tether (2002) sowie der Praktik des „Networking with outside organizations, universities, and research institutions in particular" nach Koch und Strotmann (2008) und legt so eine Zuordnung zu der Meta AC Routine „Learning from and with partners, suppliers, customers, competitors, and consultants" nahe. Es scheinen sich zudem die hier empirisch dargestellten Ergebnisse bestätigen zu lassen, dass die Praktik des Boundary Spanning einen Einfluss auf die Effizienz des Transfers besitzt. So zeigte sich der Einfluss auf die Strukturierung der Kooperation bzw. des Transfers als auch die vermittelnde Rolle als Schnittstelle zwischen Umwelt und Organisation. Dies lässt sich der von Rosenkopf et al. (2001) identifizierten Praktik des „sharing within company knowledge aquired in interfirm relations" und somit der Meta AC Routine „Transferring knowledge back to the organization" nach Lewin et al. (2011) zuordnen.

Betrachtet man die Boundary Spanning Praktik vor dem Hintergrund ihrer internen oder externen Verortung, so lässt sich auf den ersten Blick insbesondere deren externe Verortung vornehmen. Der schriftliche, telefonische oder gar persönliche Austausch der Akteure im Zuge dieser Praktik, wie er z.B. in der Kooperation zwischen dem BLiX und der Organisation A zum Ausdruck kam, kann klar auf interorganisationaler Ebene angesiedelt werden. Hier fällt insbesondere der angestrebte Aufbau einer Beziehung, aber auch die gemeinsame Einschätzung von Trends, ins Auge. Ebenso die im Zuge dieser Praktik erfolgenden Absprachen künftiger Kooperationsprojekte weisen auf den interorganisationalen Charakter dieser hin. Dies steht soweit in Übereinstimmung mit der von Lewin et al. (2011, S. 89) vorgenommenen Einordnung dieser Praktik und ist bis dahin auch konsistent mit der Konzeptualisierung nach Yeoh (2009, S. 22) und Zahra und George (2002, S. 192) als interorganisationale Praktik bzw. potenzielle Absorptive Capacity.

Als Hauptakteure der Praktik können insbesondere die Akteure auf strategischer Ebene gezählt werden. So erfolgte die Boundary Spanning Praktik in den beobachteten Kooperationen vor allem um die Beziehung auf dieser Ebene auf- bzw. auszubauen (dazu auch Braun et al. 2012). Auch die Besprechungen für zukünftig geplante Projekte oder etwaiger Schnittmengen erfolgten nahezu ausschließlich auf dieser Ebene, wie z.B. in der Kooperation des BLiX mit der Organisation B dargestellt. Diese Beobachtungen stehen damit in Übereinstimmung mit den von Easterby-Smith et al. (2008, S. 495 f.) angeführten Überlegungen, dass insbesondere der Aufbau einer Beziehung zwischen sogenannten Schlüsselpersonen eine besondere Bedeutung beizumessen ist. Die Bedeutung der Akteure auf der strategischen Ebene im Zuge dieser Praktik könnte somit auch die von Todorova und Durisin (2007) oder Lerch et al. (2013) angeführten „Power Relationships" im Rahmen dieser Praktik verorten.

Neben dieser gemäß Cohen und Levinthal (1990, S. 133) angeführten „outward-looking" Verortung dieser Praktik, lassen sich jedoch auch sogenannte „inward-looking" oder auch intraorganisationale Aspekte identifizieren. So zeigte sich, dass im Zuge der Projektanbahnung häufig Akteure der operativen Ebene hinzu gezogen werden. Auch wenn der zentrale Aspekt der Boundary Spanning Praktik mitnichten auf diesem im Zuge dieser Einbeziehung notwendigen Austausches liegt, so lässt sich dieser Aspekt doch nicht vollständig ignorieren. Die Praktik des Boundary Spanning synchronisiert durch ausgiebige Gespräche auf strategischer Ebene die Erwartungen und Ansprüche an eine mögliche Kooperation und hilft die notwendige Beziehung zwischen den Akteuren auf strategischer Ebene auf- bzw. auszubauen. Die Konsultation der Mitarbeiter auf operativer Ebene im Zuge der Projektanbahnung setzt hierbei bereits erste Akzente der insbesondere im Zuge der Projektdurchführung zum Einsatz kommenden Operative Linking Praktik.

4.1.1.3 Operative Linking

Neben der Praktik des Boundary Spanning, kann wohl die Praktik des Operative Linking als zentrale Praktik der Akquisitionsphase genannt werden. Als Ziel der Operative Linking Praktik kann dabei insbesondere die Etablierung einer Beziehung zwischen fachlich arbeitenden Mitarbeitern im Zuge des tatsächlichen Wissenstransfers angesehen werden. In der Empirie wurde deutlich, dass dieser Transfer insbesondere durch den persönlichen Austausch als auch das gegenseitige Konsultieren erreicht werden konnte. Dabei zeigte sich z.B. in der Kooperation des BLiX mit der Organisation A, dass die Operative Linking Praktik von den auf strategischer Ebene verorteten Boundary Spannern ausgeführt wurde, mit dem Ziel eine personelle Verbindung auf fachlicher Ebene zu erzeugen (und demnach quasi Boundary Spanner auf fachlicher Ebene zu schaffen). Dies führt dazu, dass diese Praktik insbesondere den Teilfähigkeiten „Transfer ins Unternehmen" als auch dem „Lernen von Partnern" zuzuordnen ist. Die Praktik ermöglicht somit den eigentlichen Transfer in die Organisation und kann ohne Zweifel den Meta AC Routinen „Learning from and with partners, suppliers, customers, competitors, and consultants" als auch „Transferring knowledge back to the organization" nach Lewin et al. (2011) zugeordnet werden. Auch wenn Lewin et al. (2011) keine identischen exemplarischen Praktiken identifizieren konnten, so betrifft die Operative Linking Praktik doch der Kern der Meta AC Routine und kann daher als exemplarisch gesehen werden. Im Laufe der Kooperationen zeigte sich zudem, dass die mittels der Operative Linking Praktik etablierten Beziehungen im Zeitablauf auch für die „Identifikation neuen Wissens" dienlich waren. Was sich unter anderem durch die etablierten personellen Kontakte und deren ähnlichen Funktion im Sinne von Boundary Spannern oder Gatekeepern erklären lassen könnte. Die empirisch identifizierten Ausprägungsformen der Operative Linking Praktik, das sogenannte Monitoring und Sensitizing, beziehen sich auf die Operative Linking Praktik selbst. Während das Monitoring insbesondere die Evaluierung und Notfalls Anpassung des in der Operative Linking Praktik erfolgten personellen Matchings in den Mittelpunkt stellt, handelte es sich beim Sensitizing primär um die Vorbereitung der entsprechenden Personen.

Die Verortung der Operative Linking Praktik als interne oder externe Praktik, erscheint vor dem Hintergrund der Klassifizierung entsprechend Schreyögg und Schmidt (2010) aber auch Lewin et al. (2011) eindeutig als eine externe Praktik zu erfolgen. Neben der Zuordnung gemäß den Meta AC Routinen, spricht dafür natürlich der interorganisationale Charakter der Praktik. Im Mittelpunkt steht dabei die Etablierung einer Beziehung fachlich arbeitender Mitarbeiter beider Unternehmen. Der interorganisationale Fokus ist demnach deutlich ersichtlich – im Zuge der Etablierung aber auch in der daraus resultierenden gemeinsamen organisationsübergreifenden Zusammenarbeit. Nach Yeoh (2009, S. 22) wird damit insbesondere die potenzielle Absorptive Capacity, welche laut Zahra und George (2002, S. 192) die Akquisition sowie Assimilation von Wissen umfasst, adressiert. Dies steht bis dahin also in Übereinstimmung mit der Klassifizierung nach Schreyögg und Schmidt (2010). Neben diesem „outward-looking" Aspekt der Praktik, sind Teile dieser aber auch klar als „inward-looking" einzuordnen (Cohen/Levinthal 1990, S. 133). So kann die Auswahl der innerhalb der Operative Linking Praktik zum Einsatz kommenden fachlichen Mitarbeiter nur durch entsprechende intern zu lokalisierende Aspekte von statten gehen. Neben dieser Auswahlpraktik, scheint auch die angesprochene Ausprägungsform des Sensitizing primär als eine intern zu lokalisierende Praktik einzustufen zu sein. Dementsprechend läuft die Vorbereitung der Mitarbeiter innerhalb der Organisation unter Einbezug der interorganisational gewonnenen Erfahrungen der Mitarbeiter in Leitungsfunktion ab. Im Gegensatz dazu lässt sich die Ausprägungsform des Monitoring sowohl extern als auch intern verorten. Die Evaluierung und zum Teil erfolgende Anpassung der Operative Linking Praktik bzw. der dort platzierten Mitarbeiter erfolgt demnach sowohl inter- als auch intraorganisational.

Betrachtet man die im Zuge der Praktik involvierten organisationalen Ebenen, so kann festgehalten werden, dass die Ausführung der Praktik wohl auf strategischer Ebene, der Mitarbeiter mit Leitungsfunktion, zu finden ist. So strukturiert die strategische Ebene den Transfer auf der operativen Ebene und strebt mithilfe der Praktik eben eine Beziehung zwischen den operativen Ebenen beider Organisationen an. Im Kern steht also die Vernetzung der operativen

Diskussion der Ergebnisse

Ebene. Der Einbezug eben beider Ebenen wird auch anhand der Ausprägungsformen Monitoring und Sensitizing deutlich. Im Zuge des Monitoring wird die Evaluation der operativen Ebene durch die strategische vorgenommen. Der Austausch über die daraus erlangten Erkenntnisse wird sodann sowohl der strategischen Ebene der kooperierenden Organisation als auch der operativen Ebene der eigenen Organisation rückgekoppelt bzw. werden entsprechende Maßnahmen getroffen. Im Hinblick auf das Sensitizing wird auch deutlich, dass hier die strategische Ebene die Mitarbeiter der operativen Ebene für ihren Einsatz im Zuge der Operative Linking Praktik vorbereitet und so beide Ebenen interagieren.

Abbildung 14 stellt die verorteten Akquisitionspraktiken grafisch dar.

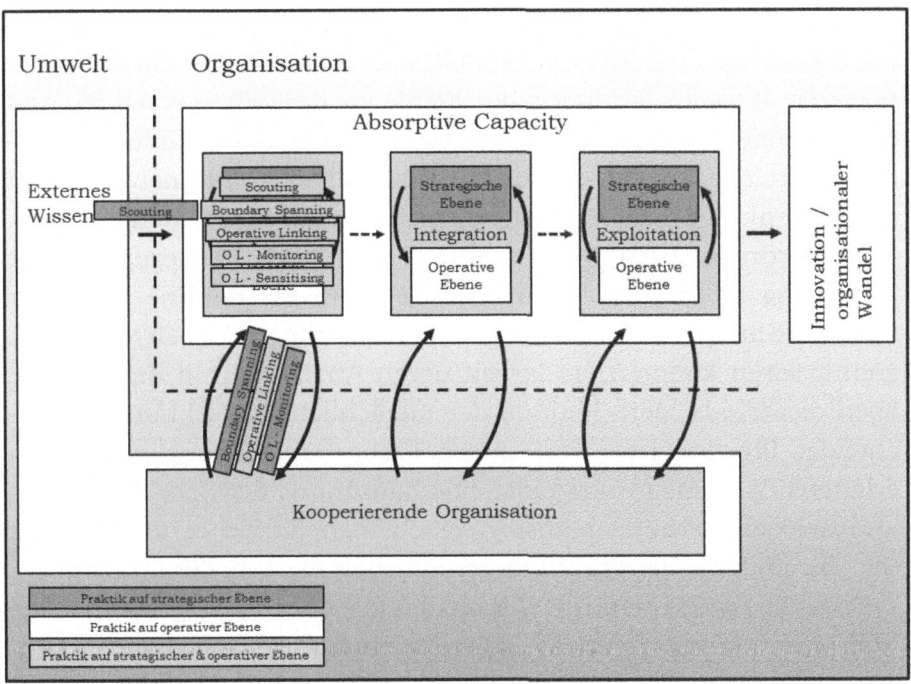

Abbildung 14: Verortung identifizierter Akquisitionspraktiken

4.1.2 Integrationspraktiken

4.1.2.1 Specific Sharing and Selecting

Die Praktik des Specific Sharing and Selecting konnte im Zuge der empirischen Erhebung als eine zentrale Praktik der Wissensintegration identifiziert werden. Im Zentrum dieser Praktik steht dabei die Teilung des akquirierten Wissens, dessen gemeinsame Interpretation und letztlich Selektion. Die Praktik adressiert demnach folgerichtig die Teilfähigkeiten „Wissensteilung", „Interpretation" und „Selektion". Die Praktik wird als *Specific* Sharing and Selecting eingeführt, da dies im Normalfall auf Leitungsebene der unterschiedlichen Abteilungen bzw. Bereiche vonstattengeht. Betrachtet man diese Praktik vor dem Hintergrund der Meta AC Routinen nach Lewin et al. (2011), so lassen sich Überschneidungen mit den Routinen „Facilitating variation", „Managing internal selection regimes" sowie „Sharing knowledge and superior practices across the organization" identifizieren. Folglich erinnern die Elemente der Wissensteilung und gemeinsamen Interpretation der Abteilungsleiter der unterschiedlichen Bereiche an den „Technical Council" des Unternehmens 3M (Lewin et al. 2011, S. 88), welchen selbige eben dieser Meta AC Routine zuordnen. Auch wenn Lewin et al. (2011) in Bezug auf die „Managing internal selection regimes" Meta AC Routine keine der Specific Sharing and Selecting Praktik entsprechenden Praktiken identifizieren konnten, so lassen deren Ausführungen dennoch zu eben dieser, als Meta Routine der tatsächlichen Selektion entsprechender Projekte bzw. der Entscheidung zur Nutzung des extern erlangten Wissens für Projekte, eine Zuordnung der Specific Sharing and Selecting Praktik plausibel erscheinen (Lewin et al. 2011, S. 88). Die im Zuge der Praktik beschriebenen Aspekte der (Abteilungs- / Bereichsübergreifenden) Wissensteilung aber auch gemeinsamen Interpretation weisen zudem Übereinstimmungen mit den von Lenox und King (2004) identifizierten Praktiken der Wissensteilung auf, wie z.B. „liaisons between corporate groups, Business Units, and facilities" sowie mit der von Jansen et al. (2005) aufgezeigten Praktik „visit of other company's divisions". Diese von Lewin et al. (2011) unter der Meta AC Routine „Sharing knowledge and superior practices across the organization" subsumierten Praktiken lassen demnach den Schluss zu, auch die Specific Sharing and Selecting Praktik eben dieser Meta AC Routine zuzuordnen. Die empirisch identifizierten Ausprägungsformen der Specific Sharing and Selecting Praktik Ideating und Collaborating bestätigen diese Zuordnungen ebenfalls. Die im Zuge der Empirie identifizierte Ideating Ausprägung als Einbeziehung fachlich arbeitender Mitarbeiter unterschiedlicher Abteilungen, wie sie bei der Organisation B beobachtet werden konnte, weist demnach eine hohe Ähnlichkeit mit dem von Lewin et al. (2011) angeführten „Technology Forum" von 3M auf. Die Collaborating Ausprägungsform hingegen weist ebenfalls Elemente der Wissensteilung, aber auch insbesondere der gemeinsamen Interpretation sowie Unterstützung bei der Selektion, auf, welche insbesondere im Zuge der Kooperation zwischen dem BLiX und der Organisation A beobachtet werden konnten.

Als Praktik der Teilfähigkeiten nach Schreyögg und Schmidt (2010) „Wissensteilung", „Interpretation" und „Selektion" bzw. der Meta AC Routinen nach Lewin et al. (2011) „Facilitating variation", „Managing internal selection regimes" sowie „Sharing knowledge and superior practices across the organization" lässt sich die Praktik Specific Sharing and Selecting als interne Praktik klassifizieren. Wie bereits empirisch gezeigt wurde, besteht die Praktik im Kern daraus, das im Zuge der Akquisitionsphase in die Organisation transferierte Wissen gezielt zu teilen und für die etwaige weitere Verwendung zu selektieren, wie es am Beispiel der Kooperation zwischen dem BLiX und der Organisation B beobachtet werden konnte. Die Praktik ist in diesen Elementen demnach klar als interne bzw. intraorganisationale Praktik zu identifizieren. Dies steht somit zudem in Übereinstimmung mit den Überlegungen von Zahra und George (2002, S. 192) sowie Yeoh (2009, S. 22), welche die Praktiken der Integrationsphase (bzw. Transformationsphase nach Zahra und George) im Zuge der realisierten Absorptive Capacity den intraorganisationalen Praktiken zuordnen. Diese eindeutige Zuordnung trifft jedoch nur teilweise auf die empirisch beobachteten Ausprägungsformen der Specific Sharing and Selecting Praktik, das Ideating und das Collaborating zu. Während das Ideating als Wissensteilungspraktik bzw. Brainstormingpraktik auf unterschiedlichen intraorganisationalen Ebenen noch eindeutig den internen Praktiken zugeordnet werden kann, wird dieser rein interne Fokus bei der Ausprägungsform des Collaborating durchbrochen. Im Zuge des Collaborating wird der Kooperationspartner explizit in die Praktik integriert und die bis dahin rein intraorganisationale Praktik um einen interorganisationalen Aspekt erweitert. Die bisher rein intern gedachte Praktik muss daher ebenso die externe Perspektive integrieren.

In Bezug auf die im Zuge der Praktik involvierten organisationalen Ebenen, lassen sich ebenfalls unterschiedliche Aspekte anhand der Ausprägungsformen identifizieren. Während die Specific Sharing and Selecting Praktik als solche nahezu ausschließlich die strategische Ebene umfasst, so bezieht die Ausprägungsform des Ideating im Zuge der Wissensteilung konsequent die operative Ebene mit ein, wie es am Beispiel der Organisation B gezeigt werden konnte. Die tatsächliche Entscheidung im Hinblick auf eine Selektion wird hingegen erneut auf der strategischen Ebene getroffen. Diese Durchbrechung des Ideating in Bezug auf die organisationalen Ebenen wird durch das Collaborating in Bezug auf den Einbezug des externen Partners vollzogen. Dabei wird insbesondere die strategische Ebene des Kooperationspartners mit einbezogen, aber auch die im Zuge der Operative Linking Praktik etablierten Mitarbeiter auf operativer Ebene beider Organisationen. Die Ausprägungsformen der Specific Sharing and Selecting Praktik sorgen demnach dafür, dass die Phase der Wissensintegration um den Einbezug des externen Partners bzw. der extern zu lokalisierender Praktik ergänzt werden sollte.

4.1.2.2 Channeling

Bei der Channeling Praktik handelt es sich um einer Alternative zur Specific Sharing and Selecting Praktik. Im Unterschied zu dieser erfolgt der intraorganisationale Austausch in den untersuchten Fällen im Regelfall nur zwischen zwei Personen. Die innerhalb der Channeling Praktik involvierte Person in der Organisation, fungiert dabei als Gatekeeper zum Kooperationspartner und kanalisiert die von diesem erhaltenen Informationen. Die Kanalisierung erfolgt dabei in zwei Richtungen. Zum einen werden Informationen von ihm ausgewählt und an spezifische Personen in der eigenen Organisation weitergegeben, zum anderen stellt er bei einem möglichen Interesse an diesen Informationen wieder den Kontakt zum Kooperationspartner her und fungiert als Schnittstelle für den Austausch. Bei der innerhalb der Channeling Praktik eingesetzten Person handelt es sich üblicherweise um einen Boundary Spanner oder aber eine fachlich, z.B. durch die Operative Linking Praktik vernetzte, Person. Die Channeling Praktik kann demnach als eine auf diese Praktiken nachfolgende Praktik betrachtet werden. Die „Interpretation" nach Schreyögg und Schmidt (2010) erfolgt somit hochgradig individuell, so das hier kaum Parallelen zur „Facilitating variation" Meta AC Routine nach Lewin et al. (2011) aufgezeigt werden können. Im Hinblick auf die „Selektion" kann im Zuge der Praktik lediglich eine Art Vorselektion beobachtet werden, wie es am Beispiel der Organisation B bereits in der Empirie gezeigt werden konnte. Die tatsächliche Selektion wird vermutlich eher während der Gruppentreffen der Specific Sharing and Selecting Praktik durchgeführt werden. Die Praktik scheint insbesondere im Hinblick auf die „Wissensteilung" Anwendung zu finden. Im Hinblick auf eben diese lassen sich zudem zwei Aspekte herausarbeiten. Neben der klassischen intraorganisationalen Weitergabe von Informationen, welche von Lewin et al. (2011) unter der Meta AC Routine „Sharing knowledge and superior practices across the organization" zusammengefasst werden, scheint der Informationsfluss an dieser Stelle ebenso den Kooperationspartner einzuschließen bzw. erneut einzubeziehen. Dabei wird des Weiteren der Argumentation von Orlikowski (2002) gefolgt, dass eben diese face-to-face Interaktion als Instrumentarium für den Aufbau und die Erhaltung von effektiven sozialen Netzwerken genutzt werden kann, welche im Gegenzug das für einen Wissenstransfer notwendige Vertrauen, Respekt sowie Commitment erzeugen können (vgl. Orlikowski 2002, S. 268). Insgesamt lässt sich die Praktik nach Lewin et al. (2011) als eine der Meta AC Routine „Sharing knowledge and superior practices across the organization" zugehörige Praktik klassifizieren.

Als Praktik der Wissensteilung identifiziert, lässt sich diese auch empirisch als interne Praktik verorten. Der die Channeling Praktik ausführende Mitarbeiter selektiert dabei für Kollegen eventuell relevante Informationen aus der Kooperation und tauscht diese mit dem entsprechenden Mitarbeiter aus. Diese interne Verortung entspricht auch dem Bild nach Schreyögg und Schmidt (2010) sowie Lewin et al. (2011). Eine genaue Betrachtung offenbart jedoch auch externe Aspekte dieser Praktik. Wenngleich der im Zuge des geäußerten Interesses eines Mitarbeiters folgende erneute Austausch des Channeling Mitarbeiters mit dem Kooperationspartner ebenso als separate Praktik innerhalb der externen Praktiken bzw. der Akquisitionsphase verortet werden könnte, würde dies zumindest einen Bruch in der Sequenzialität der Absorptive Capacity zur Folge haben. Die Praktik dient demnach als Verbindung zwischen der Akquisitions- und Integrationsphase und weist durch den zum Teil erfolgenden erneuten Transfer deutliche Aspekte der externen Praktiken auf. Dies lässt sich zusätzlich mit den Überlegungen von Zahra und George (2002) als auch Yeoh (2009) bestätigen. So weist der erneute Transfer von Wissen auf eine potentielle Absorptive Capacity hin, welche im Zuge der Akquisition bzw. Assimilation als interorganisationale Praktik verortet werden kann.

Betrachtet man die im Zuge der Praktik involvierten organisationalen Ebenen, so zeigte sich empirisch sowohl ein Mitwirken von Mitarbeitern der strategischen als auch der operativen Ebene. In einem der Beispiele handelte es sich dabei um einen Akteur der strategischen Ebene, welcher die akquirierten Informationen eben gezielt an weitere Kollegen der strategischen Ebene weitergab. Hier stellte die Channeling Praktik eine Vorstufe zur Specific Sharing and Selecting Praktik dar und sollte insbesondere dafür sorgen, dass Informationen möglichst zielgerichtet geteilt werden und diese durch die direkte Weitergabe einer erhöhten Aufmerksamkeit unterliegen. Neben diesem Austausch auf der strategischen Ebene, konnte empirisch aber zudem ein Zusammenspiel der operativen und strategischen Ebene beobachtet werden. So wurde die Channeling Praktik innerhalb des einen Untersuchungsobjektes zum Einsatz gebracht, indem operative Mitarbeiter gezielt zu Schulungen oder auch Konferenzen geschickt wurden und im Anschluss dann intern eine entsprechende kanalisierte Wissensteilung anstoßen sollten. Auch wenn hier die Limitationen des zusätzlichen Knotenpunktes bei der Weitergabe von Informationen bemängelt wurden, stellte diese Praktik mitunter trotzdem eine effiziente Art der Wissensteilung dar.

4.1.2.3 Knowledge Embedding

Die im Zuge der Empirie identifizierte Praktik des Knowledge Embedding bezieht sich insbesondere auf die Dokumentation des transferierten bzw. generierten Wissens. Neben den Informationen zu der (falls vorhandenen) mechanischen Konstruktion von Prototypen oder Aufbauten in Form von Stücklisten oder Konstruktionszeichnungen, steht auch die Dokumentation rund um die Inbetriebnahme und Bedienung im Fokus dieser Praktik. Zusätzlich zu diesen digitalen Daten, gehören auch Publikationen zu den üblichen „Objekten", durch welche das Wissen gespeichert bzw. an Kollegen weitergegeben wird. Die Weitergabe erfolgt im direkten persönlichen Austausch der Kollegen oder auch in entsprechenden Schulungen. Die Aufgabe der Praktik ist demnach vor allem die „Speicherung" von Wissen, aber auch die „Wissensteilung". Die daher nach den Teilfähigkeiten von Schreyögg und Schmidt (2010) klassifizierte Praktik lässt sich auch im Sinne von Lewin et al. (2011) ähnlich einordnen. So verweisen diese im Zuge der eingeführten Meta AC Routine „Sharing knowledge and superior practices across the organization" auf eine eben solche von 3M durchgeführte Praktik, welche deutliche Elemente der hier dargestellten Knowledge Embedding Praktik enthält und als „IT-based knowledge codification system to store and manage knowledge, and retrieve it for future needs" beschrieben wird.

In Anlehnung an die Einordnung der Praktik nach Schreyögg und Schmidt (2010) sowie Lewin et al. (2011) lässt sich die Praktik des Knowledge Embedding als interne bzw. intraorganisationale Praktik einordnen. Der Fokus liegt hier klar auf der intraorganisationalen Speicherung von Wissen und der möglichen Teilung bzw. Weitergabe dessen. Im Sinne von Cohen und Levinthal (1990) scheint die Praktik damit die „inward-looking" Absorptive Capacity zu steigern. Diese Einordnung steht ebenso in Übereinstimmung mit Yeoh (2009) und Zahra und George (2002), welche diese intraorganisationale Praktik innerhalb der realisierten Absorptive Capacity ansiedeln würden, da das so gespeicherte Wissen die Wissensbasis der Organisation steigert und zur weiteren Nutzung bzw. Exploitation verwendbar ist.

Wirft man einen Blick auf die im Zuge der Praktik involvierten organisationalen Ebenen, so lässt sich die Verwendung der Praktik insbesondere für den Austausch der operativen Ebene beobachten. Während die strategische Ebene also die Praktik zum Teil anstößt bzw. oktroyiert, ist die operative Ebene für deren Ausführung maßgeblich verantwortlich und auch in Bezug auf den späteren Nutzen die für diese Praktik relevante Ebene.

Abbildung 15 stellt die verorteten Integrationspraktiken grafisch dar.

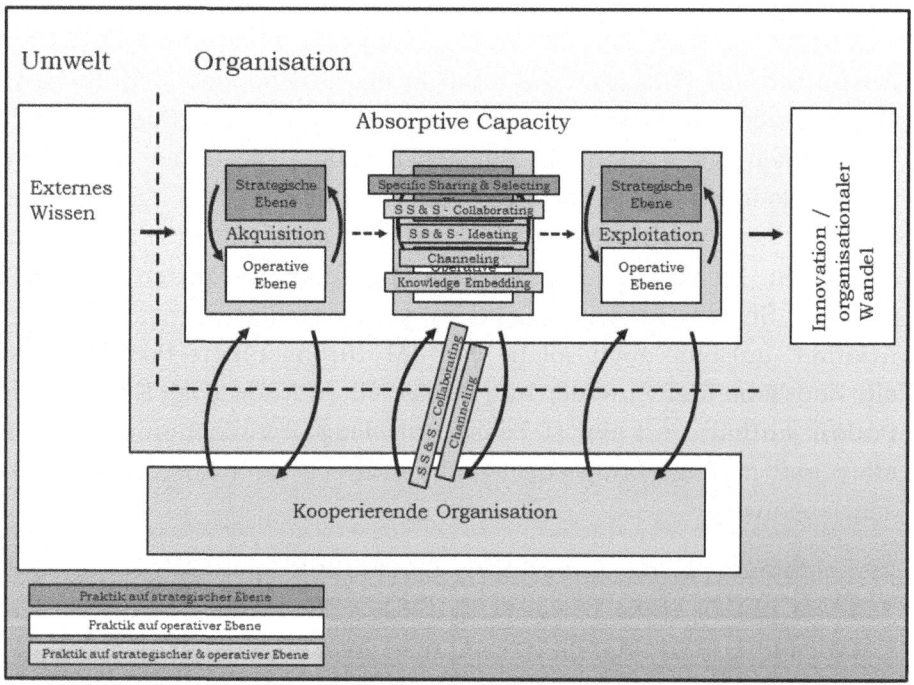

Abbildung 15: Verortung identifizierter Integrationspraktiken

4.1.3 Exploitationspraktiken

4.1.3.1 Modularising

Das sogenannte Modularising besitzt als Praktik der Wissensexploitation eine besonders starke Anwendungsorientierung. Der Ausgangspunkt der Praktik ist dabei der Wunsch nach einer möglichst schnellen und fehlerfreien Übertragung der mithilfe von externem

Diskussion der Ergebnisse

Wissen erreichten Entwicklungen oder Verbesserungen von Komponenten, Modulen oder Systemen auf bereits bestehende. Dies wird durch eine modulare Bauweise bestehender und eine eben solche Entwicklung neuer Komponenten, Module oder Systeme ermöglicht. Die klare Definition von Schnittstellen und genaue Einhaltung dieser, sorgt für ein sogenanntes „Plug & Play" bei der Übertragung. Die Praktik adressiert demnach die von Schreyögg und Schmidt (2010) eingeführten Teilfähigkeiten „Implementierung" sowie „Übertragung". Diese Verortung lässt sich ebenfalls anhand der Klassifizierung nach Lewin et al. (2011) bestätigen. So fällt die Praktik unter die Meta AC Routine „Reflecting, updating, and replicating", wobei die beiden letzteren Begriffe am ehesten mit dieser Praktik in Verbindung gebracht werden können. Die Zuordnung lässt sich in so weit untermauern, als dass Lewin et al. (2011) auch das von Szulanski und Winter (2002) eingeführte Prinzip „copy exactly" unter dieser subsummieren, welche sich empirisch im Fall von Intel identifizieren lassen konnte (vgl. Burgelmann 2002; McDonald 1998). Szulanski und Winter (2002) konnten häufig ein Scheitern beim Transfer von Praktiken auf andere Abteilungen beobachten, welches sie darauf zurückführten, dass die Praktiken häufig nur sinngemäß übertragen und zum Teil bereits im Zuge der Implementierung von der empfangenden Abteilung angepasst wurden, indem z.B. Subpraktiken vernachlässigt, geändert oder schlicht entfernt wurden. Die empfangenden Abteilungen scheiterten also am Verständnis des mit der Praktik transferierten Wissens. Szulanski und Winter (2002) entwickelten daraus das sogenannte „copy exactly" Prinzip, wonach Praktiken 1:1 ohne Adaption und mit ihren sämtlichen Subpraktiken transferiert und erst nach der erfolgreichen Ausführung neuen Anpassungen unterzogen werden sollten. Folgt man der Argumentationslogik vor dem Hintergrund des Transfers von technologischen Weiterentwicklungen, so kann die Modularising Praktik durchaus als sogenannter „Enabler" der „copy exactly" Praktik nach Szulanski und Winter (2002) verstanden werden, da durch die Schaffung identischer Schnittstellen eine anpassungsfreie Übertragung überhaupt erst ermöglicht wird.

Folgt man diesen Ausführungen, handelt es sich bei der Praktik Modularising folglich um eine intern bzw. intraorganisational zu lokalisierende Praktik. Im Fokus der Praktik steht dabei die Wissens- bzw. Technologieübertragung auf andere organisationale Bereiche. Die im Zuge der Exploitationsphase zum Einsatz kommende Praktik lässt sich so zweifelsfrei der realisierten Absorptive Capacity zuordnen, was somit in Übereinstimmung mit Zahra und George (2002) als auch Yeoh (2009) steht. Auch die Klassifizierung im Sinne von Cohen und Levinthal als „inward-looking" Praktik scheint legitim, da die Praktik nahezu ausschließlich auf das bereits in der Organisation integrierte Wissen abzielt. Damit wird auch der Zuordnung nach Lewin et al. (2011) gefolgt, welche diese Praktik ebenfalls als intern klassifiziert.

Betrachtet man die im Zuge der Praktik involvierten organisationalen Ebenen, so wird die Praktik zwar von der strategischen Ebene als Vorgabe implementiert, ihre Ausführung liegt aber eher auf der operativen Ebene. Für die Einhaltung dieser Richtlinien in Folgeprojekten sorgt sowohl die strategische als auch die operative Ebene.

4.1.3.2 External Consultating

Die Praktik des External Consultating bezeichnet den Einbezug des externen Kooperationspartners in die Phase der Wissensexploitation. Die im Zuge der Wissensakquisition aufgebaute oder gefestigte Beziehung wird dabei genutzt, um bei der Implementierung des transferierten Wissens oder dessen Übertragung auf andere Bereiche zu unterstützen. Das Ziel dieses späten Einbezugs ist es, dabei von den Erfahrungen des Kooperationspartners zu profitieren, mögliche Fehler früh zu erkennen oder aber noch in diesem Stadium Impulse für mögliche Verbesserungen bzw. Änderungen zu erhalten. Hinzu kommt natürlich der Fall, dass die Implementierung aufgrund von Fehlentscheidungen oder unerwarteten Hürden bereits ins Stocken geraten ist und der Kooperationspartner für die Entwicklung einer Lösung mit hinzu gezogen wird. Neben den von Schreyögg und Schmidt (2010) vorgestellten Teilfähigkeiten der Wissensexploitation „Implementierung" sowie „Übertragung", kann diese Praktik durch die Einbeziehung des Kooperationspartners zum Teil auch der Teilfähigkeit „Lernen von Partnern" zugeordnet werden, welche Schreyögg und Schmidt (2010) in der Akquisitionsphase verorten. Auch die Klassifizierung der Praktik im Sinne von Lewin et al. (2011) lässt im Hinblick auf deren Verortung einen ähnlichen Schluss zu. So lässt sich die Praktik zum einen der Meta AC Routine „Reflecting, updating, and replicating" zuordnen. Diese Zuordnung lässt sich unter anderem durch die von Lewin et al. (2011) darunter subsummierte Beispielpraktik „Learning from good and bad experiences" untermauern, welche Szulanski (2000) im Zuge des Mergers & Acquisitions (M&A) Prozesses der Banc One identifizieren konnte. Darüber hinaus lassen sich die kooperativen Elemente im Hinblick auf die Implementierung durchaus als „R&D partnerships" nach Tether (2002) einstufen, welche im Zuge der Entwicklung neuen Wissens oder neuer Technologien zum Einsatz kommen (vgl. Sakakibara 2003; Belderbos et al. 2004; Negassi 2004). Folgt man dieser Einordnung, so lässt sich die Praktik External Consultating nach Lewin et al. (2011) unter der Meta AC Routine „Learning from and with partners, suppliers, customers, competitors, and consultants" einordnen, da im Zuge der Praktik ebenfalls neues externes Wissen akquiriert wird.

Versucht man die Praktik des External Consultating zu lokalisieren, so drängt sich als erstes die Versuchung auf, diese Praktik der Exploitationsphase gemäß ihrer Zuordnung nach Schreyögg und Schmidt (2010) sowie Lewin et al. (2011) als interne Praktik zu verorten. Bei der Prüfung hinsichtlich der Verortung als interne Praktik wird jedoch schnell klar, dass gerade der Einbezug des externen Kooperationspartners keine intraorganisationale, interne Praktik darstellt, sondern die Praktik vielmehr als interorganisationale Praktik zusätzlich extern zu verorten ist. Die Praktik bezieht den Kooperationspartner dabei in die Phase der Wissensexploitation mit ein und öffnet diese für den Kooperationspartner. Somit wird die Exploitationsphase hier um eine „outward-looking" Praktik ergänzt (Cohen/Levinthal 1990, S. 133). Durch die Klassifizierung als externe Praktik innerhalb der Exploitationsphase, entstehen erste Probleme bei der Zuordnung nach Zahra und George (2002) sowie Yeoh (2009). So wäre die Praktik gemäß Yeoh (2009) als interorganisationale Praktik innerhalb der potentiellen Absorptive Capacity einzuordnen. Mit Blick auf Zahra und George (2002) lässt sich jedoch feststellen, dass diese die Exploitationphase innerhalb der realisierten Absorptive Capacity verorten. Um diesen Widerspruch zu harmonisieren, scheint eine Integration der Modelle notwendig.

Die Praktik des External Consultating bezieht sich sowohl auf die Akteure der strategischen als auch der operativen Ebene. Folglich zeigte sich empirisch, dass im Zuge der Praktik insbesondere auf die mithilfe des Boundary Spanning oder Operative Linking aufgebauten Beziehungen zurückgegriffen wird. Wird demnach in der Exploitationsphase ein erneuter fachlicher Austausch notwendig, so wird dieser entweder direkt durch die operative Ebene initiiert oder aber erneut, wie bereits im Zuge der Operative Linking Praktik, durch die strategische Ebene angestoßen. Der Grad des Einbezugs hängt dabei stark vom Einzelfall ab. Hier konnten sowohl kurze Rücksprachen, gemeinsame technische Reviews als auch der konsequente Einbezug in z.B. den Design Review Prozess beobachtet werden.

4.1.3.3 Joint Reflecting

Die Praktik des Joint Reflecting bezieht sich auf die Evaluation der Kooperation als solche und die im Zuge der Kooperation angewandten Praktiken. Hervorzuheben ist hierbei, dass es sich bei der Praktik des Joint Reflecting nicht nur um die Evaluation der Kooperation innerhalb der eigenen Organisation handelt, sondern hier eine gemeinsame Reflexion mit dem Kooperationspartner über die Kooperationsbeziehung, häufig gegen Ende eines Projektes, handelt. Hierbei sei anzumerken, dass diese Praktik häufig nur dann zum Einsatz kommt, wenn der Kooperationspartner an einer Fortführung der Kooperation interessiert ist bzw. im Zuge der Kooperation ein gewisses Maß an Vertrauen geschaffen wurde, welches für diese Praktik von Nöten ist. Neben diesen auf die Kooperation gerichteten Elementen, versuchen die Kooperationspartner die Ergebnisse dieser Reflexionsphasen auch auf Kooperationen mit anderen Partnern zu übertragen bzw. zumindest an diesen zu spiegeln. Die Verortung der Praktik kann demnach unter der Teilfähigkeit nach Schreyögg und Schmidt (2010) „Reflexion" vorgenommen werden. Betrachtet man die Praktik Joint Reflecting vor dem Hintergrund der Meta AC Routinen nach Lewin et al. (2011), so ähnelt diese den von Zollo und Winter (2002, S. 349) angeführten, sogenannten „reflection routines". Diese bezeichnen dabei die Praktiken oder Routinen einer Organisation, die die eigenen Lernprozesse analysieren. Während die „reflection routines" Praktik durchaus Ähnlichkeiten zu der Joint Reflecting Praktik aufzuweisen scheint, kann der hier empirisch beschriebene Einbezug des Kooperationspartners in die Joint Reflecting Praktik als deutliche Abweichung von den „reflection routines" angesehen werden und womöglich gar die von Zollo und Winter geäußerte Befürchtung, die „reflection routines" Praktik könnte die Lernprozesse selbst ausbremsen und damit zum Flaschenhals werden, zumindest teilweise entkräften, da die Praktik durch den Kooperationspartner von zwei Seiten aus angestoßen bzw. vorangetrieben werden kann (Zollo/Winter 2002, S. 349). Die Praktik des Joint Reflecting lässt sich demnach nach Lewin et al. (2011) innerhalb der Meta AC Routine „Reflecting, Updating, and Replicating" verorten.

Auch wenn diese Zuordnung der Praktik eine intraorganisationale Verortung der Praktik nahelegen würde, so lässt sich neben diesem tatsächlich vorhandenen intraorganisationalen Teil der Praktik durch den Einbezug des externen Partners eben auch ein interorganisationaler und somit extern zu verortender Teil der Praktik identifizieren. Dieser externe Teil bezieht sich dabei insbesondere auf die gemeinsame Reflexion der Kooperation und auf die Abstimmung der zu ergreifenden Maßnahmen. Damit ergänzt die Praktik des Joint Reflecting die von Lewin et al. (2011, S. 88 f.) intern verortete Praktik der „reflecting routines" eben um eine externe Dimension, welche bisher ausschließlich den Akquisitionspraktiken angedacht wurde (vgl. Abbildung 8).

Wirft man einen Blick auf die an der Joint Reflecting Praktik beteiligten Ebenen, lässt sich feststellen, dass sowohl die strategische als auch die operative Ebene involviert ist. Demnach findet im Zuge des intern ablaufenden Teiles der Praktik ein Austausch auf der strategischen Ebene, aber auch ein Austausch der strategischen Ebene mit der operativen Ebene statt. Betrachtet man den extern zu verortenden Teil der Praktik, so lässt sich als erstes ein Austausch auf der jeweils strategischen Ebene identifizieren. In der Empirie konnte jedoch zudem dargestellt werden, dass dieser Austausch häufig auch die operative Ebene umfasst. Der Einbezug der operativen Ebene dient dabei insbesondere dazu, die Erfahrungen auf dieser

Ebene ebenfalls einzubeziehen, bzw. die Ergebnisse des Austausches der strategischen Ebene direkt auf die operative rückzukoppeln.

Abbildung 16 stellt die verorteten Exploitationspraktiken grafisch dar.

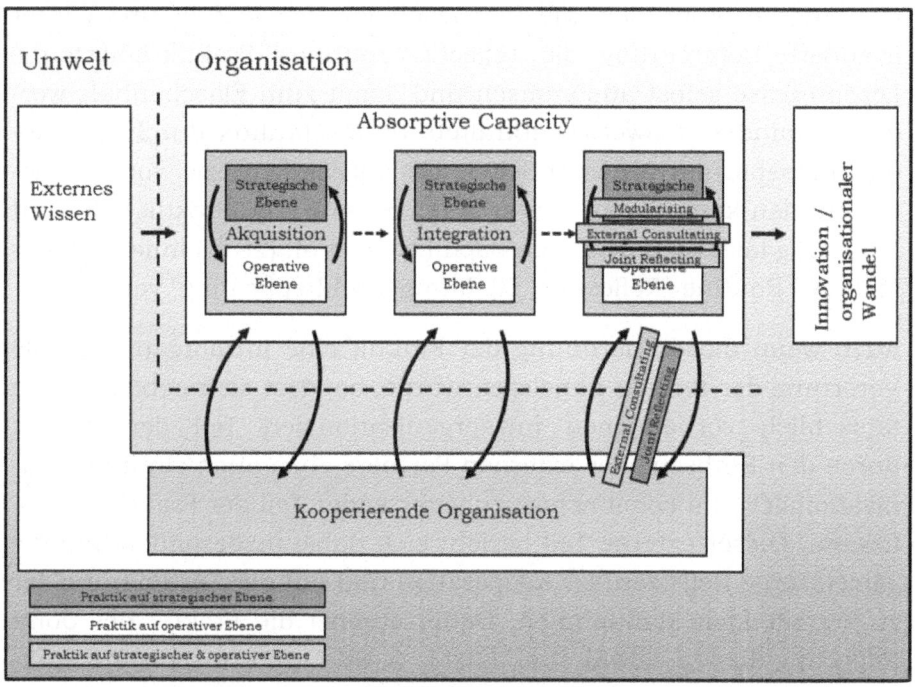

Abbildung 16: Verortung identifizierter Exploitationspraktiken

4.2 Theoretisch-konzeptionelle Ergebnisse – Implikationen für das Konzept der Absorptive Capacity

Im Nachfolgenden sollen nun die sich aus den Ergebnissen der Intensivfallstudie abzuleitenden Implikationen für das Konzept der Absorptive Capacity dargestellt werden. Die theoretischen-konzeptionellen Implikationen werden dabei in vier, der Forschungsfrage abgeleiteten, Themenbereiche gegliedert. So wird zunächst der Beitrag der hier vorgenommenen Unterscheidung in interne und externe Absorptionspraktiken diskutiert. Es folgen die sich ergebenen Implikationen aus der gesonderten Betrachtung der

Absorptionspraktiken auf strategischer sowie operativer Ebene. Daran anschließend werden mögliche Ergebnisse für die intraorganisationale Ebene diskutiert und schließlich die Implikationen in Bezug auf die interorganisationalen Ebene, welche hier anhand von Dyaden betrachtet wurde, dargestellt.

4.2.1 Interne und externe Absorptionspraktiken

Die in dieser Arbeit vorgenommene Unterscheidung in interne sowie externe Praktiken der Absorptive Capacity, kann bisherige Arbeiten zu diesem Thema bestätigen und zudem einige der noch offenen Fragen diesbezüglich beatworten.

Wie bereits von Lewin et al. (2011, S. 91) als auch Cohen und Levinthal (1990, S. 133) angeregt, lassen sich in dieser Arbeit Praktiken identifizieren, die als interne sowie externe Praktiken der Absorptive Capacity kategorisiert werden können. Darüber hinaus lassen sich zudem Indizien dafür finden, dass ein in gewisser Weise ausgeglichenes Verhältnis zwischen diesen internen und externen Praktiken existieren muss, um den Absorptive Capacity Prozess störungsfrei durchlaufen zu können bzw. ein entsprechendes Niveau an Absorptive Capacity zu erreichen. Dies lässt sich mitunter dadurch erklären, dass die einzelnen den Teilfähigkeiten der Absorptive Capacity zuzuordnenden Praktiken zum Teil direkt ineinander greifen bzw. auf Praktiken der vorangegangenen Dimensionen der Absorptive Capacity aufbauen. Als Beispiel kann hier die Exploitationspraktik des External Consultating angeführt werden, welche als Grundvoraussetzung die durch die Akquisitionspraktiken Boundary Spanning oder Operative Linking aufgebauten Beziehungen benötigt. Ohne die vorige Anwendung dieser Akquisitionspraktiken, wird die Exploitationspraktik External Consultating somit aller Wahrscheinlichkeit nach nicht ausgeführt werden können. So ließen sich in der Empirie Indizien dafür finden, dass in sehr losen Kooperationen bzw. Marktbeziehungen, in denen die Praktiken des Boundary Spannings und Operative Linkings noch nicht etabliert sind, die Praktik des External Consultating ebenfalls keine Anwendung findet bzw. gar auf Ablehnung stößt.

Dieser Zusammenhang macht auch deutlich, warum ein ausgeglichenes Verhältnis der „outward-looking" bzw. externen Praktiken und „inward-looking" bzw. internen Praktiken der Absorptive Capacity von solch einer hohen Bedeutung ist. Dabei führen Lewin et al. (2011, S. 91) einige Praktiken auf, welche die interne bzw. externe Absorptive Capacity erhöhen können. In dieser Arbeit konnte dabei empirisch gezeigt werden, dass diese von Lewin et al. als intern klassifizierte Praktiken zum Teil durch extern ablaufende Praktiken ergänzt werden bzw. einen extern ablaufenden Teil besitzen können. Daraus lässt sich schließen, dass der von Zahra und George (2002, S. 194) beschriebene „Efficiency Factor" der Absorptive Capacity, welcher das Verhältnis der potenziellen Absorptive Capacity und der realisierten Absorptive Capacity angibt, bei einem gegebenen Maß an potenzieller Absorptive Capacity die realisierte Absorptive Capacity eben nicht nur durch interne Praktiken der Absorptive Capacity gesteigert wird, sondern dass die externen Praktiken eben auch einen Einfluss auf die realisierte Absorptive Capacity haben. Der „Efficiency Factor" der Absorptive Capacity kann demnach durch den Austausch bzw. die Integration des Kooperationspartners gesteigert werden.

Diese Folgerung lässt sich auch durch empirisch gewonnene Ergebnisse untermauern. So äußerte sich ein Interviewpartner am MIT auf die Frage, wie Technologien in den kooperierenden Unternehmen integriert und unternehmensinterne Probleme überwunden werden können, dahingehend, dass der Kooperationspartner dabei helfen kann, interne Probleme bei der Technologieentwicklung zu überwinden. Am Beispiel der Kooperationen am MIT zeigte sich, dass insbesondere die kooperationserfahrenen Partner, die Exploitationsphase explizit öffnen. Hier kommen demnach externe Praktiken der Absorptive Capacity zum Einsatz.

Diese Erkenntnis steht damit zudem in Übereinstimmung mit den von Yeoh (2009, S. 23) angeführten und auf Senge (2010) aufbauenden, theoretischen Überlegungen. So legt Senge das Teamlernen als fundamentale Voraussetzung für das Lernen von Organisationen zugrunde (vgl. Senge 2010, S. 10; Edmondson 2002, S. 144; Hildebrand 2011, S. 39). Auf diesen Überlegungen aufbauend folgert Yeoh (2009) dass die Fähigkeit einer Organisation, Wissen zu exploitieren, als eine intraorganisationale Fähigkeit der unterschiedlichen Akteure zu sehen ist (vgl. Yeoh 2009, S. 23). Auch wenn das von Yeoh angebrachte Argument hier eher auf die intraorganisationalen Praktiken abzielte, so bietet sich diese Argumentation doch an, um auch das Lernen in der Kooperation als Teamlernen zu betrachten und damit die Notwendigkeit einer externen Integrations- und Exploitationsphase herzuleiten.

Neben diesem grundsätzlichen Argument für eine Kooperation, lässt sich zudem das von Yeoh angeführte Maß für die von ihm angebrachte intraorganisationale Fähigkeit, die „Emededdness of Interpersonal Ties", ebenso auf die Kooperation übertragen bzw. als ein starkes Argument für die Kooperation in der Integrations- und Exploitationsphase werten. Die von Yeoh angebrachte Qualität der Interaktion als Indikator für eine effiziente Exploitation, scheint demnach auch das Auftreten von Kooperationen, in dieser sonst als interne Phase der Absorptive Capacity gedachten Dimension, zu erklären (Yeoh 2009, S. 31).

Damit einhergehend können auch die von Zahra und George (2002) eingeführten „social integration mechanisms" auf die Kooperationen übertragen werden. So regten Todorova und Durisin (2007, S. 781) an, dass sich die „social integration mechanisms" nicht nur, wie von Zahra und George angeführt, auf die Assimilationsphase auswirken, sondern auch die weiteren, insbesondere internen Prozesse der Absorptive Capacity beeinflussen. Vor allem die hier aufgezeigten Praktiken innerhalb der Kooperation deuten darauf hin, dass dies tatsächlich zutrifft und die Kooperation an sich somit einen positiven Effekt auf diese sogenannten „social integration mechanisms" darstellen können bzw. dies als ein solcher Mechanismus gedeutet werden kann.

Den positiven Einfluss der Kooperationen auf die Absorptive Capacity führte bereits Yeoh (2009, S. 33) an. Dabei charakterisiert sie die Kooperationen als eine vor allem bei Hochtechnologieunternehmen häufig anzutreffende Form der Zusammenarbeit und als entscheidenden Einflussfaktor auf die Absorption und den Transfer von externem Wissen. Yeoh sieht damit einen Einfluss der Kooperation auf die Assimilationsphase gegeben, welche sie extern verortet. Wenngleich Yeoh keinen Einfluss der Kooperation auf die Integrations- und Exploitationsphase erkennen kann, so liefert sie doch in ihrer Begründung für den Einfluss auf die Assimilationsphase, einen Beleg dafür. So begründet sie den Einfluss der Kooperation damit, dass nach Chesbrough (2003) Unternehmen künftig nicht mehr in der Lage sind, innovative Produkte selbst zu exploitieren und zu kommerzialisieren (vgl. Yeoh 2009, S. 33). Folgt man der Argumentation von Chesbrough (2003), so wird hier explizit die Exploitation erwähnt. Dies lässt sich als ein weiteres Indiz dafür werten, die Exploitationsphase einer Organisation eben nicht nur intern, sondern im Zuge der Kooperation auch extern zu begreifen.

Führt man diese Überlegungen fort, so ergeben sich ebenfalls Implikationen für den durch die Absorptive Capacity generierten Wettbewerbsvorteil einer Organisation. Demnach vermuten Lewin et al. (2011, S. 91), dass dieser nicht durch die leicht zu beobachtenden und somit imitierbaren externen Praktiken der Absorptive Capacity entsteht, sondern vielmehr durch die schwer zu beobachtenden internen Praktiken konstituiert wird, welche gemäß Lewin et al. für die Exploitation des Wissens benötigt werden. Die hier dargestellten Zusammenhänge lassen sodann eine andere Interpretation zu: Wenn wie hier empirisch dargestellt, auch in der Exploitationsphase externe Praktiken zur Anwendung kommen, so scheinen diese wohl kaum schwer beobachtbar zu sein. Neben den natürlich nach wie vor vorhandenen internen Praktiken, scheint demnach die Kooperation an sich einen Wettbewerbsvorteil darstellen zu können, da die im Zuge der Kooperation aufgebauten Beziehungen eben schwer zu imitieren bzw. nicht einfach zu kopieren sind (Dyer/Singh 1998). Somit kann davon ausgegangen werden, dass Organisationen durch die Investition in Beziehungen, z.B. durch die Entwicklung relationaler externer Praktiken, eben einen solchen Wettbewerbsvorteil generieren können. Die Kooperation scheint folglich in Bezug auf die Absorptive Capacity einer Organisationen Früchte zu tragen und zudem dabei zu helfen, die Absorptive Capacity einer Organisation schwer imitierbar zu machen.

Es lässt sich somit zusammenfassend festhalten, dass sich auch in dieser Arbeit Indizien finden lassen, die dafür sprechen, dass das Verhältnis der potenziellen und realisierten bzw. der „outward-looking" und „inward-looking" Absorptive Capacity ausgeglichen sein sollte, um ein hohes Maß an Absorptive Capacity erreichen zu können. Ist die potenzielle oder „outward-looking" Absorptive Capacity demnach hoch, so muss auch für eine hohe realisierte bzw. „inward-looking" Absorptive Capacity gesorgt werden, um das volle Potenzial zu nutzen und eine hohe Effizienz zu erreichen. Während die bisherigen Beiträge zu diesem Thema eben diese realisierte oder „inward-looking" Absorptive Capacity ausschließlich intraorganisational verortet haben, konnte hier empirisch gezeigt werden, dass in den Kooperationen die externen Kooperationspartner hinzu gezogen wurden und dadurch die realisierte oder „inward-looking" Absorptive Capacity offenbar gesteigert wurde (vgl. Abbildungen 15 und 16). Dies lässt vermuten, dass mithilfe der durch die Kooperation ermöglichte Öffnung der sonst intern verorteten Integrations- und Exploitationsphase, die Absorptive Capacity insgesamt gesteigert werden oder zumindest effizienter gestaltet werden konnte. Die „Öffnung" der sogenannten „black box" der Absorptive Capacity für den Kooperationspartner konnte dabei helfen, Schnittmengenverluste entlang des Prozesses zu minimieren. Im Fall der besonders engen Kooperation begleitet der Kooperationspartner dabei das von ihm ausgehende Wissen entlang des Prozesses der Absorptive Capacity und sorgt damit dafür, dass diese sinnbildlich in jeder Dimension optimal mit Wissen „durchflutet" wird. Dadurch können Engpässe bzw. „Bottlenecks" der internen Praktiken des Partners optimal ausgeglichen bzw. umgangen werden.

Es bedarf demnach einer Weiterentwicklung des Absorptive Capacity Modells, weg von einer strikten Zuordnung der externen Absorptionspraktiken zur Dimension der Akquisition und der internen Akquisitionspraktiken zu den Dimensionen Integration und Exploitation. Vielmehr muss die Verortung interner und externer Praktiken entlang aller Dimensionen der Absorptive Capacity ermöglicht werden (vgl. Abbildung 13). Dies erscheint notwendig um die „inward-looking" und „outward-looking" Absorptive Capacity nach Cohen und Levinthal (1990) erfassen und Aussagen zu deren Verhältnis zueinander treffen zu können.

4.2.2 Absorptionspraktiken auf strategischer und operativer Ebene

Mithilfe der vorgenommenen Verortung der Absorptionspraktiken auf strategischer sowie operativer Ebene lassen sich ebenfalls bisherige Überlegungen bestätigen bzw. erweitern oder konkretisieren.

Die hier von Janowicz-Panjaitan und Noorderhaven (2009, S. 1021) übernommene Unterteilung der Akteure in die strategische Ebene, welche die organisationalen Strukturen und Praktiken des Austausches definieren, und die operative Ebene, welche Eben diese Austauschpraktiken ausführen und Rückkopplung über deren Funktion an die strategische Ebene geben, konnte hier anhand der Praktiken der Absorptive Capacity empirisch nachvollzogen und bestätigt werden. Als Beispiel sei hier die Operative Linking Praktik angeführt. So wird diese Praktik von der strategischen Ebene durchgeführt, um die organisationalen Strukturen des Austausches zu generieren. Die eigentliche Durchführung des Transfers findet dann jedoch auf der operativen Ebene statt. Anhand der Operative Linking Praktik lässt sich auch die Rückkopplung der operativen Ebene an die strategische Ebene illustrieren. Demnach erfüllt die Ausprägungsform dieser Praktik, das sogenannte Monitoring, eben auch diese Funktion. Auch wenn sich die Unterscheidung nach Janowicz-Panjaitan und Noorderhaven (2009) damit zumindest teilweise bestätigen lässt, sei jedoch angemerkt, dass diese starke Vereinfachung nicht immer vorgenommen werden kann. So ließen sich empirisch Praktiken beobachten, welche durchaus von der strategischen Ebene selbst ausgeführt wurden und ebenfalls als Austauschpraktik klassifiziert werden konnten. Als Beispiel sei hier die Praktik Specific Sharing and Selecting angeführt, welche von der strategischen Ebene selbst durchgeführt wurde und einen intraorganisationalen Transfer ermöglichte. Fasst man diese Unterscheidung jedoch enger und beschränkt sich auf die tatsächlichen Transferpraktiken des interorganisationalen Transfers, so lässt sich durchaus die bereits von Lerch et al. (2013) angeführte Beobachtung bestätigen, dass die Entscheidungen für eine Durchführung kooperativer Technologieentwicklung vornehmlich auf strategischer Ebene getroffen und die Rahmenbedingungen für einen Transfer ebenfalls auf dieser Ebene definiert werden. Eine Bestätigung findet sich zudem ebenfalls für die Annahme, dass der letztlich fachliche Austausch innerhalb der Kooperation insbesondere auf der operativen Ebene stattfindet.

Die von Todorova und Durisin (2007) angeführten „Power Relationships" finden sich insbesondere in den auf der strategischen Ebene durchgeführten Praktiken wieder und kamen empirisch insbesondere bei der Praktik des Boundary Spanning als auch des Joint Reflecting zum Vorschein. Die differenzierte Betrachtung der strategischen und operativen Ebene ermöglicht es demnach, diese „Power Relationships" anhand von Praktiken zum Ausdruck zu bringen.

Die von Cohen und Levinthal (1990, S. 132) angebrachte Vermutung, dass es sich bei der Absorptive Capacity um mehr als nur die aufsummierte Absorptive Capacity der einzelnen Individuen handelt und maßgeblich von den Kommunikationsstrukturen zwischen Organisation und Umwelt aber auch innerhalb der Organisation selbst abhängig ist, lässt sich ebenfalls anhand der identifizierten Praktiken verdeutlichen. So bedarf es für die erfolgreiche Durchführung der Operative Linking Praktik sowohl des Mitwirkens der strategischen als auch der operativen Ebene. Dies lässt sich auch durch die Ausführungen von Lewin et al. (2011, S. 92) bestätigen, welche für eine hohe Absorptive Capacity sowohl fähige und lernwillige Mitarbeiter, aber eben auch entsprechende Strukturen sowie entsprechende strategische Entscheidungen voraussetzen. Die intraorganisationalen Kommunikationsstrukturen zwischen diesen beiden Ebenen tragen demnach einen entscheidenden Teil zu deren Gelingen bei.

Die identifizierten Praktiken machen aber auch deutlich, dass die interorganisationalen Kommunikationsstrukturen von nicht minderer Relevanz sind. So erfolgt die Verknüpfung der Organisation mit externen Akteuren insbesondere auf strategischer Ebene durch die Praktik des Boundary Spanning (vgl. Perrone et al. 2003). Diese von Easterby-Smith et al. (2008) angeführte Vernetzung sogenannter Schlüsselpersonen beschränkt sich jedoch nicht nur auf die strategische Ebene, sondern lässt sich auch auf der operativen Ebene beobachten. So dient die Operative Linking Praktik eben genau dieser Funktion, dem Aufbau einer Beziehung auf operativer Ebene (vgl. Barley 1986, S. 78). Somit lässt sich auch ableiten, dass es scheinbar tatsächlich Praktiken gibt, die den Aufbau der sogenannten Boundary Spanner oder auch Gatekeeper strukturieren bzw. einleiten. Die Praktiken des Boundary Spanning und Operative Linking sollen hier als Beispiele genannt werden. Dabei lassen sich ebenso die von Lewin et al. (2011, S. 93) angeführten Überlegungen zu diesen sogenannten Schlüsselpersonen bestätigen. Demnach zeigte sich in der Empirie, dass einige Schlüsselpersonen auf strategischer Ebene die entsprechenden Praktiken zum Teil selbst etabliert haben. Die individuellen Faktoren der einzelnen Akteure spielen also sehr wohl eine entscheidende Rolle. Dies trifft natürlich ebenso auf die operative Ebene zu. Folglich müssen beide Ebenen zum Teil eine unterschiedliche Motivation erfahren und der Transfer an sich muss von der strategischen Ebene gefördert bzw. auch gewünscht sein (vgl. Lewin et al. 2011, S. 93).

Es lässt sich zudem festhalten, dass die unterschiedlichen Ebenen sowohl parallel in einer Praktik involviert sein können, wie es bei der Joint Reflecting Praktik der Fall ist, als auch sequenziell zum Einsatz kommen können, wie es anhand der Operative Linking Praktik bzw. dem sich daran anschließenden Transfer gezeigt werden kann. In Verbindung mit der Feststellung, dass die empirisch identifizierten Praktiken sowohl auf der strategischen Ebene sowie der operativen Ebene, als auch zwischen diesen beide Ebenen einbeziehend verortet werden konnten, lässt sich somit eine Bestätigung für die von Easterby-Smith et al. (2008, S. 496) angeführte Erkenntnis finden, dass der Absorptionsprozess bzw. der für diesen notwendige Informationsfluss, maßgeblich von der Permeabilität der externen aber auch der internen „Boundaries" abhängig ist. Die hier präsentierten Ergebnisse legen des Weiteren nahe, dass diese „Boundaries" eben auch auf unterschiedlichen Ebenen betrachtet werden sollten.

Es erscheint somit notwendig, die Praktiken sowohl auf als auch zwischen diesen Ebenen genau zu betrachten, um mögliche Hemmnisse für die Absorptive Capacity einer Organisation genauer beleuchten zu können. So kann eine für den Transfer notwendige Praktik z.B. auf strategischer Ebene vorhanden sein, auf operativer

Ebene aber womöglich fehlen. Diese Zusammenhänge gehen bei der Reduktion auf nur eine Ebene verloren (vgl. Kapitel 2.3.3) und führen somit mitunter zu einer falschen Einschätzung der Absorptive Capacity oder verhindern gar die gezielte Analyse des Absorptionsprozesses. Um dies leisten zu können, bedarf es daher einer Weiterentwicklung bestehender Absorptive Capacity Modelle in Form einer konsequenten Berücksichtigung der strategischen als auch der operativen Ebene (vgl. Abbildung 13).

4.2.3 Intraorganisationale Ebene

Betrachtet man die Absorptive Capacity einer Organisation als einen sich aus unterschiedlichen Praktiken zusammensetzenden Prozess, so wird deutlich, dass im Zuge des erfolgreichen Durchlaufens dieses Prozesses, Praktiken auf unterschiedlichen Ebenen der Organisation zum Einsatz kommen. Um diesen Wechsel dieser sich anschließenden Praktiken auf der strategischen bzw. operativen Ebene zu ermöglichen, bedarf es daher auf beiden Ebenen entsprechender Praktiken als auch intraorganisationaler Strukturen, welche ein Ineinandergreifen dieser ermöglichen.

Ein weiterer Beitrag kann in Bezug auf das Zusammenspiel der einzelnen Praktiken geleistet werden. So führten Lewin et al. (2011, S. 91 f.) an, dass Praktiken theoretisch auch mehrere Metaroutinen adressieren können. Folglich konnten im Zuge dieser Arbeit empirisch Praktiken identifiziert werden, welche unterschiedliche Metaroutinen abdecken, wie z.B. die Praktik des Specific Sharing and Selecting, welche den Metaroutinen „Facilitating variation", „Managing internal selection regimes" sowie „Sharing knowledge and superior practices across the organization" zugeordnet werden kann.

Darüber hinaus lassen sich auch erste Erkenntnisse in Bezug auf die von Lewin et al. (2011, S. 94) aufgeworfene Frage nach der Existenz von komplementären bzw. substituierbaren Praktiken aufzeigen. Wie von Lewin et al. (2011) vorgeschlagen, konnten im Zuge der empirischen Untersuchung Praktiken identifiziert werden, welche zur Klärung dieser Forschungsfrage beitragen können. So konnten im Zuge der Interpretation und Verortung der identifizierten Praktiken sowohl Hinweise auf komplementäre als auch substituierbare Praktiken gefunden werden. Als eine mögliche substituierbare Praktik sei hier die Praktik des Scouting aufgeführt. So scheint es als würde diese Praktik innerhalb der Kooperation durch die Praktik des Boundary Spanning substituiert werden. Dies konnte empirisch z.B. in der Kooperation des BLiX mit der Organisation A beobachtet werden. Der Kooperationspartner nutzt demzufolge den direkten Kontakt, um relevantes Wissen beim Kooperationspartner zu identifizieren. Anzumerken sei dabei jedoch, dass die Scouting Praktik natürlich lediglich in Bezug auf den Kooperationspartner substituiert wird. Die Scouting Praktik wird demnach natürlich nicht gänzlich ersetzt, sondern findet in Bezug auf die externe Umwelt oder andere Kooperationspartner sehr wohl weiterhin Anwendung. Die generelle Praktik des Scouting wurde hier somit durch eine eher relationale Praktik, Boundary Spanning, ersetzt. Die teils komplexen Zusammenhänge zwischen komplementären bzw. substituierbaren Praktiken lassen sich auch am Beispiel der External Consultating Praktik darstellen. Damit diese ausgeführt werden kann, bedarf es wie bereits angeführt entsprechender Beziehungen. Da diese Beziehungen erst durch die Praktik des Boundary Spanning oder Operative Linking aufgebaut werden müssen, können diese entsprechend als komplementär angesehen werden. Fehlen diese komplementären Praktiken, so benötigt die Organisation eine alternative Praktik. Hier konnte u.a. die Praktik der Modularising identifiziert werden, welche als substituierende Praktik angesehen werden kann. In diesem Fall kommt demnach eine generelle Praktik wie das Modularising zum Einsatz, da die nötigen Beziehungen für die Ausführung der eher relationalen Praktik External Consultating fehlen.

An dieser Stelle sei erneut darauf hingewiesen, dass die hier identifizierten Praktiken im Zuge von Kooperationen beobachtet wurden. Es deutet also einiges darauf hin, dass sich die zur Anwendung kommenden Praktiken im Laufe der Zeit partnerspezifisch ändern können, d.h. relationaler werden. Dabei scheint sich abzuzeichnen, dass je intensiver bzw. andauernder die Beziehung der Kooperationspartner ist und je „relationaler" die Praktiken sind, desto direkter der Zugang zum Wissen des Partners bzw. desto tiefer die Integration des Partners in die „black box" der Absorptive Capacity.

Ein weiterer Erklärungsversuch lässt sich zudem in Bezug auf die Pfadabhängigkeit einer Organisation leisten. So ist die Annahme, dass ein gewisses Niveau der Absorptive Capacity dafür sorgt, diese auch in der Folgeperiode zu erhöhen, insbesondere durch das Vorherrschen entsprechender Praktiken sowie der entsprechenden Personen bzw. etablierten Beziehungen, durchaus nachvollziehbar. Konnte die Absorptive Capacity einer Organisation gesteigert werden, so setzt dies funktionierende Absorptive Capacity Praktiken voraus. Darauf aufbauend lassen sich diese Praktiken natürlich auch in der Folgeperiode nutzen bzw. optimieren. Zudem spielt zweifellos das Fachwissen der Mitarbeiter eine entscheidende Rolle. Für die Operative Linking Praktik bedarf es z.B. Mitarbeiter mit einem entsprechenden Grundverständnis bzw. Fachwissen im Hinblick auf die betreffende Technologie. Dies stellt demnach die Grundlage für einen Austausch auf fachlicher Ebene bzw. ein Verständnis des zu transferierenden Wissens dar. Eine zu enge Orientierung auf nur eine Technologie, kann demzufolge einen komplizierteren Transfer einer davon abweichenden Technologie bedeuten. Analog dazu lässt sich auch die Gefahr beim Scouting externen Wissens darstellen. So kann ein zu starker Fokus auf nur eine Technologie dazu führen, dass der Anschluss in Bezug auf andere Technologien zumindest erschwert oder verzögert wird. Über diese Pfadabhängigkeit in Bezug auf die Wissensbasis einer Organisation hinaus, lässt sich zudem eine Pfadabhängigkeit in Bezug auf die persönlichen Beziehungen einer Organisation vermuten. So resultiert aus der bereits angeführten Komplementarität der External Consultating mit der Boundary Spanning oder Operative Linking Praktik ebenso eine starke Pfadabhängigkeit der Entstehung dieser Praktiken. Ebenso der Umkehrschluss lässt eine gewisse Pfadabhängigkeit vermuten. So konnte in der Empirie beobachtet werden, dass das Vorhandensein eben dieser mithilfe der Boundary Spanning oder Operative Linking Praktik aufgebauten persönlichen Beziehungen das Scouting in Bezug auf den Kooperationspartner subsummierte bzw. dass durch diese mögliche External Consultating das Modularising zumindest Teilweise substituierte. Auch wenn diese Praktiken als Substitute natürlich die identischen Funktionen abdecken sollen, lässt sich zumindest doch eine gewisse Pfadabhängigkeit erkennen, ohne diese hier als positiv oder negativ werten zu wollen.

4.2.4 Interorganisationale Ebene (Dyade)

Die in dieser Arbeit diskutierten Ergebnisse in Bezug auf die, in der bisherigen Absorptive Capacity Literatur nur teilweise diskutierte, interorganisationale Ebene, können ebenfalls erste Ergebnisse auf diesem Gebiet bestätigen bzw. diese erweitern. So konnten in der Empirie Indizien dafür gefunden werden, dass Kooperationen tatsächlich vorteilhaft für die Absorptive Capacity einer Organisation sind. Demnach schien sich insbesondere die gute persönliche Beziehung bzw. ein vertrauensvolles Verhältnis der Kooperationspartner positiv auf die Absorptive Capacity auszuwirken, indem die sogenannte „black box" der Absorptive Capacity durch den Einbezug in die sonst intern vermuteten Absorptive Capacity Phasen für den Kooperationspartner „geöffnet" wurden. Die hier dargestellten Praktiken bzw. die Kooperationen an sich stellen demnach ein starkes Argument dafür dar, dass die Absorptive Capacity tatsächlich als hochgradig partnerspezifisch angesehen werden kann, wie bereits von Lane und Lubatkin (1998, S. 473) angeführt wurde. Diese Vermutung wird zudem dadurch bekräftigt, dass sich die betrachteten Kooperationen auch hinsichtlich der am BLiX zum Einsatz kommenden Praktiken in Bezug auf die einzelnen Kooperationspartner unterscheiden.

Diese Ergebnisse stehen damit in Übereinstimmung mit den von Dyer und Singh (1998, S. 660) angeführten Überlegungen. So wurde mit der bisher vorherrschenden Resource-based-view der Wettbewerbsvorteil eines Unternehmens stets anhand der Ressourcen und Fähigkeiten bemessen, welche ein Unternehmen besitzt und kontrolliert. Dies führte in der Folge dazu, dass sich die Suche nach dem Ursprung des Wettbewerbsvorteils eben häufig auf das Unternehmen selbst, also die intraorganisationale Perspektive, beschränkt hat (vgl. Dyer/Singh 1998, S. 660). Dieses Paradigma konnte unter anderem mit dem von Chesbrough (2003) eingeführten Open Innovation Konzept gebrochen werden, welches durch einen Perspektivwechsel neue Erklärungsmöglichkeiten eröffnete.

Die hier vorgestellten theoretischen sowie empirischen Ergebnisse lassen eine ähnliche Entwicklung in Bezug auf die Absorptive Capacity vermuten. So wurde in dieser Arbeit ebenfalls ursprünglich ein hauptsächlich intraorganisationaler Prozess betrachtet, welcher Organisationen dazu befähigen sollte, extern akquiriertes Wissen zu „verarbeiten" und zu „nutzen". Auch am Beispiel der Absorptive Capacity wurde demnach im Anschluss an die Assimilation des Wissens der Schwerpunkt auf intraorganisationale Prozesse und Praktiken gelegt und dadurch vernachlässigt bzw. nicht erfasst, welchen Einfluss die Kooperation an sich besitzt.

So folgerten Dyer und Singh (1998, S. 661) dass Unternehmen welche in einer Kooperation Ressourcen kombinieren, einen Vorteil gegenüber solchen erlangen können, die dazu nicht in der Lage oder willens sind. Diese Ergebnisse legen ebenfalls nahe, dass spezifische Kooperationen womöglich als Quelle eines Wettbewerbsvorteils angesehen werden können. Eine Determinante dieses Wettbewerbsvorteils sind gemäß Dyer und Singh (1998) dabei die sogenannten „Knowledge-sharing routines", unter welche diese Autoren auch die „Partner-specific absorptive capacity" fassen. Die von Dyer und Singh eingenommene relationale Perspektive auf die Dyade offeriert folglich eine andere theoretische Brille, welche entsprechende Praktiken offenbart und so dabei helfen kann, den Ursprung des Wettbewerbsvorteils zu verstehen (vgl. Dyer/Singh 1998, S. 661).

Die in dieser Arbeit präsentierten empirischen Ergebnisse bestätigen die von Dyer und Singh (1998, S. 665) angebrachte Folgerung einer partnerspezifischen Absorptive Capacity, welche eine Organisation in die Lage versetzt, das Wissen eines spezifischen Partners zu akquirieren, zu integrieren und zu exploitieren. So konnten empirisch Praktiken der Absorptive Capacity identifiziert werden, welche explizit im Zuge einer Kooperation zum Einsatz kommen und den externen Partner daher an unterschiedlicher Stelle in den Prozess einbeziehen. Zudem lassen sich Indizien für die Bestätigung der von Dyer und Singh (1998, S. 665) ausgeführten Überlegungen finden, dass die partnerspezifische Absorptive Capacity mit Dauer der Kooperation gesteigert wird, da die Kooperationspartner im Zuge der Kooperation lernen „Wer" etwas weiß und „Wo" die Expertise einer Organisation zu finden ist. Diese Überlegungen stehen damit in Übereinstimmung mit einigen hier identifizierten Praktiken. Demnach lassen sich beispielsweise die Praktiken des Boundary Spanning und Operative Linking als eben solche „who knows what" Praktiken identifizieren, welche im Zuge der Kooperation eine Integration des Partner in der Integrations- sowie Exploitationsphase ermöglichen und so tatsächlich die Absorptive Capacity steigern können.

Darüber hinaus lässt sich auch an die Arbeiten von Lane und Lubatkin (1998) anknüpfen. So rekonzeptualisierten diese bereits das organisationale Konstrukt der Absorptive Capacity als Konstrukt auf der Ebene der Lern-Dyade, als sogenannte relative Absorptive Capacity (vgl. Lane/Lubatkin 1998, S. 461). Diese von Lane und Lubatkin eingeführte relative Absorptive Capacity, ist gemäß ihrem Artikel insbesondere von der Ähnlichkeit der beiden Organisationen zueinander in Bezug auf die Wissensbasis, die organisationalen Strukturen und das Vergütungssystem, sowie den Organisationszielen abhängig (vgl. Lane/Lubatkin 1998, S. 461). Damit entwickeln sie die relative Absorptive Capacity als eine von den Charakteristika der beteiligten Organisationen abhängige Größe.

Wenngleich Lane und Lubatkin eine Anpassung intraorganisationaler Natur als möglichen Lösungsweg für die Anpassung der Organisationen aneinander aufzeigen, so kann der in dieser Arbeit entwickelte Einbezug des externen Partners und der damit einhergehenden Öffnung des Absorptive Capacity Prozesses eine alternative Erklärung bieten. Während Lane und Lubatkin eine relative Absorptive Capacity als Voraussetzung für die Antworten auf die Fragen „know-what", „know-how" und „know-why" ansehen (vgl. Lane/Lubatkin 1998, S. 466), können die in dieser Arbeit vorgestellten externen Praktiken der Integrations- und Exploitationsphase als eine Art Überbrückungspraktiken unterschiedlicher Charakteristika wirken und so mithilfe der Kooperation bei der Verarbeitung bzw. Anwendung des Wissens unterstützen. Die Dyade bzw. die in Bezug auf die jeweilige Organisation vorhandene relative Absorptive Capacity, scheint demnach weniger von der Konformität der Organisationen abhängig zu sein, als von dem in der Dyade entwickelten Grad der Kooperation und dem damit einhergehenden Einbezug des Kooperationspartners.

4.3 Praktische Implikationen für das Management kooperativer Technologieentwicklung

Aus den vorgestellten theoretisch-konzeptionellen Ergebnissen dieser Arbeit, lassen sich auch Implikationen für das Management kooperativer Technologieentwicklung ableiten. Ein viel diskutiertes Thema in der Praxis ist der Begriff des Technologietransfers und wie man diesen optimal gestalten sollte. Ungeachtet theoretischer Konzepte, wie dem der Absorptive Capacity, die dabei helfen können solche Themen strukturierter zu betrachten, zeigte sich in der Empirie, dass die häufig verbreitete Modellvorstellung des unidirektionalen Transfers im Sinne eines Senders und eines Empfängers doch verworfen werden sollte. Tatsächlich stattfindender Technologietransfer stellte sich in der Praxis vielmehr als Kooperationsbeziehung zwischen Organisationen dar – als kooperative Technologieentwicklung. Es ist sicherlich absolut korrekt, in der Vorbereitung einer solchen kooperativen Technologieentwicklung den Fokus auf die einzelne Organisation zu richten und zu untersuchen, in wie weit die Voraussetzungen gegeben sind, potenzielle Kooperationspartner zu identifizieren und entsprechende Kooperationsbeziehungen zu initiieren. Dabei darf jedoch nicht außer Acht gelassen werden, dass es sich bei dem angestrebten Transfer im Grunde um eine Kooperation handelt, die wiederum gewisser Vorbereitungen bedarf. Es erscheint daher wichtig, Technologietransfer als kooperative Technologieentwicklung zu begreifen und auch als solche innerhalb der eigenen Organisation zu kommunizieren. Warum dies von so hoher Bedeutung ist, wird deutlich, wenn man sich die theoretisch-konzeptionellen Ergebnisse der internen und externen Absorptionspraktiken vor Augen führt. Das Konzept der Absorptive Capacity sensibilisierte Organisationen bisher lediglich dafür, dass für die Identifikation und den tatsächlichen Transfer von externem Wissen, die organisationalen Grenzen durchbrochen werden. Der in der Praxis häufig als möglichst kompatibel, notwendige Schnittstelle der

Organisation für dieses Wissen beschriebene vorhandene Interaktionsweg sollte jedoch, entsprechend der hier vorgestellten Ergebnisse, weiter gefasst werden. Die hier identifizierten interorganisationalen Praktiken im Zuge der Wissensintegration und -exploitation legen demnach nahe, dass die Interaktion mit dem Kooperationspartner in unterschiedlichen Phasen des Innovationsprozesses und zudem auf unterschiedlichen Ebenen stattfinden sollte bzw. kann. Neben der internen Kommunikation dieser Möglichkeit der Interaktion bedarf es auch einer gezielten Förderung bzw. Vorbereitung dieser. Gemeinsame Veranstaltungen mit dem Kooperationspartner bei der Initiierung einer Kooperation, aber auch im Zuge der Durchführung dieser, können dabei helfen, notwendige Interaktionskanäle zu erschaffen bzw. diese auszubauen.

Die Bedeutung der Kooperation konnte zudem bereits in weiteren Fallstudien bestätigt werden. So konnte Saxenian (1996, S. 164) am Beispiel von Hewlett Packard und anderen Unternehmen im Silicon Valley, einem der weltweit wohl berühmtesten sowie wichtigsten Standorte für Informations- und Hochtechnologie, zeigen, dass Unternehmen, welche in langfristige Kooperationsbeziehungen investieren, daraus einen entscheidenden Wettbewerbsvorteil generieren konnten. Der Zusammenhang zwischen Wettbewerbsvorteil und Kooperationen wurde dabei von Akteuren des Feldes wie folgt beschrieben:

> *„Our aim is to build a comparative advantage for Silicon Valley by building a collaborative advantage" (Tom Hayes, Gründer von Joint Venture)*

Dies verdeutlicht ebenfalls, wie stark Kooperationen bereits 1994 mit einem Wettbewerbsvorteil in Verbindung gebracht wurden.

Betrachtet man die „optimale Architektur" einer Kooperation, so bedarf es bestimmter Praktiken bzw. einer organisationalen Struktur, welche die Kooperation mehrerer Akteure fördert bzw. diese in den Fokus rückt, da sich dies als vorteilhaft erwiesen hat (vgl. Fjedstad et al. 2012, S. 734). Entscheidend ist demnach auch die entsprechende Schulung des eigenen Personals. Die im Zuge der Kooperation so wichtigen Boundary Spanner als auch im Zuge der Operative Linking Praktik eingesetzten Mitarbeiter, müssen demnach auf die Zusammenarbeit vorbereitet werden. Ein konkretes Beispiel für eine solche praktische Vorbereitung auf die Interaktion konnte bereits in Form des Sensitizing im Zuge der Operative Linking Praktik gegeben werden. So erfolgten Schulungen der operativen Mitarbeiter als Vorbereitung der Kooperation bzw. des fachlichen Austauschs. Darüber hinaus sorgte die strategische Ebene zudem mithilfe des Monitorings innerhalb der Operative Linking Praktik dafür, dass ein sogenannter „fit" der im Zuge dieser Praktik verknüpften Mitarbeiter vorhanden war. Die Operative Linking Praktik weist einige Akzente des von Bahrami und Evans (2011, S. 32) im Silicon Valley beobachteten „Leading by Aligning" Prinzips auf, welches die Implementierung entsprechender Praktiken als Baustein einer möglichst anpassungsfähigen, agilen Organisation ansieht. Betrachtet man die vielfältigen Aufgaben, so wird deutlich, dass auch die Boundary Spanner auf der strategischen Ebene gewisser Schulungen bedürfen, wie sie ihre Aufgaben interorganisational als auch intraorganisational ausführen sollen. Zudem sollten in diesen Position Mitarbeiter eingesetzt werden, die bereits über eine gewisse berufliche Erfahrung und wenn möglich auf Kooperationsbeziehungen zurückblicken können. Ein möglichst diverser Hintergrund scheint zudem insbesondere bei der Initiierung der Kooperationen von Vorteil zu sein, da so unterschiedliche Zielvorstellungen bedacht bzw. erkannt werden können. Entscheidend ist hierbei das die Mitarbeiter auf strategischer Ebene, welche als Boundary Spanner agieren, in der Lage sind entsprechende Personen innerhalb und außerhalb der Organisation zu erkennen, welche im Zuge der Kooperation vernetzt werden sollten. Die Aufgabe der Boundary Spanner auf strategischer Ebene ist zudem wie angedeutet die Initiierung der Kooperation. Dabei ist es besonders wichtig, dass dies auf der strategischen Ebene abläuft, um von vornherein politisch motivierte Blockaden zu verhindern und die Zielvorstellungen abzuklären (vgl. Ibarra/Hansen 2011, S. 72).

Darüber hinaus legen die empirischen Ergebnisse dieser Arbeit nahe, dass die Interaktion der strategischen mit der operativen Ebene entscheidend zur Steigerung der Absorptive Capacity beiträgt. Dadurch, dass zum Teil beide Ebenen im Zuge der Praktiken involviert werden, sollte diese Interaktion möglichst störungsfrei ablaufen. Der Umstand, dass im Zuge von Kooperationen Mitarbeiter auf unterschiedlichen Ebenen relevante Informationen für diese besitzen, wurde zudem bereits anhand anderer Studien belegt (vgl. Ibarra/Hansen 2011, S. 73). Es bedarf folglich gewisser Anreizsysteme als auch der aktiven Motivierung der an der Kooperation beteiligten Mitarbeiter - wohlgemerkt auf beiden Ebenen. Neben materiellen Anreizen, wie z.B. einer Bonuszahlung bei der Erreichung individuell oder für ein Team vereinbarter Ziele, sind hier auch immaterielle Anreize wie z.B. für die Kooperation geschaffene Projektleitungsposten denkbar. In Bezug auf die aktive Motivierung wäre beispielsweise der frühe Einbezug betroffener Mitarbeiter in die Kooperation vorstellbar, um so bereits möglichst früh Akzeptanz für die Zusammenarbeit zu schaffen, Ideen der Mitarbeiter bereits in der Anbahnung zu berücksichtigen und so mögliche Barrieren zu vermeiden und das Commitment der eigenen Mitarbeiter zu erhöhen. Um das eigene Potenzial dabei voll zu entfalten, bieten sich zudem Austauschforen innerhalb der Organisation an. Diese können dabei in Form von Workshops rund um das Thema kooperative Technologieentwicklung und Unternehmenskooperation als auch entsprechender digitaler Plattformen für den formellen sowie informellen Austausch der an der Kooperation beteiligten Mitarbeiter geschaffen werden - wichtig ist hierbei lediglich die Sichtbarkeit innerhalb der eigenen Organisation, der Würdigung dieser auch auf strategischer Ebene sowie der transparenten Förderung resultierender Ideen. Die Transparenz scheint hierbei eine wichtige Komponente dafür zu sein, möglicherweise rein politisch motivierte Entscheidungen zu minimieren bzw. zu unterbinden. Diese wurden insbesondere innerhalb von großen Unternehmen immer wieder als sogenannte Innovationsbarrieren identifiziert. Ein anderer Punkt betrifft die fachliche Ausrichtung der operativen Mitarbeiter. So zeigte sich, dass es von Vorteil zu sein scheint, eine gewisse Breite an Fachwissen innerhalb der Organisation vorweisen zu können. Insbesondere bei der Kooperation zu Themen, welche die eigentliche Kernkompetenz einer Organisation tangieren, scheint es von Vorteil zu sein, wenn es unter den Mitarbeiter auf der operativen Ebene Experten auf unterschiedlichen Gebieten gibt, welche dann im Zuge des Operative Linking vernetzt werden können.

Ein weiterer Handlungsbedarf betrifft zudem die Praktiken selbst. In der Empirie zeigte sich, dass die Organisationen durchaus unterschiedliche Ansätze bzw. substituierbare Praktiken in den einzelnen Phasen der Absorptive Capacity anwendeten. Diese Praktiken wurden in den gezeigten Fällen hauptsächlich von der strategischen Ebene erstellt und deren Ausführung von eben dieser kontrolliert. Auch wenn in den gezeigten Untersuchungsobjekten das Konzept der Absorptive Capacity im Zuge der Erstellung der Praktiken womöglich keine Rolle gespielt hat, so kann es doch dabei helfen, den Innovationsprozess strukturierter zu betrachten und kann als Rahmen für die Überprüfung oder der Schaffung der eigenen organisationalen Praktiken dienen.

Wenngleich einige der präsentierten Praktiken trivial erscheinen mögen und sich Organisationen ihrer Relevanz für den erfolgreichen Transfer durchaus bewusst sind, so konnten Studien, welche den Transfer zwischen Universitäten und Unternehmen fokussierten, doch aufzeigen, dass es häufig an der Implementierung bzw. der tatsächlichen Durchführung dieser Praktiken scheitert (vgl. Pertuze et al. 2010). In Übereinstimmung mit der besagten Studie, bei der über 100 Projekte von 25 multinational operierenden Unternehmen betrachtet wurden, soll dabei jedoch festgehalten werden, dass die Implikationen dieser Arbeit über die reine Implementierung und Ausführung der präsentierten Praktiken hinaus gehen. So sollte der Technologietransfer als langfristig angelegte Kooperation auf Augenhöhe initiiert werden. Es bedarf zudem eines regelmäßigen Austauschs der Kooperationspartner, um entsprechende Praktiken zu etablieren, welche letztlich einen erfolgreichen Wissensaustausch ermöglichen. Die Dauer einer Kooperation bzw. die der personellen Verflechtungen kann zudem dabei helfen, einen Austausch in späten Phasen des Innovationsprozesses zu ermöglichen und so entscheidend zur Innovationsfähigkeit der Organisation beitragen (vgl. Pertuze et al. 2010, S. 90; Ibarra/Hansen 2011, S. 73; Adler et al. 2011, S. 101).

5 Abschließende Überlegungen und Forschungsausblick

Abschließend lässt sich festhalten, dass die in den einleitenden Worten geforderte und in dieser Arbeit durchgeführte Mehrebenenanalyse der Absorptive Capacity Praktiken dabei helfen konnte, weitere Facetten des Absorptive Capacity Konzepts zu offenbaren, diese zu analysieren und daraus Implikationen für das selbige zu gewinnen. Im Folgenden sollen nun die zentralen Ergebnisse der Arbeit, entlang der vier sich aus der Forschungsfrage ergebenden Themenbereiche kurz zusammengefasst werden. Es folgt eine kritische Reflexion im Hinblick auf die methodische Vorgehensweise sowie inhaltlicher Art und sich daraus ergebende Limitationen dieser Arbeit. Abschließend wird ein Ausblick auf eine mögliche Anschlussforschung gegeben, indem offen gebliebene sowie sich aus dieser Arbeit ergebende Forschungsfragen angeregt werden.

5.1 Zentrale Ergebnisse der Arbeit

Im Gegensatz zu bisherigen Studien konnte durch die in dieser Arbeit vorgenommene Unterscheidung in **interne und externe Absorptionspraktiken** empirisch gezeigt werden, dass externe Absorptionspraktiken nicht nur in der Akquisitions-, sondern auch der Integrations- und Exploitationsphase existieren. Diese Ergebnisse ergänzen damit die von Lewin et al. (2011) vorgestellten Ergebnisse und liefern Indizien dafür, dass die von Zahra und George (2002) eingeführte realisierte Absorptive Capacity bzw. die von Cohen und Levinthal (1990) vorgestellte „inward-looking" Absorptive Capacity nicht ausschließlich auf internen Praktiken und Prozessen beruht, sondern ebenfalls von externen Praktiken beeinflusst wird bzw. von diesen profitieren kann. Daraus wurde in dieser Arbeit gefolgert, dass bei gegebener potenzieller Absorptive Capacity bzw. „outward-looking" Absorptive Capacity, die vorgestellten externen Praktiken der Integrations- und Exploitationsphase den Efficiency Factor der Absorptive Capacity nach Zahra und George (2002) erhöhen und damit die Absorptive Capacity in Gänze steigern können. Diese Schlussfolgerung konnte zudem einen Beitrag hinsichtlich der Frage liefern, an welcher Stelle des Prozesses der Absorptive Capacity ein Wettbewerbsvorteil generiert wird. So wurde dieser bisher von Lewin et al. (2011) auf die nicht zu beobachtenden und daher schwer zu imitierenden internen Praktiken der Integrations- und Exploitationsphase zurückgeführt. Die hier identifizierten externen und damit sowohl beobachtbaren als auch imitierbaren Praktiken innerhalb dieser Phasen legen somit nahe, dass der Wettbewerbsvorteil auch aus der spezifischen Kooperation zu resultieren scheint.

Für die in dieser Arbeit vorgenommene Unterscheidung der **Absorptionspraktiken auf strategischer und operativer Ebene** konnte zunächst einmal empirisch Bestätigung gefunden werden. So zeigte sich empirisch, dass auf der strategischen Ebene einer Organisation die Entscheidung zu einer kooperativen Technologieentwicklung getroffen wird und die Rahmenbedingungen dieser Kooperation sowie die notwendigen organisationalen Strukturen des Austauschs sowie entsprechende Praktiken definiert werden. In Bezug auf die operative Ebene einer Organisation konnte empirisch gezeigt werden, dass auf dieser häufig der fachliche Austausch innerhalb der Kooperation durch die Ausführung eben dieser definierten Praktiken erfolgte und zudem eine Rückkopplung über diese an die strategische Ebene gegeben wurde. Relativierend wurde dabei festgestellt, dass diese Vereinfachung häufig nur bei der Betrachtung des interorganisationalen Austausches vorzunehmen ist, da intraorganisational auch Austauschpraktiken auf strategischer Ebene identifiziert werden konnten. Mithilfe der Unterscheidung dieser Ebenen konnten im Zuge dieser Arbeit Praktiken empirisch identifiziert werden, welche den sogenannten „power relationships" nach Todorova und Durisin (2007) nahe kommen und diese damit bestätigen könnten (z.B. Boundary Spanning und Joint Reflecting). Ebenfalls bestätigt werden konnten die von Cohen und Levinthal (1990) als entscheidend eingeführten Kommunikationsstrukturen zwischen Organisation und Umwelt aber auch organisationsintern. So bedurfte die empirisch identifizierte Operative Linking Praktik des Zusammenwirkens beider Ebenen und demnach funktionierender organisationsinterner Kommunikationsstrukturen. Die Relevanz der Kommunikationsstrukturen zwischen Organisation und Unwelt konnte ebenfalls durch die empirisch identifizierten Praktiken Boundary Spanning sowie Operative Linking bestätigt werden, welche die Vernetzung sogenannter Schlüsselpersonen auf strategischer sowie operativer Ebene ermöglichten.

In Bezug auf die **intraorganisationale Ebene** konnten Praktiken auf unterschiedlichen organisationalen Ebenen identifiziert werden, die zum Teil ineinandergreifen bzw. im Laufe der Praktik eine weitere Ebene einbeziehen. Für eben diesen Wechsel und Einbezug bedarf es daher passender organisationaler Strukturen. Die identifizierten Praktiken legten zudem die Vermutung nahe, dass Praktiken durchaus unterschiedlichen Metaroutinen nach Lewin et al. (2011) zugeordnet werden können und somit zur Klärung dieser Frage beitragen. Darüber hinaus konnte zudem ein Beitrag hinsichtlich der Frage zur Existenz von komplementären sowie substitierbaren Praktiken geleistet werden. Es konnten innerhalb der betrachteten Kooperationen Praktiken identifiziert werden, welche eben zum Teil gerade aufgrund der Kooperation als Substitut bzw. Komplementär betrachtet werden können. So zeigte sich in der Empirie, dass die Praktik des Scouting insbesondere in Bezug auf den Kooperationspartner durch die Praktis des Boundary Spanning substituiert wurde. Für die Praktik des External Consultating hingegen dürfen die Praktiken des Boundary Spanning bzw. Operative Linking als komplementär angesehen werden.

Schließlich konnte auch die mithilfe der Betrachtung der Kooperationen innerhalb der Intensivfallstudie und der damit vorgenommenen Fokussierung der **interorganisationale Ebene (Dyade)** ein Beitrag zu bis dato offenen Forschungsfragen geleistet werden. So lassen die vorgestellten Ergebnisse den Schluss zu, dass die Kooperation bzw. der damit einhergehende Aufbau einer persönlichen Beziehung zwischen den Kooperationspartnern eine Öffnung der sogenannten „black box" der Absorptive Capacity ermöglichen kann. Es konnten zudem Indizien dafür gefunden werden, dass der Kooperationspartner mit zunehmender Dauer bzw. Qualität der Beziehung weiter einbezogen wurde. Dies scheint zu bestätigen, dass die Absorptive Capacity grundsätzlich als partnerspezifisch angesehen werden kann bzw. zumindest einen partnerspezifischen Teil besitzt. Sie wird also häufig lediglich im

Hinblick auf einen spezifischen Kooperationspartner – insbesondere durch die Entwicklung eher relationaler Praktiken – und selten generell erhöht. Als ein möglicher Erklärungsversuch für diesen Umstand wurden die von Lane und Lubatkin (1998) sowie Dyer und Singh (1998) angeführten Überlegungen dargestellt, dass die Akteure einer Organisation insbesondere im Zuge einer Kooperation lernen, „Wer" beim Kooperationspartner die richtige Ansprechperson ist bzw. „Wo" eine bestimmte Expertise innerhalb der Organisation zu finden ist (vgl. Lane/Lubatkin 1998; Dyer/Singh 1998). In Übereinstimmung mit den Ergebnissen der vorgenommenen Unterscheidung der internen und externen Absorptionspraktiken wurde daher der Schluss gezogen, dass der aus der Absorptive Capacity generierte Wettbewerbsvorteil einer Organisation nicht nur intraorganisational, sondern auch interorganisational zu suchen sei (vgl. auch Chesbrough 2003).

5.2 Kritische Reflexion und Limitation

Die im Zuge dieser Arbeit präsentierten empirischen Ergebnisse sowie deren Diskussion unterlagen – wie bereits angedeutet – unterschiedlichen Prämissen. Auch wenn an den entsprechenden Stellen stets versucht wurde sich mit diesen zu befassen, so kann doch sowohl hinsichtlich der inhaltlichen Ausarbeitung als auch der gewählten Methodik eine Kritik nicht ausgeschlossen werden.

Durch die eng fokussierte Forschungsfrage ergeben sich einige inhaltliche Limitationen dieser Arbeit. So kann natürlich der hier vorgenomme Fokus auf die interorganisationale Ebene als kritisch betrachtet werden, da dieser nur dann von Interesse ist, wenn man das Vorhandensein einer relationalen Absorptive Capacity unterstellt. Bei der Annahme einer ausschließlich generellen Absorptive Capacity sollte hier eher eine rein intraorganisationale Perspektive eingenommen werden. Darüber hinaus ist die Generalisierbarkeit der Fallstudie natürlich durch das recht spezielle und enge Feld und den speziellen Kontext eines von einem Forschungsinstitut und einer Universität gemeinsam betriebenen Applikationslabors eingeengt. Wenngleich hier argumentiert werden könnte, dass letztlich jede Fallstudie nur einen Spezialfall repräsentieren kann, so bleibt

Abschließende Überlegungen und Forschungsausblick

natürlich die Frage, in wie weit die Ergebnisse sich auch auf Kooperationen zwischen profitorientierten Unternehmen übertragen lassen. Diese Limitation würde letztlich zum Versuch der Reproduktion dieser Ergebnisse in einem anderen Umfeld führen. Inhaltlich kritisiert werden kann zudem der vorgenommene Fokus innerhalb des Konzeptes der Absorptive Capacity. So wurde unter anderem die Frage nach der Pfadabhängigkeit der Absorptive Capacity nur theoretisch tangiert und empirisch nicht weiter beachtet. Auch wenn dies zum Teil den methodischen Limitationen geschuldet ist, bleibt dieser Punkt doch kritisch. Dieser Punkt trifft natürlich auch hinsichtlich anderer Strömungen und Ideen zu, welche zum Teil im theoretisch-konzeptionellen Teil vorgestellt wurden, wie z.B. die Frage nach dem Einfluss der F&E Investitionen auf die Absorptive Capacity (Cohen/Levinthal 1990), den Lernprozessen zwischen einer Organisation und ihrer gesamten Umwelt (1:n Beziehung) (Van den Bosch et al. 1999) oder auch der Frage nach der Anzahl der Absorptive Capacity Dimensionen (Jansen et al. 2005). So ist es letztlich dem durch die Forschungsfrage gesetzten Fokus in dieser Arbeit geschuldet, dass diese zum Teil zwar angerissen, aber im Folgenden nicht weiter vertieft oder gewürdigt worden sind. In Bezug auf die dargestellten Praktiken hätte zudem noch differenzierter vorgegangen werden können. Die Entscheidung möglichst umfassende Praktiken zu identifizieren, spiegelt dabei letztlich den Versuch wider, ein klares Bild der Situation zu gewinnen und die vielfältigen ableitbaren Implikationen so klarer strukturieren zu können. Diese Vorgehensweise, wenn auch als bewusste Entscheidung getroffen, bleibt jedoch angreifbar. Darüber hinaus ist natürlich anzumerken, dass auch die vertraglichen Aspekte einer Kooperation einen erheblichen Einfluss auf die Ausgestaltung dieser besitzen können. Dieser Faktor wurde hier nur rudimentär berücksichtigt, da, sofern vorhanden, Kooperationsverträge häufig nur schwer zugänglich sind. Zudem ließen die geführten Interviews den Schluss zu, dass insbesondere die persönlichen Beziehungen und die Ausgestaltung dieser eine weitaus wichtigere Rolle zu spielen scheinen, häufig ohne jegliche vertragliche Grundlage. Hierbei sei einschränkend erwähnt, dass eben diese Beziehungen sowie die daraus resultierenden Praktiken durchaus auch der regionalen Situation in Form des vorgestellten Berlin-Brandenburger Optik-Clusters Op-

TecBB geschuldet sein könnte. Wenngleich die betrachteten Kooperationen über das Bundesgebiet verteilt waren, so lässt sich ein Effekt des Clusters wohl nicht ganz ausschließen (vgl. Lerch 2009; Sydow et al. 2010). Der bewusste Entschluss, dieses Phänomen innerhalb der Fallstudie nicht stärker zu beleuchten, kann demnach als Limitation dieser Arbeit angesehen werden.

Neben diesen inhaltlichen Limitationen lassen sich darüber hinaus auch methodische Limitationen identifizieren. Das hier gewählte Design der Intensivfallstudie und der drei vorgestellten Untersuchungsobjekte sollte insbesondere dabei helfen, unterschiedliche interorganisationale Praktiken von Organisationen zu betrachten. Hier wurde ganz bewusst das BLiX als Akteur konstant gehalten, um unterschiedliche organisationale Praktiken betrachten zu können. Das Ziel war es demnach, mehrere Kooperationen unterschiedlicher Intensität zu betrachten und dabei trotzdem die Zahl der Variablen möglichst gering zu halten. Dabei wurde mit Absicht kein vergleichendes Fallstudiendesign gewählt, sondern vielmehr versucht, einen umfangreichen Einblick in die Kooperationen zu erhalten. Dies ist natürlich auch dem Umstand geschuldet, dass insbesondere im Zuge der Kooperation geringer Intensität nur wenige Akteure tatsächlich in die Kooperation involviert waren. Auch wenn diese Vorgehensweise hier bewusst gewählt wurde, kann diese doch als kritisch angesehen werden, da die Konstanz des Kooperationspartners BLiX die Vermutung eines Bias der Fallstudie nicht widerlegen lässt. Kritisch zu betrachten ist zudem die Auswahl der Akteure. So wurde diese zwar gemeinsam mit den BLiX Vertretern vorgenommen und dabei versucht Kooperationen in unterschiedlichen Stadien zu betrachten, dennoch stellt diese Selektion zum Teil eine Vorauswahl dar, da bei der Selektion der Kooperationspartner gleicher Stadien letztlich auch nach deren Zugangsmöglichkeit ausgewählt wurde. Dementsprechend wurden grundsätzlich drei funktionierende Kooperationen untersucht und möglicherweise existierende problematische Kooperationen ausgeblendet. Auch wenn dies für die Beobachtung interorganisationaler Praktiken natürlich als Grundvoraussetzung angesehen werden kann, so kann diese begrenzte Auswahl doch als Limitation gesehen werden. Der Fakt, dass demnach in allen Fällen bereits eine Kooperation (wenn auch nur auf strategischer Ebene) etabliert wurde, zeigt zudem, dass die betrachteten Organisationen zumindest ein gewisses Niveau an Absorptive Capacity besitzen mussten, um eben diese Kooperation als sinnvoll zu erachten und somit einzugehen bzw. diese letztlich zu intensivieren. Wenngleich in der Diskussion der Versuch unternommen wird, die Ergebnisse dieser Intensivfallstudie auf das Konzept der Absorptive Capacity sowie offene Forschungsfragen im Diskurs zu übertragen, so könnten die hier gewonnenen Einsichten doch insbesondere aufgrund dieser Limitationen hochgradig spezifisch und damit schwer generalisierbar sein. Interessant wäre zudem gewesen, die Entwicklungen der einzelnen Kooperationen als Langzeitstudie zu beobachten, um so eventuell noch mehr über die Anpassungen der Praktiken im Zeitablauf lernen zu können. Die Beobachtung der Anpassung der Praktiken an den jeweiligen Kooperationspartner hätte so womöglich Auskunft darüber geben können, *wie* relational die angepassten Praktiken tatsächlich sind bzw. inwiefern generelle Praktiken durch relationale Praktiken tatsächlich substituiert bzw. komplementiert werden können. Darüber hinaus wäre natürlich eine aufwändigere ethnographische Feldforschung in Form einer tatsächlichen Mitarbeit vor Ort über einen längeren Zeitraum wünschenswert und sicher erkenntnisreich gewesen, hätte so doch ein noch besserer Einblick in die Funktionsweise der Praktiken auf beiden Ebenen gewonnen werden können. Zudem wäre es interessant gewesen, das Netzwerk des BLiX zu erheben und sämtliche Kooperationspartner sowie deren Kontakt untereinander mithilfe einer Netzwerkanalyse zu erheben und im Hinblick auf die zum Einsatz kommenden Praktiken, gerade auch im Wandel der Zeit, zu untersuchen. Auf diese Weise hätten sich über den interorganisationalen Fokus hinaus womöglich Implikationen für Netzwerke ableiten lassen. Da über diese sensiblen Informationen jedoch in nahezu allen Fällen keine oder nur unvollständig Auskunft gegeben wurde, konnte dieser Ansatz im vorliegenden Fall nicht verfolgt werden. Des Weiteren kann die vorgenommene Unterteilung in zwei organisationale Ebenen als methodisch kritisch betrachtet werden. So kann diese notwendige Vereinfachung doch häufig nicht die teils komplexen hierarchischen Strukturen einer Organisation widerspiegeln.

5.3 Anregungen für weitere Forschung

Aus den Ergebnissen dieser Arbeit sowie deren Limitationen lassen sich sodann mögliche Anschlusspunkte für die weitere Forschung zum Thema Absorptive Capacity gewinnen. Ausgehend von den vorliegenden empirischen Ergebnissen dieser Arbeit scheinen daher weitere qualitative Arbeiten zur Identifikation von Absorptive Capacity Praktiken sinnvoll bzw. notwendig. So konnten in der vorliegenden Fallstudie bereits anhand von drei Untersuchungsobjekten eine Vielzahl ähnlicher, aber auch zum Teil stark unterschiedlicher, Praktiken beobachtet werden. Es bedarf daher weiterer Forschung, um diese Praktiken noch intensiver zu studieren bzw. um weitere Praktiken zu identifizieren. Im Hinblick auf die Praktiken stellen sich so noch viele offene Fragen. Neben einer noch detaillierteren Betrachtung der Praktiken, um so eventuell Gemeinsamkeiten dieser oder auch Hinweise auf deren Kernfunktion zu erhalten, wären weitere Einblicke in die tatsächliche Durchführung der Praktiken interessant, damit das vielfältige Wechselspiel der einzelnen Dimensionen der Absorptive Capacity, aber auch der unterschiedlichen Ebenen, besser beleuchtet werden könnte. So ist fraglich, welche Praktiken in den einzelnen Dimensionen der Absorptive Capacity von besonderer Bedeutung sind. Wie wirken die einzelnen Praktiken zusammen? Inwiefern können bestimmte Praktiken zwischen den organisationalen Ebenen vermitteln? Es stellt sich zudem die Frage, in wie weit weitere Hinweise auf substituierbare und komplementäre Praktiken gefunden werden können und ob es hier so etwas wie ein minimales Set an Praktiken gibt. Zudem gilt es, die Veränderung der Praktiken über den Zeitablauf zu beobachten. Warum werden diese von Organisationen angepasst? Wie wird diese Anpassung tatsächlich durchgeführt? Existieren eventuell Subpraktiken die eine Koordination der Anpassung dieser Praktiken leisten? Zudem ist in diesem Kontext die Frage nach der Pfadabhängigkeit der Absorptive Capacity an sich als auch konkret in Bezug auf die Praktiken von Interesse. In wie weit können die Praktiken tatsächlich als pfadabhängig angesehen werden?

Der formulierte Bedarf von Organisationen, den eigenen F&E Prozess möglichst effizient zu gestalten, wirft zudem die Frage nach der Effizienz der einzelnen Praktiken auf. Gibt es gewisse Kombinatio-

Abschließende Überlegungen und Forschungsausblick

nen von Praktiken die als besonders effizient klassifiziert werden können? Wie kann man deren Qualität für den Aufbau einer Absorptive Capacity einschätzen? Wie stark werden Praktiken von einzelnen Personen geprägt und wie stark sind sie womöglich an einzelne Personen gebunden? In wie weit werden substituierbare Praktiken benötigt, um mögliche Engpässe zu vermeiden bzw. Barrieren zu überwinden? Die Forderung nach weiteren, vertiefenden Fallstudien umfasst dabei auch die Forderung nach der Untersuchung weiterer organisationaler Kontexte. So stellt sich die Frage, wie Absorptive Capacity Praktiken bei nicht F&E getriebenen Organisationen ausgeprägt sind bzw. ob diese generell vorhanden sind. Hier wird z.B. an die Dienstleistungsbranche oder aber auch die Kultur- und Kreativbranche gedacht. Um mögliche regionale Faktoren dabei zu minimieren, erscheint es zudem sinnvoll, Fallstudien in unterschiedlichen Ländern zu betrachten.

Ein weiteres interessantes Feld ergibt sich zudem in Bezug auf das Konzept der Open Innovation. So führte Chesbrough (2003) bereits an, dass „firms [are] no longer able to exploit on their own". Es stellt sich somit die Frage, in wie weit die extern identifizierten Exploitationspraktiken der Kooperationspartner tatsächlich Parallelen zum Open Innovation Ansatz aufweisen können. Die Ähnlichkeit hinsichtlich der Permeabilität legt demnach eine vertiefende Betrachtung beider Konzepte nahe, um so eventuell theoretische Überlegungen zu vereinigen oder gar praktische Implikationen zu identifizieren, die womöglich beiden Konzepten dienlich sind.

Eng damit verbunden ist auch der weitere Forschungsbedarf im Hinblick auf Netzwerke. So wurden Kooperationen als vorteilhaft identifiziert und ein gewisser Ausstrahlungseffekt dieser auf die Absorptive Capacity einer Organisation vermutet. Es stellt sich somit die Frage, in wie weit dieser Effekt auch bei Netzwerken von Bedeutung ist bzw. in welcher Form er bei Netzwerken auftritt. Auch hier kann die Frage nach der Kumulativität der Absorptive Capacity gestellt werden. Fraglich ist, in wie weit der Effekt eines Netzwerks auf die Absorptive Capacity den aufsummierten Effekt der Kooperationen übersteigt und demnach tatsächlich so etwas wie eine Netzwerk Absorptive Capacity identifiziert werden kann. Ein möglicher Erklärungsansatz wäre natürlich auch der umgekehrte

Schluss: So kann der Effekt einer sogenannten Netzwerk Absorptive Capacity auch gerade in den dadurch angestoßenen Kooperationen bestehen. Es bedarf also einer klaren Abgrenzung zu den hier aufgezeigten dyadischen Beziehungen.

Diese und weitere darauf aufbauende Fragestellungen scheinen daher bedeutsam, um so das facettenreiche und managementrelevante Phänomen der Absorptive Capacity vor einem interorganisationalen sowie praktiken-orientierten Hintergrund besser verstehen zu können und so die Voraussetzungen für sowohl die aktive Gestaltung und Implementierung, als auch für eine Operationalisierbarkeit und letztlich Messung dieser zu schaffen.

Literaturverzeichnis

Adler, P./Hecksher, C./Prusak, L. (2011): Building a Collaborative Enterprise, in: Harvard Business Review, 89(7/8), S. 94-101.

Ahlstrom, D. (2010): Innovation and Growth: How Business Contributes to Society, in: Academy of Management Perspectives, 24(3), S. 11-24.

Akgün, A. E./Lynn, G. S./Byrne, J. C. (2003): Organizational learning: A socio-cognitive framework, in: *Human Relations*, 56(7), S. 839-868.

Allen, T. J. (1977): Managing the flow of technology: Technology transfer and the dissemination of technological information within the R&D organization. Cambridge, MA: MIT Press.

Ancona, D. G./Caldwell, D. F. (1992): Bridging the Boundary: External Activity and Performance in Organizational Teams, in: *Administrative Science Quarterly*, 37(4), S. 634-665.

Arthur, W. B. (1989): Competing Technologies, Increasing Returns, and Lock-In by Historical Events, in: *The Economic Journal*, 99(394), S. 116-131.

Arthur, W. B./Lane, D. (1994): Information contagion, in: Arthur, W. B. (Hrsg.): *Increasing Returns and Path Dependence in the Economy*, Ann Arbor: University of Michigan Press, S. 69-97.

Bahrami, H./Evans, S. (2011): Super-Flexibility for Real-Time Adaptation: Perspectives from Silicon Valley, in: *California Management Review*, 53(3), S. 21-39.

Barley, S. R. (1986): Technology as an Occasion for Structuring: Evidence from Observations of CT Scanners and the Social Order of Radiology Departments, in: *Administrative Science Quarterly*, 31(1), S. 78-108.

Barzun, J./Graff, H. F. (2004): The Modern Researcher. Columbia University: Thomson/Wadsworth.

Baum, J. A. C./Singh, J. V. (1994): Organizational Niches and the Dynamics of Organizational Mortality, in: *American Journal of Sociology*, 100(2), S. 346-380.

Beamish, P. W./Lupton, N. C. (2009): Managing Joint Ventures, in: *Academy of Management Perspectives*, 23(2), S. 75-94.

Belderbos, R./Carree, M./Lokshin, B. (2004): Cooperative R&D and firm performance, in: *Research Policy*, 33(10), S. 1477-1492.

Bierly, P. E./Damanpour, F./Santoro, M. D. (2009): The Application of External Knowledge: Organizational Conditions for Exploration and Exploitation, in: *Journal of Management Studies*, 46(3), S. 481-509.

BLiX (2010): Weltmarkt Röntgenanalytik, unveröffentlichte interne Präsentation, Berlin.

BLiX (2012): Berlin Laboratory for innovative X-ray Technologies, Verfügbar über: http://www.blix.tu-berlin.de/de/AboutUs.html [25.09.2012].

Bortz, J./Döring, N. (2006): Forschungsmethoden und Evaluation: für Human- und Sozialwissenschaftler. Heidelberg: Springer.

Brannick, T./Coghlan, D. (2009): *Doing Action Research in Your Own Organization*. London: SAGE Publications.

Braun, T./Müller-Seitz, G./Sydow, J. (2012): Project Citizenship Behavior? - An Explorative Analysis at the Project-Network-Nexus, in: *Scandinavian Journal of Management*, 28, S. 271-284.

Burgelman, R. A. (2002): Strategy as Vector and the Inertia of Coevolutionary Lock-in, in: *Administrative Science Quarterly*, 47(2), S. 325-357.

Cassiman, B./Veugelers, R. (2006): In Search of Complementarity in Innovation Strategy: Internal R&D and External Knowledge Acquisition, in: *Management Science*, 52(1), S. 68-82.

Literaturverzeichnis

Chesbrough, H. W. (2003): Open Innovation: The New Imperative for Creating and Profiting from Technology. Boston: Harvard Business Press.

Chiva, R./Alegre, J. (2005): Organizational Learning and Organizational Knowledge: Towards the Integration of Two Approaches, in: *Management Learning*, 36(1), S. 49-68.

Christensen, J. F./Olesen, M. H./Kjær, J. S. (2005): The industrial dynamics of Open Innovation—Evidence from the transformation of consumer electronics, in: *Research Policy*, 34(10), S. 1533-1549.

Clark, K. B./Fujimoto, T. (1987): *Overlapping Problem Solving in Product Development*. Boston: Division of Research, Harvard Business School.

Cockburn, I. M./Henderson, R. M. (1998): Absorptive Capacity, Coauthoring Behavior, and the Organization of Research in Drug Discovery, in: *Journal of Industrial Economics*, 46(2), S. 157-182.

Cohen, I. J. (1989): Structuration theory: Anthony Giddens and the Constitution of Social Life. New York: Macmillan.

Cohen, W. M./Goto, A./Nagata, A./Nelson, R. R./Walsh, J. P. (2002): R&D spillovers, patents and the incentives to innovate in Japan and the United States, in: *Research Policy*, 31(8/9), S. 1349.

Cohen, W. M./Levinthal, D. A. (1989): Innovation and Learning: The Two Faces of R&D, in: *Economic Journal*, 99(397), S. 569-596.

Cohen, W. M./Levinthal, D. A. (1990): Absorptive Capacity: A New Perspective on Learning and Innovation, in: *Administrative Science Quarterly*, 35(1), S. 128-152.

CreditSuisse (2008): Devisen - Durchschnittskurse 2008, Verfügbar über: https:// www.credit- suisse.com/ch/unternehmen/kmu grossunternen-
men/doc/devisendurchschnittskurse_2008_de.pdf [25.09.2012].

Daghfous, A. (2004): Absorptive Capacity and the Implementation of Knowledge-Intensive Best Practices, in: *SAM Advanced Management Journal (07497075)*, 69(2), S. 21-27.

Denzin, N. K. (2006): Strategies of Multiple Triangulation, in: Vaus, D. d. (Hrsg.): *Research Design*, (Volume IV), London: Sage, S. 309-330.

Dosi, G. (1982): Technological paradigms and technological trajectories: A suggested interpretation of the determinants and directions of technical change, in: *Research Policy*, 11(3), S. 147-162.

Dosi, G. (1988): Sources, Procedures, and Microeconomic Effects of Innovation, in: *Journal of Economic Literature*, 26(3), S. 1120-1171.

Dröge, H. (2011): Opening Up Innovation in Services: Absorptive Capacity in Radical and Incremental Service Innovation, Dissertation ESADE, Universitat Ramon Llull, Barcelona.

Duchek, S. (2012): Absorptive Capacity: Eine empirische Analyse von Wissensabsorptionspraktiken in deutschen Hightech-Unternehmen, Dissertation Freie Universität Berlin, Hamburg: Verlag Dr. Kovač.

Dyer, J. H./Singh, H. (1998): The Relational View: Cooperative Strategy and Sources of Interorganizational Competitive Advantage, in: *Academy of Management Review*, 23(4), S. 660-679.

Easterby-Smith, M. (1997): Disciplines of Organizational Learning: Contributions and Critiques, in: *Human Relations*, 50(9), S. 1085-1113.

Easterby-Smith, M./Graça, M./Antonacopoulou, E./Ferdinand, J. (2008): Absorptive Capacity: A Process Perspective, in: *Management Learning*, 39(5), S. 483-501.

Edmondson, A. C. (2002): The Local and Variegated Nature of Learning in Organizations: A Group-Level Perspective, in: *Organization Science*, 13(2), S. 128-146.

Eisenhardt, K. M. (1989): Building Theories from Case Study Research, in: *Academy of Management Review*, 14(4), S. 532-550.

Eisenhardt, K. M./Graebner, M. E. (2007): Theory Building from Cases: Opportunities and Challenges, in: *Academy of Management Journal*, 50(1), S. 25-32.

Fjeldstad, Ø. D./Snow, C. C./Miles, R. E./Lettl, C. (2012): The architecture of collaboration, in: *Strategic Management Journal*, 33(6), S. 734-750.

Freeman, C. (1987): Technology, policy, and economic performance: lessons from Japan. London: Pinter Publishers.

García-Morales, V. J./Ruiz-Moreno, A./Javier Llorens-Montes, F. (2007): Effects of Technology Absorptive Capacity and Technology Proactivity on Organizational Learning, Innovation and Performance: An Empirical Examination, in: *Technology Analysis & Strategic Management*, 19(4), S. 527-558.

Gassmann, O. (2006): Opening up the innovation process: towards an agenda *R&D Management*, (36): Wiley-Blackwell, S. 223-228.

Gherardi, S. (2009): Organizational Knowledge: The Texture of Workplace Learning. New York: John Wiley & Sons.

Giddens, A. (1984): The Constitution of Society: Outline of the Theory of Structuration. Cambridge: Polity Press.

Gleitman, H./Reisberg, D./Gross, J. J. (2007): *Psychology*. New York: W. W. Norton Limited.

Grindley, P. C./Teece, D. J. (1997): Managing Intellectual Capital: Licensing and Cross-Licensing in Semiconductors and Electronics, in: *California Management Review*, 39(2), S. 8-41.

Guba, E. G./Lincoln, Y. S. (1985): *Naturalistic Inquiry*. London: SAGE Publications.

Gupta, A. K./Govindarajan, V. (2000): Knowledge Flows within Multinational Corporations, in: *Strategic Management Journal*, 21(4), S. 473.

Heyl, B. S. (2001): Ethnographic Interviewing, in: Delamont, S., Coffey, A., Lofland, J., Atkinson, P. und Lofland, L. (Hrsg.): *Handbook of Ethnography*. London: SAGE Publications, S. 369-383.

Hildebrand, D. (2011): Shared Leadership and Team Learning: The Story of Three Project Teams, Dissertation ESADE, Universitat Ramon Llull, Barcelona.

Hodgkinson, H. L. (1957): Action Research - A Critique, in: *Journal of Educational Sociology*, 31(4), S. 137-153.

Hult, M./Lennung, S.-Å. (1980): Towards a Definition of Action Research: A Note and Bibliography, in: *Journal of Management Studies*, 17(2), S. 241-250.

Huston, L./Sakkab, N. (2006): Connect and Develop, in: *Harvard Business Review*, 84(3), S. 58-66.

Huxham, C./Vangen, S. (2003): Researching Organizational Practice through Action Research: Case Studies and Design Choices, in: *Organizational Research Methods*, 6(3), S. 383-403.

Ibarra, H./Hansen, M. T. (2011): Are You a Collaborative Leader?, in: *Harvard Business Review*, 89(7/8), S. 68-74.

Ili, S./Albers, A./Miller, S. (2010): Open innovation in the automotive industry, in: *R&D Management*, 40(3), S. 246-255.

Ilinitch, A. Y./Aveni, R. A. D./Lewin, A. Y. (1996): New Organizational Forms and Strategies for Managing in Hypercompetitive Environments, in: *Organization Science*, 7(3), S. 211-220.

Insch, G. S./McIntyre, N./Dawley, D. (2008): Tacit Knowledge: A Refinement and Empirical Test of the Academic Tacit Knowledge Scale, in: *Journal of Psychology*, 142(6), S. 561-580.

Janowicz-Panjaitan, M./Noorderhaven, N. G. (2009): Trust, Calculation, and Interorganizational Learning of Tacit Knowledge: An Organizational Roles Perspective, in: *Organization Studies*, 30(10), S. 1021-1044.

Jansen, J. J. P./Van Den Bosch, F. A. J./Volberda, H. W. (2005): Managing Potential and Realized Absorptive Capacity: How do Organizational Antecedents Matter?, in: *Academy of Management Journal*, 48(6), S. 999-1015.

Jarzabkowski, P. (2004): Strategy as Practice: Recursiveness, Adaptation, and Practices-in-Use, in: *Organization Studies*, 25(4), S. 529-560.

Jarzabkowski, P. (2008): Shaping Strategy as a Structuration Process, in: *Academy of Management Journal*, 51(4), S. 621-650.

Jarzabkowski, P./Paul Spee, A. (2009): Strategy-as-practice: A review and future directions for the field, in: *International Journal of Management Reviews*, 11(1), S. 69-95.

Jarzabkowski, P./Seidl, D. (2008): The Role of Meetings in the Social Practice of Strategy, in: *Organization Studies*, 29(11), S. 1391-1426.

Jick, T. D. (1979): Mixing Qualitative and Quantitative Methods: Triangulation in Action, in: *Administrative Science Quarterly*, 24(4), S. 602-611.

Jones, O. (2006): Developing Absorptive Capacity in Mature Organizations: The Change Agent's Role, in: *Management Learning*, 37(3), S. 355-376.

Jones, O./Craven, M. (2001): Expanding Capabilities in a Mature Manufacturing Firm: Absorptive Capacity and the TCS, in: *International Small Business Journal*, 19(3), S. 39.

Katz, D./Kahn, R. L. (1978): The social psychology of organizations. New York: Wiley.

Katz, R./Allen, T. J. (1982): Investigating the Not Invented Here (NIH) syndrome: A look at the performance, tenure, and communication patterns of 50 R & D Project Groups, in: *R&D Management*, 12(1), S. 7-20.

Kim, L. (1998): Crisis Construction and Organizational Learning: Capability Building in Catching-up at Hyundai Motor, in: *Organization Science*, 9(4), S. 506-521.

Koch, A./Strotmann, H. (2008): Absorptive Capacity and Innovation in the Knowledge Intensive Business Service Sector, in: *Economics of Innovation & New Technology*, 17(6), S. 511-531.

Kohli, A. K./Jaworski, B. J./Kumar, A. (1993): MARKOR: A Measure of Market Orientation, in: *Journal of Marketing Research (JMR)*, 30(4), S. 467-477.

Kostova, T./Roth, K. (2003): Social Capital in Multinational Corporations and a Micro-Macro Model of its Formation, in: *Academy of Management Review*, 28(2), S. 297-317.

Koza, M. P./Lewin, A. Y. (1998): The Co-evolution of Strategic Alliances, in: *Organization Science*, 9(3), S. 255-264.

Lamnek, S. (2005): Qualitative Sozialforschung: Lehrbuch. Weinheim: Beltz, PVU.

Lane, P. J./Koka, B. R./Pathak, S. (2006): The Reification of Absorptive Capacity: A Critical Review and Rejuvenation of the Construct, in: *Academy of Management Review*, 31(4), S. 833-863.

Lane, P. J./Lubatkin, M. (1998): Relative absorptive capacity and interorganizational learning, in: *Strategic Management Journal*, 19(5), S. 461.

Lane, P. J./Salk, J. E./Lyles, M. A. (2001): Absorptive Capacity, Learning, and Performance in International Joint Ventures, in: *Strategic Management Journal*, 22(12), S. 1139-1161.

Laursen, K./Salter, A. (2006): Open for innovation: the role of openness in explaining innovation performance among U.K. manufacturing firms, in: *Strategic Management Journal*, 27(2), S. 131-150.

Lee, D. M. S./Allen, T. J. (1982): Integrating New Technical Staff: Implications for Acquiring New Technology, in: *Management Science*, 28(12), S. 1405-1420.

Lenkungskreis (2000): Lenkungskreis Optische Technologien für das 21. Jahrhundert (Hrsg.): Deutsche Agenda Optische Technologien für das 21. Jahrhundert. Potenziale, Trends und Erfordernisse. Düsseldorf. Verfügbar über: http://www.optischetechnologien.de/fileadmin/MEDIENDATENBANK/Dokumente/Downloadcenter/D_Agenda_OT_21_Jahrh.pdf [24.09.12].

Lenox, M./King, A. A. (2004): Prospects for Developing Absorptive Capacity Through Internal Information Provision, in: *Strategic Management Journal*, 25(4), S. 331-345.

Lerch, F. (2009): Netzwerkdynamiken im Cluster: Optische Technologien in der Region Berlin-Brandenburg, Dissertation Freie Universität Berlin.

Lerch, F./Müller-Seitz, G./Wagner, R. (2013): Absorptive Capacity in Collaborative Technology Transfer – A Practice Perspective on Four Cases in Optics in the USA and Germany, in: *International Journal of Knowledge Management Studies*.

Lerch, F./Müller-Seitz, G. (2013): Network Absorptive Capacity: An Interorganisational Practice-based Analysis Regarding the Development of X-ray Technologies, in: *International Journal of Knowledge Management Studies*.

Lettl, C./Herstatt, C./Gemuenden, H. G. (2006): Users' contributions to radical innovation: evidence from four cases in the field of medical equipment technology, in: *R&D Management*, 36(3), S. 251-272.

Lewin, A. Y./Massini, S. (2004): Knowledge creation and organizational capabilities of innovating and imitating firms, in: Tsoukas, H. und Mylonopoulos, N. (Hrsg.): Organizations as Knowledge Systems: Knowledge, Learning and Dynamic Capabilities, New York: Palgrave Macmillan, S. 209-237.

Lewin, A. Y./Massini, S./Carine, P. (2011): Microfoundations of Internal and External Absorptive Capacity Routines, in: *Organization Science*, 22(1), S. 81-98.

Lichtenstein, B. B./Plowman, D. A. (2009): The leadership of emergence: A complex systems leadership theory of emergence at successive organizational levels, in: *Leadership Quarterly*, 20(4), S. 617-630.

Lichtenthaler, U. (2009): Absorptive Capacity, Environmental Turbulence, and the Complementarity of Organizational Learning Processes, in: *Academy of Management Journal*, 52(4), S. 822-846.

Lichtenthaler, U. (2011): Open Innovation: Past Research, Current Debates, and Future Directions, in: *Academy of Management Perspectives*, 25(1), S. 75-93.

Link, A. N./Bauer, L. L. (1989): Cooperative research in U.S. manufacturing: assessing policy initiatives and corporate strategies. Lexington: Lexington Books.

Lubatkin, M./Florin, J./Lane, P. (2001): Learning together and apart: A model of reciprocal interfirm learning, in: *Human Relations*, 54(10), S. 1353-1382.

Lyles, M. A./Salk, J. E. (1996): Knowledge Acquisition from Foreign Parents in International Joint Ventures: An Empirical Examination in the Hungarian Context, in: *Journal of International Business Studies*, 27(5), S. 877-903.

Mansfield, E. (1969): The Economics of Technological Change. London: Longmans.

March, J. G. (1991): Exploration and Exploitation in Organizational Learning, in: *Organization Science*, 2(1), S. 71-87.

Marshall, S. P. (1995): *Schemas in Problem Solving*. Cambridge: Cambridge University Press.

Mayer, A. (2010): Optische Technologien. Wirtschaftliche Bedeutung in Deutschland: Studie im Auftrag des BMBF, Tägerwilen. Verfügbar über: http://www.bmbf.de/pubRD/optische_technologien.pdf [24.09.12].

Mayring, P. (2008): Qualitative Inhaltsanalyse: Grundlagen und Techniken. Weinheim: Beltz.

MBI (2009): Machbarkeitsstudie für ein industrieorientiertes, innovatives Applikationslabor zum Transfer von Röntgentechnologien höchster räumlicher und zeitlicher Auflösung, Schlussbericht zu dem Verbundvorhaben, Berlin.

McDonald, C. J. (1998): The Evolution of Intel's Copy EXACTLY! Technology Transfer Method, in: *Intel Technology Journal*, 98(4), S. 1-6.

Meuser, M./Nagel, U. (1991): ExpertInneninterviews - vielfach erprobt, wenig bedacht. Ein Beitrag zur qualitativen Methodendiskussion., in: Garz, D. und Kraimer, K. (Hrsg.): *Qualitativ - empirische Sozialforschung*, Opladen: Westdt. Verlag S. 441-471.

Miles, M. B./Huberman, A. M. (1994): *Qualitative Data Analysis: An Expanded Sourcebook.* Thousand Oaks: SAGE Publications.

Minbaeva, D./Pedersen, T./Björkman, I./Fey, C. F./Park, H. J. (2003): MNC knowledge transfer, subsidiary absorptive capacity, and HRM, in: *Journal of International Business Studies*, 34(6), S. 586-599.

Mowery, D. C. (1983): The relationship between intrafirm and contractual forms of industrial research in American manufacturing, 1900-1940, in: *Explorations in Economic History*, 20(4), S. 351-374.

Mowery, D. C./Oxley, J. E./Silverman, B. S. (1996): Strategic Alliances and Interfirm Knowledge Transfer, in: *Strategic Management Journal*, 17, S. 77-91.

Mowery, D. C./Rosenberg, N. (1991): *Technology and the Pursuit of Economic Growth.* Cambridge: Cambridge University Press.

Müller-Seitz, G. (2012): Absorptive and desorptive capacity-related practices at the network level - the case of SEMATECH, in: *R&D Management*, 42(1), S. 90-99.

Negassi, S. (2004): R&D co-operation and innovation a microeconometric study on French firms, in: *Research Policy*, 33(3), S. 365.

Nelson, R. R./Winter, S. G. (1982): *An Evolutionary Theory of Economic Change*. Cambridge: Belknap Press of Harvard University Press.

Nieto, M./Quevedo, P. (2005): Absorptive capacity, technological opportunity, knowledge spillovers, and innovative effort, in: *Technovation*, 25(10), S. 1141-1157.

Nonaka, I. (1994): A Dynamic Theory of Organizational Knowledge Creation, in: *Organization Science*, 5(1), S. 14-37.

Nonaka, I./von Krogh, G. (2009): Tacit Knowledge and Knowledge Conversion: Controversy and Advancement in Organizational Knowledge Creation Theory, in: *Organization Science*, 20(3), S. 635-652.

OpTecBB IFV UVR (2006): Technologische Roadmap, Unveröffentlichtes Strategiepapier, Berlin.

Orlikowski, W. J. (2002): Knowing in Practice: Enacting a Collective Capability in Distributed Organizing, in: *Organization Science*, 13(3), S. 249-273.

Oshri, I./Pan, S. L./Newell, S. (2006): Managing Trade-offs and Tensions between Knowledge Management Initiatives and Expertise Development Practices, in: *Management Learning*, 37(1), S. 63-82.

Perrone, V./Zaheer, A./McEvily, B. (2003): Free to Be Trusted? Organizational Constraints on Trust in Boundary Spanners, in: *Organization Science*, 14(4), S. 422-439.

Pertuze, J. A./Calder, E. S./Greitzer, E. M./Lucas, W. A. (2010): Best Practices for Industry-University Collaboration, in: *MIT Sloan Management Review*, 51(4), S. 83-90.

Piaget, J. (1998): The Origin of Intelligence in the Child: Jean Piaget: Selected Works. London: Taylor & Francis.

Piller, F. T./Walcher, D. (2006): Toolkits for idea competitions: a novel method to integrate users in new product development, in: *R&D Management*, 36(3), S. 307-318.

Polanyi, M./Sen, A. (2009): *The Tacit Dimension*. Chicago: University of Chicago Press.

Powell, W. W. (1990): Neither Market nor Hierarchy: Network Forms of Organization, in: *Research in Organizational Behavior*, 12, S. 295.

Reinhard, M./Schmalholz, H./Schneider, L. (1996): *Technologietransfer in Deutschland: Stand und Reformbedarf*. Berlin: Duncker & Humblot.

Rigby, D./Zook, C. (2002): Open-Market Innovation, in: *Harvard Business Review*, 80(10), S. 80-89.

Rosen, M. (1991): Coming to Terms with the Field: Understanding and Doing Organizational Ethnography, in: *Journal of Management Studies*, 28(1), S. 1-24.

Rosenkopf, L./Nerkar, A. (2001): Beyond Local Search: Boundary-Spanning, Exploration, and Impact in the Optical Disc Industry, in: *Strategic Management Journal*, 22(4), S. 287.

Rotemberg, J. J./Saloner, G. (2000): Visionaries, managers, and strategic direction, in: *RAND Journal of Economics (RAND Journal of Economics)*, 31(4), S. 693-716.

Sakakibara, M. (2003): Knowledge Sharing in Cooperative Research and Development, in: *Managerial & Decision Economics*, 24(2/3), S. 117-132.

Saxenian, A. L. (1996): Regional Advantage: Culture and Competition in Silicon Valley and Route 128. Cambridge: Harvard University Press.

Schmidt, S. (2009): Absorptive Capacity – eine Analyse von Absorptionspraktiken in deutschen Hightech-Unternehmen, Präsentation auf der Projekttagung zum Thema: „Absorptive Capacity –

Erfolgsfaktor für die Technologieadaption" am 22. und 23. Oktober 2009 in Berlin.

Schreyögg, G./Schmidt, S. (2010): Absorptive Capacity – Schlüsselpraktiken für die Innovationsfähigkeit von Unternehmen, in: WiSt - Wirtschaftswissenschaftliches Studium, 39(10), S. 474-479.

Schumpeter, J. A. (1934): The Theory of Economic Development: An Inquiry Into Profits, Capital, Credit, Interest, and the Business Cycle. New Brunswick: Transaction Books.

Senge, P. M. (2010): The Fifth Discipline: The Art and Practice of the Learning Organization. First edition. London: Random House.

Sieger, H. (2003): High-End aus dem Ruhrpott, in: Technology Review, 03(12), S. 60-61.

Simonin, B. L. (1999): Ambiguity and the process of knowledge transfer in strategic alliances, in: *Strategic Management Journal*, 20(7), S. 595-623.

Smith, J. A. (1995): Semi-Structured Interviewing and Qualitative Analysis., in: Harre, R., Smith, J. A. und Van Langenhove, L. (Hrsg.): *Rethinking Methods in Psychology*, London: SAGE Publications, S. 9-26.

Spectaris (2010): Branchenbericht 2010. Hightech, Innovation und Wachstum - Die optische, medizinische und mechatronische Industrie in Deutschland, Berlin, Verfügbar über: http://www.spectaris.de/uploads/tx_ewscontent_pi1/ Branchenbericht_2010_01.pdf [24.09.12].

Stiel, H./Malzer, W./Legall, H./Mantouvalou, I./Lerch, F./Wagner, R. (2011): Applikationslabor Innovative Röntgentechnologien im Innovationswettbewerb „Wirtschaft trifft Wissenschaft", Abschlussbericht zum Vorhaben, Berlin.

Sydow, J./Lerch, F./Staber, U. (2010): Planning for Path Dependence? The Case of a Network in the Berlin-Brandenburg Optics Cluster, in: *Economic Geography*, 86(2), S. 173-195.

Sydow, J./Müller-Seitz, G./Wagner, R. (2011): Best Practices, Methods and Tools in Networked R&D – Deutsche Telekom Laboratories and Benchmarks from Different Industries, Abschlussbericht zum Projekt, Berlin.

Sydow, J./Schreyögg, G./Koch, J. (2009): Organizational Path Dependence: Opening the Black Box, in: Academy of Management Review, 34(4), S. 689-709.

Szulanski, G. (1996): Exploring Internal Stickiness: Impediments to the Transfer of Best Practice within the Firm, in: Strategic Management Journal, 17, S. 27-43.

Szulanski, G./Winter, S. (2002): Getting It Right the Second Time, in: Harvard Business Review, 80(1), S. 62-69.

Taylor, S. J./Bogdan, R. (1998): Introduction to qualitative research methods: a guidebook and resource. New York: Wiley.

Teece, D. J. (1986): Profiting from technological innovation: Implications for integration, collaboration, licensing and public policy, in: Research Policy, 15(6), S. 285-305.

Teece, D. J./Pisano, G./Shuen, A. (1997): Dynamic Capabilities and Strategic Management, in: Strategic Management Journal, 18(7), S. 509-533.

Tether, B. S. (2002): Who co-operates for innovation, and why An Empirical analysis, in: Research Policy, 31(6), S. 948.

Todorova, G./Durisin, B. (2007): Absorptive Capacity: Valuing a Reconceptualization, in: Academy of Management Review, 32(3), S. 774-786.

Tushman, M. L./Scanlan, T. J. (1981): Boundary Spanning Individuals: Their Role in Information Transfer and Their Antecedents, in: Academy of Management Journal, 24(2), S. 289-305.

Van Den Bosch, F. A. J./Volberda, H. W./De Boer, M. (1999): Coevolution of Firm Absorptive Capacity and Knowledge Environment: Organizational Forms and Combinative Capabilities, in: Organization Science, 10(5), S. 551-568.

Vanhaverbeke, W./Van de Vrande, V./Chesbrough, H. (2008): Understanding the Advantages of Open Innovation Practices in Corporate Venturing in Terms of Real Options, in: *Creativity & Innovation Management*, 17(4), S. 251-258.

Vasudeva, G./Anand, J. (2011): Unpacking Absorptive Capacity: A Study of Knowledge Utilization from Alliance Portfolios, in: *Academy of Management Journal*, 54(3), S. 611-623.

VDMA (2010): Maschinenbau in Zahl und Bild 2010, Frankfurt am Main, Verfügbar über: http://www.vdma.org/wps/wcm/connect/a7b668804224253699b0fd13200b0330/MbauZuB2010_D.pdf?MOD=AJPERES&CACHEID=a7b668804224253699b0fd13200b0330 [24.09.12].

Vega-Jurado, J./Gutiérrez-Gracia, A./Fernández-de-Lucio, I. (2008): Analyzing the determinants of firm's absorptive capacity: beyond R&D, in: *R&D Management*, 38(4), S. 392-405.

Volberda, H. W./Foss, N. J./Lyles, M. A. (2010): Absorbing the Concept of Absorptive Capacity: How to Realize Its Potential in the Organization Field, in: *Organization Science*, 21(4), S. 931-951.

von Hippel, E. (1984): Generation and evaluation of novel product concepts via analysis of experienced users. Cambridge, MA: Marketing Science Institute.

von Hippel, E. (1986): Lead Users: A Source of Novel Product Concepts, in: *Management Science*, 32(7), S. 791-805.

von Hippel, E. (1994): *The Sources of Innovation*. New York: Oxford University Press, USA.

von Krogh, G./Ichijo, K./Nonaka, I. (2000): Enabling Knowledge Creation:How to Unlock the Mystery of Tacit Knowledge and Release the Power of Innovation: How to Unlock the Mystery of Tacit Knowledge and Release the Power of Innovation. Oxford: Oxford University Press, USA.

WGL (2012): Leibniz-Applikationslabore: Schnittstelle zwischen Wirtschaft und Wissenschaft, Verfügbar über: http://www.leibnizgemeinschaft.de/transfer/verbuende/applikationslabore/ [25.09.2012].

Witzel, A. (2000): Das problemzentrierte Interview, Forum Qualitative Sozialforschung / Forum: Qualitative Social Research [On-line Journal] 1 (1), Verfügbar über: http://www.qualitative-research.net/index.php/fqs/article/view/1132/2519 [24.09.2012].

Wyld, D. C. (2010): Speaking Up for Customers: Can Sales Professionals Spark Product Innovation?, in: *Academy of Management Perspectives*, 24(2), S. 80-82.

Wyld, D. C./Maurin, R. (2009): Keys to Innovation: The Right Measures and the Right Culture?, in: *Academy of Management Perspectives*, 23(2), S. 96-98.

Yeoh, P.-L. (2009): Realized and Potential Absorptive Capacity: Understanding their Antecedents and Performance in the Sourcing Context, in: *Journal of Marketing Theory & Practice*, 17(1), S. 21-36.

Yin, R. K. (2008): *Case Study Research: Design and Methods*. Los Angeles: SAGE Publications.

Zahra, S. A./George, G. (2002): Absorptive Capacity: A Review, Reconceptualization, and Extension, in: *Academy of Management Review*, 27(2), S. 185-203.

Zickar, M. J./Carter, N. T. (2010): Reconnecting With the Spirit of Workplace Ethnography: A Historical Review, in: *Organizational Research Methods*, 13(2), S. 304-319.

Zollo, M./Winter, S. G. (2002): Deliberate Learning and the Evolution of Dynamic Capabilities, in: *Organization Science*, 13(3), S. 339-351.

The manufacturer's authorised representative in the EU is Springer Nature Customer Service Centre GmbH, Europaplatz 3, 69115 Heidelberg, Germany. If you have any concerns regarding our products, please contact ProductSafety@springernature.com

Printed and bound by CPI Group (UK) Ltd, Croydon, CR0 4YY